湛庐文化
Cheers Publishing
a mindstyle business
与 思 想 有 关

WHY SUCCESS ALWAYS STARTS WITH FAILURE

# Tim Harford

# 卧底经济学家

◎蒂姆·哈福德◎

WHY SUCCESS ALWAYS STARTS WITH FAILURE

WHY SUCCESS ALWAYS STARTS WITH FAILURE

# TIM HARFORD 最幽默的生活经济学大师

哈福德成为一名经济学家其实有一些偶然。1992 年，他进入牛津大学布拉斯诺兹学院，虽然选择了哲学、政治与经济学专业，但当时的他觉得这门专业是专门为那些“不知道自己想做什么的人”开设的。在第一学年结束时，他甚至考虑过放弃经济学。不过，他的导师认为他的成绩很好，如果放弃就太可惜了，建议他继续学习，所以哈福德最终放弃了这个念头。后来，他又获得了牛津大学经济学硕士学位。

2003 年，哈福德加入英国《金融时报》，但只待了一年就跳槽到世界银行工作。2006 年，哈福德重返《金融时报》，负责撰写“卧底经济学家”专栏，旨在揭示日常生活经验背后的种种经济观念。同时，他还开设了问答专栏“亲爱的经济学家”，这个专栏是《金融时报》有史以来关注度最高的专栏之一。哈福德善于用经济学原理解释生活中的各种现象。在专栏中，他用最新的经济学理论为读者五花八门的疑问和牢骚提供了轻松诙谐的经济学解读，深受读者追捧，被誉为“幽默的生活经济学大师”。

TIM HARFORD

# 公司版《物种起源》作者

哈福德是一个极具写作天赋的作者，他的文字流畅自如、妙趣横生，阅读他的作品，就好像有一个人在面对面地给你讲故事。

哈福德推出的第一部著作《卧底经济学》就取得了巨大的成功，该书被翻译成 30 多种语言，在全球销售超过百万册。随后，哈福德又推出了《谁赚走了你的薪水》，得到 1992 年诺贝尔经济学奖得主加里·贝克尔和 2005 年诺贝尔经济学奖得主托马斯·谢林的强烈推荐。哈福德的作品让这些著名的经济学家也体会到了阅读的乐趣。

《试错力》是哈福德的另一部力作，这本书同样引发了巨大的反响，有媒体将之视为“公司版《物种起源》”，将哈福德誉为“英国版的马尔科姆·格拉德威尔”，并认为从各方面来看，他都堪称彼得·圣吉逻辑的继承人。《自然》杂志评价《试错力》一书，将一个个故事勾织在一起，形成了明晰、迷人又恢宏的哲理系统，就像一门卓越的通俗科学课……

ADAPT
目录

如何利用试错力激发创造力？
扫码下载“湛庐阅读”APP，
搜索“试错力”，
听蒂姆·哈福德的 TED 演讲。

# 前言

## 适者生存，不适者推动进化

虽然进化经常被总结成“适者生存”，但推动进化进程的却往往是不适者。尽管我们总是本能地以为复杂问题需要精心设计的解决方法，但进化却毫无规划可言。复杂得惊人的事物是在简单的过程中涌现出来的：尝试已有事物的不同版本，剔除失败，复制成功经验。

ADAPT

Why success always starts with failure

人们总以为自己能设计出这样或那样的东西，但实际上，他们对要设计的东西几乎一无所知，经济学的独特职责就是展示人们的这种无知。

——弗里德里希·冯·哈耶克

摸着石头过河。

——邓小平

## 造一台多士炉要花一辈子

多士炉似乎很不起眼。它问世的时间是 1893 年，不上不下地卡在电灯泡和飞机这两项重大发明之间。这个拥有百年历史的小家电如今已是居家必备品，普通人拿出不到一个小时的工资就能买到一台质量可靠的多士炉。

然而，当托马斯·思韦茨（Thomas Thwaites）着手研究多士炉时，却发现制造一台多士炉竟然是一项非常了不起的成就。思韦茨是伦敦皇家艺术学院（Royal College of Art）一位主修设计的研究生，他计划从零开始制造一台简单的多士炉，并将这个项目命名为“多士炉项目”。他先拆开一台便宜的多士炉，数了数其中的零件，发现一台小小的多士炉竟然有 400 多个大大小小的零件。即使最原始的机型也需要下面这些东西：铜，用来制造电插头的插片、电线和内部线路；铁，用来制造烤制主体和弹出面包片的弹簧；镍，用来制造发热元件；云母，一种有点像瓦片的矿石，用来做发热元件的缠绕器；塑料，用来制作插头、电线绝缘体以及光滑机壳。

明确任务内容后，思韦茨马上行动了起来。为了弄到铁矿石，他一路跋涉来到威尔士的一个旧铁矿厂，可那里已经成了一座博物馆。为了把找到的铁矿石熔炼成铁，他想尽办法：先采用15世纪的工艺，结果一无所获；再用吹风机和落叶吹扫器代替风箱，效果也没好到哪里去；最后的方法无异于作弊——他用两个微波炉炼出了硬币那么大的一点儿铁，其中一个微波炉还为此“光荣捐躯”，这种全新炼铁法可是他的新“专利”。

制造塑料也并非易事。思韦茨费尽口舌劝说英国石油公司（BP Amoco）用飞机把他送到近海石油钻井架上采集原油来制作塑料，结果没人搭理他。他又尝试用马铃薯淀粉制造塑料，却被霉菌和饥饿难耐的蜗牛搅了好事。无奈之下，他只好从附近的垃圾场里捡了些塑料，融化后铸成了多士炉的外壳。后来，他干脆就这样一路投机取巧到底——用电解法从安格尔西岛（Anglesey）一座旧铜矿的脏水里提炼出了铜，简单融化了一些纪念币得到了镍，再用皇家艺术学院珠宝系的专业机器将其扯成电线。

这样的妥协实属无奈。“我意识到如果要真的完全从零开始造一台多士炉，可能要花一辈子的时间。”思韦茨坦言。尽管他为了制造这台小家电费尽心思，可造出来的多士炉看起来更像一个多士炉造型的生日蛋糕，整个外壳油乎乎、软塌塌的，像是蛋糕上化得一塌糊涂的糖霜。“接上一节电池，面包片就烤温了，”思韦茨兴高采烈地告诉我，“不过，通上电后会怎么样就难说了。”后来，他还是鼓足勇气通上了电，两秒钟后，多士炉变成了烤面包片。

## 在复杂世界解决复杂问题

现代社会的复杂程度令人难以想象。有些东西的构造比多士炉简单得多，但制造这些东西同样离不开全球供应链体系和许许多多人的共同努力，为之付出过劳动的人遍布世界各地，很多人甚至不知道自己辛苦操劳的成果最终将何去何从。

加拿大森林里的伐木工砍倒参天大树时，根本不知道自己砍倒的树木到底会被做成窗框还是铅笔。在智利巨大的丘基卡马塔铜矿区（Chuquicamata），一辆体积和房子不相上下的黄色巨型卡车顺着爆破而成的坡道轰隆隆地前进，卡车司机根本没有心思考虑车上拉的铜矿石最终要被做成多士炉线路还是子弹壳。

现代社会里的产品种类更是多得让人震惊。一家普通的沃尔玛超市里就有10万多种各不相同的商品。麦肯锡全球研究院研究复杂性的专家埃里克·拜因霍克（Eric Beinhocker）指出：如果把不同大小和样式的鞋子、衬衫、袜子与不同品牌、口味、规格的果酱、酱汁，以及数百万各类折扣的图书、DVD、付费下载音乐加起来，你会发现，纽约、伦敦这样的重要经济中心能提供100多亿种截然不同的商品。其中很多产品在多士炉问世的那个年代，人们做梦都不敢想，而现在每月还有几百万种新产品源源不断地涌现出来。我们沉浸在自己亲手创造的这个复杂社会里，不但没有眼花缭乱，反而认为一切都理所当然。

我曾经为社会能如此完善而复杂深感庆幸，现在却不再那么肯定了。毫无疑问，复杂的经济体确实创造了丰厚的物质财富。虽然并非每个人都能享受这些财富，但与历史上其他时期相比，如今确实有更多的人有机会享受高水平的物质生活。虽然不时会出现经济衰退，但社会财富还是以前所未有的速度不断增长。不可忽视的是，创造这些财富的过程堪称奇迹，其中工作之艰巨更是超出了人们的想象。

不过，“多士炉项目”值得我们深思。它象征着这个完善而又复杂的世界，也象征着那些横亘在想要改变世界的人们面前的障碍。从环境恶化到恐怖主义、从调整银行系统到消除世界贫困，重大的政策问题层出不穷，人们总是为之争辩不休，但答案似乎遥不可及。即使是一些毫不起眼的商业问题和日常生活问题，也往往和“多士炉项目”一样出人意料地复杂，从某种程度上讲，《试错力》要研究的就是这样的问题。不过更深层的目标是，在一个连多士炉都复杂得让人费解的世界里，如何才能真正解决大大小小的各种问题。

烤面包片并不难，无非是不要把面包片烤糊，不能让使用者触电，不要引起火灾。作为主角的面包片本身不具有主动性，它既不像投资银行家总把你玩弄于股掌之间，也不像伊拉克的恐怖组织和叛军，试图谋害你的生命、危害你的国家利益、摧毁你的信仰。多士炉只是针对古老问题的一种改进方式，罗马人就爱吃面包片，它和万维网或个人电脑截然不同，后者解决了我们自己都不曾意识到的问题。与一些复杂问题如改革孟加拉国、推动贫困国家的经济蓬勃发展、让工厂能轻松生产多士炉、让多士炉及其烤制的面包片能走进千家万户等相比，烤面包片这个问题简直简单得可笑。与环境恶化问题相比，它更是小巫见大巫，因为应对环境恶化问题，需要付出比改造 10 亿台多士炉还多的努力。

如何与负隅顽抗的叛军进行战斗，如何在人们还很难想象一些观念前先孕育这些重要的观念，如何重构经济体以使其应对环境变化，如何防范心怀不轨的投资银行家再次摧毁银行体系……这些才是本书关注的问题。这些问题复杂多变，它们所处的世界也同样复杂多变。我会证明它们之间的共同点比我们想象的要多。有趣的是，它们与我们日常生活中微不足道的小事也有很多共同之处。

这样的问题能够得以解决，简直称得上是奇迹。本书要探讨的就是奇迹为何会发生，它们何以如此重要，以及我们能否创造更多的奇迹。

## 专家意见并没有那么可靠

> 我们为华盛顿在过去的第 1 个 100 天里的变化深感自豪，但是我们还有很多工作要做，这一点在座的各位也很清楚。下面，我将简要地介绍本届政府的近期计划。在第 2 个 100 天里，我们将设计、建造一座图书馆并投入使用，献给之前的第 1 个 100 天……我相信，如果第 2 个 100 天一切顺利，我只需花 72 天就能完成计划，这样到第 73 天我就能歇口气了。

这是奥巴马在白宫记者招待会上的发言。2008 年 11 月，奥巴马在民众热切的希望和期待中入主白宫。几个月过去了，奥巴马召开记者招待会对过去的 100 天进行总结，按照惯例，他在发言中开了几个轻松的玩笑。现在看来，这都是很久以前的事了，可奥巴马当时的玩笑一针见血：人们总是对一个人抱有太多期望。

这是因为人们迫切需要相信领袖拥有过人的能力。在面对复杂挑战时，人们的本能反应就是寻找一个领袖来应对挑战。不仅是奥巴马，每一任美国总统在当选前都承诺会让政坛气象焕然一新，但现实情况总是不容乐观，几乎每位总统随后的民意支持率都大幅下跌。原因不在于人们选总统时总是看走眼，而在于现代社会里人们过分夸大了领袖的能力。

我们之所以有这种本能反应，可能是因为人类社会首先进化成了狩猎采集部落，面临的都是狩猎采集问题。虽然当时人类的大脑已经有了长足发展，但社会却很落后：那时的社会只有几百种而不是几百亿种产品。当时那种社会面临的挑战无论多么令人生畏，都相对容易，聪明、智慧、勇敢的领袖足以想出解决方法。与新当选的美国总统所面临的挑战相比，那些挑战更是微不足道。

无论原因是什么，人们这种依赖领袖解决问题的想法根深蒂固。当然，领袖也不必单枪匹马解决所有问题，他身边总是聚集着众多专业顾问，还有对当前问题独具慧眼的资深专家，但即便是这些资深专家，也未必能解决当今社会的复杂问题。

对于这个现象，最好的例子当属一项针对专家意见局限性的调查研究。这项研究始于 1984 年，由年轻的心理学家菲利普·泰特洛克（Philip Tetlock）主持。

泰特洛克是美国国家科学院一个专题委员会里最年轻的成员，这个委员会受托调查“冷战”期间苏联面对里根政府的强硬态度会做出怎样的反应，以及里根政府是会

把苏联的反应看作恃强凌弱者的恫吓，还是会给出有力的反击。泰特洛克广泛寻找所有的相关专家，征求他们的意见。得出的结论让他大为震惊：这些最权威的“冷战”问题研究专家，对问题的看法竟然一次次地互相矛盾。我们早就对电视上受访者的意见相左习以为常，可能觉得没有必要对此大惊小怪。但如果这些人都是知名专家，而他们对最关键的现实问题的看法也不能达成基本一致的话，我们就该明白，所谓的专家意见远不如我们期望的那么可靠。

泰特洛克的研究并没有止步于此。20 年来，专家判断力的问题一直困扰着他。他跟踪调查了 300 多位专门从事政治、经济动向评论或咨询的专家，有政治学者、经济学家、律师、外交官，还有间谍、智囊团成员和记者。这些人多半拥有博士学位，几乎人人都有硕士学位。泰特洛克评估专家判断力质量的方式就是死盯到底：他向这些专家提出 27 540 个问题，让这些人做出明确的、可以量化的预测，然后他静观其变，看这些人的预言能否变成事实。实际上，这些预言很少能命中。专家们失败了，他们无法预测未来，也没能完全把握异常复杂的当前局势。

但这并不是说专家意见一无是处。泰特洛克把专家们的回答和研究生对照组的回答进行了比较，专家们的表现更胜一筹。不过客观地讲，专家意见带来的收益极为有限。只要专家们对政治世界有大概的了解，特定领域的深厚专业知识似乎就起不到多大作用了。预测俄罗斯问题时，俄罗斯问题专家并不比加拿大问题专家预测得更准确。

泰特洛克的多数研究结论都透露出贬低权威专家的味道。为什么会这样？泰特洛克最值得品味的发现就是，那些花大量时间接受记者采访的专家，名气越大就越配不上专家这个头衔。路易斯·梅南（Louis Menand）在《纽约客》中写道，他很喜欢泰特洛克对装模作样的预测专家的看法，他发现，“泰特洛克的研究有一个最宝贵的经验，也就是他很不情愿得出的那个结论：‘我们得自己动脑思考’”。

泰特洛克不愿仓促得出结论还有一个原因：他的研究结果还显示，专家们确实比非专家做得更好。这些才智过人、受过良好教育、经验丰富的专业人士拥有独到的见解，虽然这些见解也不过如此。问题不在于专家本身，而在于他们生活的这个世界。这个世界是如此复杂，任何人都没法看透它。

既然面对复杂多变的人类社会，专家意见也于事无补，那么我们该如何解决自己面对的问题呢？或许我们应该从我们看到的成功故事中寻找答案，也就是从这些物质极大丰富的现代发达国家中寻找答案。

## 今天，哪家企业还卓越

1982 年，泰特洛克尚未开始潜心研究专家意见，而汤姆·彼得斯（Tom Peters）和罗伯特·沃特曼（Robert Waterman）两位管理顾问已经完成了对卓越企业的研究，并出版了《追求卓越》（*In Search of Excellence*）一书。这本书好评如潮，彼得斯也一跃成为世界上最炙手可热的管理大师之一。这两位作者和麦肯锡的同事一起，结合手中的数据和主观判断，整理出了一份 43 家“卓越”企业的名单，然后对这些企业进行了细致地调查，试图找出它们成功的秘密。

短短两年之后，《商业周刊》发表了一篇题为“天哪！今天哪家企业还卓越？”的封面文章。《追求卓越》一书中曾提到的 43 家企业中，有 14 家企业出现了严重的财务问题。如果彼得斯、沃特曼在研究雅达利（Atari）和王安实验室（Wang Laboratories）这样的企业后，得出的结论是它们都很“卓越”，那“卓越”这个品质看上去还真是稍纵即逝。

那么多看似卓越的企业迅速陷入了困境，确实让人觉得奇怪。这或许是因为彼得斯、沃特曼的研究项目有荒诞不经之处，或许是因为20世纪80年代初期有罕见的动荡因素，毕竟《追求卓越》一书出版于严重的经济萧条期。

也可能这些都不是原因。经济史学家莱斯利·汉纳（Leslie Hannah）对这种“今天哪家企业还卓越”的现象进行了深入研究。20世纪90年代末，他回溯历史，着手研究1912年全球巨型企业的命运。这些企业巨头经历了早先兼并重组风潮的洗礼，员工数一般在万人以上。

独占鳌头的是美国钢铁公司，共有22.1万名员工，即使根据今天的标准，这家企业的规模也堪称庞大。当时美国钢铁公司可谓占尽先机：是当时世界上最强大、最具活力的经济体的领头羊，所处的行业也是前所未有的重要。但是截至1995年，美国钢铁公司已经跌出了世界百强企业的名单；而写这本书时，世界500强企业中也找不到它的踪影了。

紧随其后的标准石油公司仍在蓬勃发展，现在已改名为埃克森美孚石油公司。通用电气和壳牌集团无论在1912年还是1995年都稳居全球十大公司之列。但截至1995年，十大公司中的其他几家都已风光不再，更不可思议的是，它们竟然无一进入世界百强企业名单。普尔曼（Pullman）、胜家（Singer）已是明日黄花，J&P Coats、阿纳康达公司（Anaconda）和万国收割机公司（International Harvester）更是几乎无人知晓。

这些公司当时的规模非常庞大、实力非常雄厚，近似于现在的微软、沃尔玛；它们曾经也取得了非常大的成就，当时看来似乎都会流芳百世。也许人们会说普尔曼和胜家虽然是市场领头羊，但它们从事的行业江河日下，所以公司难以避免衰落的命运。胜家公司的主打产品是缝纫机，但丰田公司最初的产品是织布机，前景更不容乐观。美国西屋电气公司、卡达伊肉食加工公司（Cudahy Packing）、美国布兰兹公司（American Brands）与通用电气、宝洁一样，从事的行业充满了蓬勃的生机，但通用和宝洁铸就了传奇，其他公司却一败涂地。

ADAPT Why success always starts with failure

**试错法则**

**正如泰特洛克的研究揭示的那样：面对复杂世界时，专家并不是我们想象得那么无所不能，优秀企业也不像我们认为的那样能够基业常青。汉纳研究的世界百强企业中，有 10 家在 10 年间消失得无影无踪，随后的 83 年里又有一半多企业销声匿迹。由此似乎可以得出一个教训：失败是创造复杂而又富足的经济体的基础。**

不过，也许彼得斯、沃特曼和汉纳的发现只是证明了企业在登峰造极之后势必走向衰落的现实。在那些富有活力的新兴行业内，企业的生存状况又如何呢？

答案是失败企业的比例更高。以早先的印刷业为例，德国人约翰尼斯·古腾堡（Johannes Gutenberg）发明了印刷机，1455 年印刷了大名鼎鼎的《古腾堡圣经》，彻底改变了世界；但耗资巨大的《古腾堡圣经》项目让他落了个倾家荡产，印刷业的中心迅速转到了威尼斯。1469 年，威尼斯建立了 12 家印刷厂，可 3 年内破产了 9 家，而此时印刷业正摸索着向利润型经营模式发展。最终，印刷业找到了方法：印刷可赦免“罪罚”的赎罪券[①]。

在汽车行业的发展初期，美国有 2 000 家公司从事汽车生产，但最终存活下来的企业只有 1%。网络公司如泡沫般蓬勃而生时，败下阵来的公司更是不计其

① 赎罪券，亦称“赦罪符”，教皇宣称教徒购买这种券后可赦免“罪罚”。基督教士贩卖赎罪券，是西欧中世纪时特有的现象。——译者注

数。**市场体系最惊人的地方不是失败的例子屈指可数，而是即便在最具活力的行业内，失败的例子也比比皆是。**

为什么在经济发展总体取得了巨大成就的体系里，失败也无处不在呢？问题难就难在这里。泰特洛克的研究表明，政治经济分析专家也难以做出准确的预测，所以我们没有理由认为营销人员、产品开发商或者策划人员能够精准预测未来。1912 年，胜家公司的经理很可能没有预见到现代制衣行业的崛起。公司之间必须彼此竞争，这才是问题最难的地方。那些在竞争中勉强生存、获得一些盈利的企业根本算不上优秀，必须成为佼佼者才算成功。“为什么有那么多公司倒闭”这个问题，就相当于“为什么能进入奥运会决赛的运动员那么少”。在市场经济环境下，每个行业只能容得下屈指可数的几位赢家，而不是所有企业都能胜出。

就算在经济领域中最具活力的行业里，失败也总是无处不在，现代计算机行业就是一个鲜明的例子。在这个行业的起步阶段，失败总是如影随行：晶体管代替真空管成为计算机的基本元件，很多真空管生产商没能及时转变，所以被贝克休斯公司（Hughes）、二极管公司（Transitron）、飞歌电器公司（PhilCo）这样的企业取而代之；后来集成电路又代替了晶体管，那些公司又成了新兴公司的垫脚石，而英特尔和日立则接过了接力棒。

与此同时，施乐公司在影印专利到期后奋力求生，创建了施乐帕洛阿尔托研究中心（Palo Alto Research Center，PARC），研发出了传真机、界定所有现代计算机的图形用户界面、激光打印机、以太网以及第一台个人计算机 Alto 型计算机，但施乐公司并没能成为个人计算机领域的翘楚。很多 Alto 型计算机的后继机型在计算机的历史上都没能善始善终，包括 ZX Spectrum、BBC Micro 以及日本的 MSX standard。后来，IBM 公司勇担重任，生产出了现代个人计算机的原型，不过，当时 IBM 极不明智地将整个系统中最有价值的操作系统的控制权拱手让给了微软。2005 年，IBM 退出了个人计算机行业，把这块业务卖给了联想[①]。20 世纪 80 年代，苹果公司虽然使计算机的操作变得更加方便，却让微软公司拔得头筹，后来苹果又携 iPod 和 iPhone 卷土重来。微软也因对互联网重视不足，在搜索引擎的战争中不知不觉输给了谷歌，它在软件行业的主导地位也岌岌可危。只有最妄自尊大的预言家才敢信誓旦旦地保证自己能预言计算机市场的下一次风水轮转。由此可见，**过去 40 年里最成功的行业也是建立在失败、失败、再失败的基础之上的。**

难倒托马斯·思韦茨的多士炉虽然很不起眼，可它的诞生正是不断试错的结果。1893 年问世的第一台多士炉 Eclipse 并不成功：铁制的加热装置容易生锈，经常会融化甚至引起火灾，这种多士炉很快就退出了市场。第一台成功的多士炉直到 1910 年才出现，生产商特别强调其加热装置由镍铬合金制成。不过，还是有些地方不尽如人意，最显著的缺点就是由于加热装置暴露在外面，存在着火灾、灼伤和触电的隐患。几十年后，人们熟悉的弹跳式实用多士炉才被设计出来，在这段时间里，已有很多多士炉制造企业要么改行换业，要么关门破产。

ADAPT Why success always starts with failure

**试错法则**

**市场的确解决了创造物质财富的问题，但是秘密既不是利润驱动，也不是高高在上的董事会的高瞻远瞩。虽然几乎没有公司老板愿意承认，但市场正是在跌跌撞撞中走向成功的。成功的观念逐渐流行，差强人意的观念最终将无人问津。施乐、通用和宝洁都是此间的幸存者，看到它们时我们不应该只看到成功，还应该看到漫长又纷杂的失败史，看到所有失败的公司和失败的观念。**

① “ThinkPad 之父”内藤在正的著作《ThinkPad 之道》，讲述了 ThinkPad 从 IBM 首款笔记本电脑到变成联想王冠上的明珠的坎坷历程，此书中文简体字版已由湛庐文化策划，四川人民出版社出版。——编者注

## 稳妥的小碎步+冒险的大跨步

我们可以用生物学家常用的一个术语来描述失败中突显解决方法的过程：进化。进化虽然经常被总结成“适者生存”，但不适者也并非一无是处，它能推动进化的进程。让人不安的是，**尽管我们总是本能地以为复杂问题需要精心设计的解决方法，但进化却毫无规划可言。复杂得惊人的事物是在简单的过程中逐步出现的：尝试已有事物的不同版本，剔除失败因素，复制成功经验，就这样周而复始。变异、选择，永无止境。**

我们往往认为只有自然界才有进化过程，认为进化是一种生物现象，其实未必。应该感谢绘图专家卡尔·西姆斯（Karl Sims），是他让我们看到了虚拟世界的进化过程。如果你看过《泰坦尼克号》、《指环王》三部曲或者《蜘蛛侠》系列电影，那你其实已经欣赏过卡尔·西姆斯的杰作了，为这些电影制作特效的特效公司 GenArts 就是他创建的。20 世纪 90 年代初，尚未涉足影视特效行业的西姆斯创作了一系列动画，这些动画虽然极为粗犷质朴，但从很多方面看具有重要的意义。西姆斯创作这些动画的目的就是观察进化过程，此外，他还想创建一个能人为设定发展方向的虚拟环境。

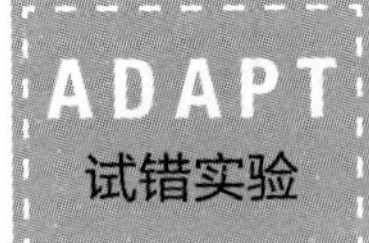


在一条进化路线中，西姆斯编写了模拟水箱场景的程序，在场景中放入一些“简陋”的虚拟生物，它们由简单的控制系统、传感器、随意组合的连接块组成。多数拼凑而成的虚拟生物都沉到了水箱底部，在那里漫无目的地东扭西扭，也有几个能够在水中游动一会儿。接下来，西姆斯启动了进化程序，给计算机下指令，剔除漫无目的的扭动的虚拟生物，以会游泳的成功生物为基础创造了变异。这一过程体现的就是变异和选择。当然，多数变异以失败告终，但由于失败变异被不断剔除，偶尔成功的变异得以迅速发展。机械、随机的进化过程产生了引人注目的结果，水箱中最终形成了类似蝌蚪、鳗鱼、鳐鱼的虚拟生物，还有许多地球上从未出现过的生物体。

在另一条进化路线中，西姆斯让一群生物为争夺一个绿色方块互相竞争，胜利者会受到嘉奖。这种采用试错法的进化过程产生了一系列行之有效的解决方案，既有直截了当的策略，也有曲折迂回的策略：有的生物不理会绿色方块直扑对手，有的生物迅速夺到方块后飞快地逃跑，也有的生物踉踉跄跄扑向前方用厚厚的身板盖住方块。西姆斯根本没有设计这些方案，也没有在背后为哪个生物出谋划策，他只是简单地创建了一个进化环境，然后把发生的事情记录下来而已。他编写的程序既盲目又简陋，那些变异生物都没有经过深思熟虑、精心规划或刻意设计。但这种盲目的进化过程却创造出了奇妙的东西。

为什么试错法是解决问题的有效手段？在问题不断变化的世界里，不断重复进行变异和选择的进化算法，通过尝试各种变异并重复有效的变异来寻找答案。可以这样看待这种探索答案的过程：想像一片开阔平坦的景观，把它像棋盘一样分割成几十亿个方格；每一个方格都是一个数据，详尽地描述着一种独特策略。进化学家称这种景观为“适应度景观”（fitness landscape）。在生物学适应度景观中，每个策略都是不同的基因谱，有的描述鱼类，有的描述鸟类，还有一些描述人类，而多数策略描述的是不代表任何真实生物的混合基因。同样，适应度景观也可以描述不同的烹饪方法：有咖喱、沙拉，还有令人恶心甚至有毒的菜品。适应度景观还可以用来描述公司策略：既能描述航空公司不同的运营方式，也能描述连锁快餐店不同的经营方式。

我们也可以把任何问题都想象成这种适应度景观：在开阔的景观中散布着众多潜在的解决方法，每种方法都有详细的描述。想象一下，每种方法都与相邻方法非常相似：两个相邻的烹饪法，可能除了一个要多加点儿盐、另一个要多烹制一会儿外，其他部分基本一模一样；两个相邻的企业策略，可能一个设定的价格略高、另一个营销的力度更大，除此之外并无二致。

刚才我们一直在想象二维的平面景观，现在换个角度再来看适应度景观。假设方法越好，该方法所在的方块海拔就越高，这样一来适应度景观就变得参差不齐了。悬崖与沟壑相映生辉，平原与山峰相得益彰。沟壑代表着糟糕的决定，山峰则代表着英明的决定。山峰在生态系统中，就是更可能生存并繁衍的生物；在市场上，就是效益可观的公司思路；在餐饮中，就是美味的菜肴。在餐饮适应度景观中，深邃、幽暗的深谷可能是加了炸鱼条和一大罐咖喱酱的意大利面。从深谷开始一步步往上走，朝着一个方向跋涉，你会登上经典意大利肉酱面的巍峨高峰；朝着相反的方向前进，你会爬到孟加拉咖喱鱼面的峰顶。

利用参差错落的适应度景观解决问题，意味着要尽力寻找高峰。在餐饮领域这并不难，但是在生态系统或经济领域，山峰本身也在不断发生着变化，这种变化有时很缓慢，有时又异常迅速。普尔曼公司和胜家公司曾经站立的山峰突然消失了，两大公司也随之淡出了人们的视线。麦当劳已占据快餐业峰顶多年，可随着新技术的出现、新口味的诞生，形势也在慢慢发生变化。谷歌站立的山峰非常年轻，可就像松鼠要生存必须依赖所居住的大树一样，它之所以出现是因为有电脑和万维网这些技术发展做铺垫。谷歌崛起非常迅速，可它更像翻涌的巨浪而不是岿然不动的山峰。此刻，谷歌是唯一的弄潮儿，为了始终站在浪尖上，它必须不断调整自己的战略。这和冲浪一样，看上去简单，但做起来很难。

一座山峰陷落，其余的山峰未必就能从中吸取教训。通过自然选择进行的生物进化过程是完全盲目的，寻找公司策略的过程可能更慎重，也可能恰恰相反，这一点很快我们就会谈到。不过泰特洛克对专家判断力的研究表明：即使有时新高峰异军突起，管理者可能也只是透过厚厚的“云层”对它们一瞥而过。

我们想出很多方法，从不断变幻、神秘莫测的景观中寻找高峰。生物进化往往是小碎步前进，但偶尔也会迈开大步向前走，例如偶尔一次变异可能让某种生物多长出两条腿或被赋予全新的肤色。这种快慢结合并不断剔除失败试验品的进化方式卓有成效。一番变幻之后，有些策略依然会保持类似的高度，而有些策略则消失得无影无踪，新高峰从此崛起。进化过程会维持“出新”和“恋旧”间的平衡。多学科研究机构圣塔菲研究所（Santa Fe Institute）两位复杂性理论家斯图亚特·考夫曼（Stuart Kauffmann）和约翰·霍兰德（John Holland）的研究表明，进化过程并非只是解决复杂问题的一种方式。**正因为这些景观变幻莫测，将稳妥的小碎步和偶尔的大跨步融合在一起的进化才是最可能找到答案的方式。**

进化之所以有效，是因为它针对复杂、多变的问题，会催生出持续的、适合当下的解决方案，而不会倾向于耗时耗力地埋头寻找一座随时可能消失的山峰。在生物进化中，光合作用、眼睛和母乳都是解决方案；在经济进化中，复式记账法、供应链管理和买一赠一则成了解决方案。有些有效的方案似乎会永葆青春，而其余方案则必须根植于特定的时空中，霸王龙及世界上最大的 VHS 录影带生产商都是如此。

我们知道变异和选择推动着进化的进程。在生物学上，变异来自基因突变或混合了父母基因的有性生殖；选择则通过继承完成，成功物种在死亡前繁殖，留下的后代拥有其全部或部分基因。在市场经济中，变异和选择也同样发挥着效用。科学家、工程师、一丝不苟的公司中层管理者、大胆创新的企业家不断创造出新理念。不合时宜的理念无法在市场上生存，为了成功，必须生产能激起消费者购买欲、保证回收成本、能够战胜众多竞争对手的产品，因此失败者会被剔除出去。很多理念没能通过这一道道考验，最终要么被管理层否定，要么企业以破产宣告终结。而优秀理念之所以得以快速传播，可能是因为竞争对手的模仿，也可能是因为员工带着这一理念离开公司自立门户，还有可能是因为公司在这些理念的推动下又有了更大的发展。这些相应的变异、选择活动为进化过程做好了准备，或者简单地说，为通过试错法解决问题做好了准备。

## 我们比想象的要盲目

“专家并不一定可信”，这种说法不仅让我们很不自在，还与我们的直觉正好相反。很多人想当然地认为公司高管肯定有过人之处，每年支付给他们大笔薪水的股民这么想，阅读管理者智慧书籍的几百万读者也抱有同样的信念。泰特洛克的研究显示，专家们在分析复杂局势时几乎一筹莫展，那么企业管理者试图在重重迷雾中寻找有效策略时也一样无能为力、束手无策吗？

进化论暗含答案。在生物进化中，谁也无法预见进化的过程，一切都是几亿年间试错的结果。那么经济领域中也是这样吗？无论管理者、策划人员和管理顾问付出多大努力，都无济于事？

经济学家保罗·奥默罗德（Paul Ormerod）提出了一个惊人的暗示。我们知道化石记载了过去 5.5 亿年里生物的灭绝情况，包括一些让恐龙灭绝显得微不足道的大规模生物灭绝。奥默罗德研究了这些化石记录，发现灭绝事件的规模与出现频率之间有着明显的联系：如果灭绝事件的严重性比之前翻一番，此类灭绝出现的可能性就是之前灭绝事件的 1/4；如果严重性是之前事件的 3 倍，灭绝出现的可能性就是之前的 1/9；不过，最常见的是几乎没有灭绝事件发生的纪元。鉴于这个模式非常明显，现代生物学家建立了相应的数学模型，用来展示伴随着永无休止的资源争夺战和偶尔的小行星撞击灾难的盲目进化过程，如何造就了这一模式鲜明的特性。

奥默罗德来自英格兰北部，他生性耿直、博览群书、不固守传统，最擅长用经济学家最青睐的武器也就是数学，来征服同人。他决定进一步考察公司破产的数据。他仔细研究了莱斯利·汉纳研究的大型公司破产数据，将之与化石记录中保留了 5 亿多年的数据进行比较。尽管两组数据的时间跨度差别巨大，但是数据中显示出的灭绝事件规模和出现频率的关系竟然极为相近，到目前为止，对大型公司而言最惨痛的年份是 1968 年，那一年里有 6 家大型公司“灭绝”。接着，奥默罗德又研究了一个更大规模的数据库，即大量规模相对较小的美国公司的破产情况，这个数据库涵盖了全美各州、各行业的几百万家小型公司、几千个数据点，然后他从中得出了同样的结论。后来奥默罗德把网撒得更广，考察了其他 8 个发达国家的公司破产情况，结果竟然毫无差别。

生物灭绝和公司破产事件有着相同的鲜明特征。虽然这证明不了经济领域也是一种进化环境，也证明不了公司策略是通过试错过程逐步发展而不是受益于成功规划，但是它确实给出了一个重要的提示。奥默罗德以生物学家的研究为基础，开始了进一步的探索。由于生物灭绝模型展现了鲜为人知的灭绝特征，所以他借用这个简化的数学模型来代表公司的生死存亡。不过他还是做了轻微的调整，把模型规则改为允许部分公司进行自主规划。由于这些公司可以自主调整策略，在与其他公司互动时就能最大程度地发挥自己的优势，结果有些公司做得堪称完美，而另一些采取随机策略的公司，则仅仅是略有起色。

奥默罗德的发现让人不安：我们既能建立模型来模拟公司的真实破产特征，也能建立模型来展示公司如何通过规划取得适当成功，但是根本做不出一个将两者合二为一的模型。关系公司生死存亡的模型和“规划可行”的模型格格不入，奇怪的是，它却与“规划不可行”的模型极为相近。如果公司确实能成功规划（尽管泰特洛克告诉我们专家判断力局限多多，但多数人还是想当然地认为公司能够成功规划），公司破产特征应该与物种灭绝特征截然不同才对。但事实上，两者极为相似。

我们不能因为一个抽象的数学模型就草率地得出结论，但是奥默罗德的发现强烈暗示：现代经济中有效的规划少之又少。我不会过分到认为苹果公司不需要史蒂夫·乔布斯、微软用不着比尔·盖茨，这个证据只不过表明：**在复杂的环境中，很多公司的决策都不是成功的，公司需要不断抛弃糟糕的理念，寻找更好的理念。**

泰特洛克针对专家判断力的研究，以及“卓越”公司经常误入歧途的历史也暗示着同样的结论：我们比想象的要盲目。在复杂又多变的世界里，试错的过程必不可少。无论我们是有意识地利用这一方式，还是听任其结果的摆布，这都是不争的事实。

试错法不仅对市场运作有着至关重要的影响，还给人们的生活带来了很多挑战。谁愿意苦苦摸索成功的道路、让全世界目睹自己的反复失败呢？谁愿意为那样的政治家投票呢？谁愿意提拔一个采用误打误撞策略的中层管理者呢？小布什发誓要“坚持到底”，让人印象深刻，而他的对手约翰·克里（John Kerry）因为没有主见的名声在一定程度上导致了落选。有人给克里起了个绰号叫“墙头草”，克里的支持者认为他不该担此骂名，可见他们一致认为“墙头草”是种辱骂。但如果我们严肃对待试错法，“墙头草”这个词可能就成了灵活的象征和让人骄傲的称呼。类似的看法在英国政坛也大为盛行。英国前首相撒切尔有一句广为人知的名言：“你要调头请便，但我绝不调头。”布莱尔也因“不挂倒挡”而自豪。如果一辆车不能转弯或后退，就没有人会购买，那为什么这样的特点安到首相身上，就成了我们眼中的优点了呢？这确实让人摸不着头脑。但是英国选民却因为撒切尔和布莱尔公开声称缺乏变通而让他们各自连任了三届首相。

ADAPT Why success always starts with failure

**试错法则**

**无论我们喜欢与否，在复杂世界里解决问题的最有力方式不是专家领导力，而是试错法。市场在试错过程中得以蓬勃发展，不过这并不意味着我们就该把一切都交付给市场。恰恰相反，这意味着我们在面临类似内战、环境变化、金融动荡等看似棘手的问题时，除了要熟悉这些市场环境外，必须学会利用试错法。**

我们会犯下多得惊人的错误，然后从错误中吸取教训，而不是自欺欺人地掩盖或否认犯错。

## 帕金斯基原则

铁路工人菲尼亚斯·盖奇（Phineas Gage）的命运尤为多舛，他是世界上最有名的大脑受损者。1848 年，在安置爆炸装置时，他无意中引爆了炸药，被一根将近 1 米长、2.5 厘米粗的铁棍由左下脸颊直接刺入，空越左眼后方，再由额头上方头顶处穿出脑壳，飞到 24 米开外的地上。令人意外的是盖奇活了下来，但他的性格却彻底大变：从前的他头脑冷静、非常可靠，伤愈后的他缺乏耐心、固执异常、做不出决定，还总是骂骂咧咧。随着一部分大脑功能的缺失，他很大一部分的理智也消失了。朋友们说他“不再是从前的盖奇”。

就像菲尼亚斯·盖奇是神经科学研究的范例一样，苏联也是经济学研究的典型例子。神经科学家们专门研究大脑特定区域受损的患者，是因为这些患者的困境恰恰间接说明了正常大脑的运作方式。同样，为了发现健康经济体的秘密，经济学家们着手对功能失常的经济体进行研究。苏联的经济崩溃已经是老生常谈，但那些出人意料的失败细节却总是被搪塞过去，而这些细节对我们理解如何在试错过程中解决问题尤其重要。

故事得从位于黑海北部的顿涅茨盆地（Donets Basin）讲起。顿涅茨盆地富含煤矿，沙皇政府在 1901 年派遣了一位 26 岁的设计师彼得·帕金斯基（Peter Palchinsky）前往当地煤矿进行调研。帕金斯基广泛搜集资料，不放过任何一个细节，详细写了一份关于工作条件的报告。他发现一间屋子里住了将近 60 个矿工，他们挤挤挨挨地睡在像是从打折商店买来的廉价木制架子床上，要想躺下还得从床脚爬进去，因为上下床板之间的距离太窄了，矿工们根本没法越过工友往里爬。厕所和其他设备更是简陋到了极点。

帕金斯基把他看到的情况如实向上汇报，可是上级领导却认为他的报告是引发暴动的政治火药桶，于是派他到西伯利亚执行不那么敏感的任务。帕金斯基几年后考进了俄国首屈一指的工程学校，凭的是过硬的考试分数而不是什么关系，那时的帕金斯基聪明、自信、精力充沛，而且出奇地诚实。

帕金斯基和当局的这次摩擦反倒成了件好事，形势逼迫他偷偷地穿过俄国边境去西欧另谋生路。帕金斯基先后去过巴黎、阿姆斯特丹、伦敦和汉堡，在那里他沉浸在知识的海洋中，用大量笔记记录了这些城市新兴工业的发展，他特别关注工程、管理方面的新观念，渴望掌握前沿科技和人力资源管理的最新方法。帕金斯基如饥似渴地学习着，最终成为一名成功的工业顾问。对知识如饥似渴的他也渴望把自己掌握的专业知识与人分享。

1913 年，帕金斯基获得赦免回到俄国，成为俄国政府的重要顾问。他一如既往地刚正不阿，对鲁莽开工的工程不断提出批评。帕金斯基的判断力非常敏锐。他指出不要搞面子工程：为什么廉价的煤炭和天然气明明唾手可得，却还要为了壮观的“喷涌”场面去搭建石油井架呢？他还为一些小工程慷慨陈词，根据他的研究结果，这些小工程比大型工程效率更高。

人们很容易忘掉苏联经济曾经有过的短暂辉煌。我们往往认为，计划经济分崩离析是因为缺乏利润的推动力和私营企业家的创造力，但这种看法讲不太通：其实在苏联有很多富有创造力的人，帕金斯基就是其中一员。而且苏联也不缺乏激励因素，事实上，它拥有的伟大激励机制和人类历史上其他文明社会相比毫不逊色。

帕金斯基拥有丰富的国外游学经历，政府委托他对斯大林第一个五年计划中最重要的两个工程列宁大坝和马格尼托哥尔斯克城（Magnitogorsk）提出指导意见。

列宁大坝计划修建在现今乌克兰境内的第聂伯河上，20 世纪 20 年代动工时，是世界上最大的大坝。帕金斯基并不为大坝的规模所动，尽管知道这是斯大林的主意，帕金斯基还是警告政府这条河的水流太缓慢，而且地处冲积平原，水库面积庞大，会淹没成千上万幢民房和大量农田。他指出，因为根本就没有进行过水文调查，所以具体的数目难以估量。不过，后来事实证明这个水库非常之大，如果在那些淹没的土地上种干草并将其燃烧发电，所生产的电与大坝蓄水发电的电量相差无几。他还进一步劝诫道，由于河流每年有 3 个月的枯水期，必须建一些煤炭火力发电厂在枯水期发电。他建议应该随着当地经济的发展采取逐步推进的方式，将小型的煤炭火力发电厂和现代化的水坝结合到一起，认为小型水坝的效率会更高。他的顾虑后来一一应验，不过斯大林命令工程继续进行。这项工程的经费大大超支，既是工程灾难又是经济灾难。

马格尼托哥尔斯克城的意思是“磁山城”，创建这座钢铁之城的理由更是野心勃勃。政府计划将这座城市建在莫斯科以东的偏远地带，虽然这里地处偏远，但铁矿比比皆是，据当时的规划称，仅该城的钢铁产量就会超过英国钢铁的总产量。帕金斯基再一次告诫政府要谨慎行事，他认为应该进行更深入的调查、采取逐步展开的方式。他之前研究过顿涅茨盆地煤矿工人的工作环境，所以非常担心马格尼托哥尔斯克城工人的境遇。从技术方面看，他质疑这个项目的主要原因和列宁大坝几乎如出一辙：政府在开展项目前没有对当地地理环境进行细致的研究，没有考虑为钢厂提供燃料的煤炭是否方便易得。

帕金斯基意识到现实问题超乎想象的复杂，导致这些问题的既有人为原因也有地方性原因，而且可能它们还会随着环境的变化而变化。**他解决这类问题的方式可以概括为 3 个“帕金斯基原则”：首先，要寻找新思路、尝试新事物；其次，尝试新事物时设定的区间要允许失败的存在；最后，找到反馈信息，一边前进一边从失败中汲取教训。**第一个原则可以简单地用“变异”来概括；第三个原则可以概括成“选择”；而第二个原则概括为“松耦合”，我会在第 5 章探讨银行系统大衰退时详细论述。

在决定哪种试验成功、哪种试验失败时，必不可少的就是反馈信息，这一点非常重要。

## 可口可乐式问题

苏联和可怜的菲尼亚斯·盖奇一样都是极端的例子。多数组织和政治团体经历简单的变异和选择过程时也有着同样的困难，只不过方式更为缓和罢了。

变异之所以困难，是因为一般组织都有两个自然倾向。第一个倾向就是崇尚大规模：政治家和公司老板都喜欢大项目，从重组国家卫生保健体系到大型公司兼并，这样的项目会赢得人们的关注，也会展示出领导者有办大事的能力。但是这种标志性项目违反了第二条帕金斯基原则，因为犯错乃人之常情，而大项目几乎没有调整的余地。第二个倾向则是因为我们对标准前后不一和“看人下菜碟”的观念不太认同。一切事物，无论是教育、公路网还是星巴克的咖啡，只要能提供统一标准，就显得更专业、更公平。这种统一的高标准非常诱人：正如安迪·沃霍尔（Andy Warhol）所言：“你看电视时看到可口可乐，知道总统喝可乐、伊丽莎白·泰勒喝可乐，再一想，你自己也能喝可乐。可乐就是可乐，花再多钱买到的可乐也不比流浪汉喝的可乐好到哪里去。所有的可乐都一样，所有的可乐都好喝。”

不过，沃霍尔之所以觉得可乐有意思，还因为它是个例外。它的味道直到现在都没有改变过。生产一杯甜丝丝、“嗞嗞”冒泡的可乐是一个已经解决了的静态问题，不需要进一步试验，生产可口可乐时设定统一的高标准轻而易举。但把可乐运送到世界的边远地区则是另一码事，这也是可乐能够因地制宜的一个小小的奇迹。在更复杂的情况下保证统一的高标准尤为困难，这恰恰是星巴克和麦当劳的主要成就。不过，为了达到这种标准化经营，它们也付出了魅力值、灵活性和质量的代价。

医院和学校的运营与这些企业完全不一样。不过，我们太过热衷于让“所有事物都有统一的标准”，英国甚至有一个词“邮编彩票”（Postcode lottery）[①]来描述“看人下菜碟”，似乎这种观念深深地吸引着所有人。我们想让公共服务和可口可乐一样一碗水端平，但这怎么可能呢？

如果要严肃对待变异和选择过程中的“变异”部分，统一的高标准不仅不可行还很不适宜。**在问题悬而未决、不断变化时，最好的应对方式就是尝试不同的解决方法。即使没人提出异议，我们也要努力寻找全新的、更好的方式。不过，要接受变异，我们就必须接受有些新方法未必奏效的现实。**政治家或公司领导者根本不会尝试宣传这种主张，因为这种说法对公众毫无吸引力。

传统组织也很难贯彻变异和选择中的“选择”部分，因为难就难在它们只想选择实际有效的方法。彼得·帕金斯基主张行动要逐步开展，政治家常常反对利用客观标准衡量小规模试验是否成功。部分原因在于政治家得赶时间：他们预计在职的时间是2~4年，时间太短，不足以等到多数试验得出有益的结果[②]。而且从政治角度来说，最麻烦的是半数试验都会失败，因为复杂世界里的影响因素太多，所以试验往往只能证明某种尝试的失败。这不仅是政治家们的错，也是我们的错。如果哪位政治家敢于尝试自己的主张，结果证明有些见解不起作用，那么我们应该包容他，甚至感到庆幸；然而，我们却做不到这一点。

近年来有一个小型试验搞得很成功，但让人深感遗憾的是推动这个试验的

① 指公众因所居住地区不同而享受不同的医疗、教育标准等。——译者注

② 耶鲁大学政治经济学教授唐纳德·格林（Donald Green）认为，在社会科学领域有一个问题一直是通过现场试验检验的：如何赢得选票。因此，政治家们必要时会运用缜密的评价方式。

不是政治家，而是一位英国知名厨师兼电视台主持人，来自埃塞克斯郡的活泼男孩杰米·奥利弗（Jamie Oliver），他大力倡导英国学校为学生提供更健康的饮食，深得英国中产阶级的青睐。2005 年，他发起的运动引发了全国性的轰动，他先说服伦敦格林威治区的学校改变菜谱，然后动员各种力量、提供设备、培训监管用餐的女教师，巧的是他的这些举动类似一次操控得当的试验。伦敦其他行政区的人口统计数据与该区类似，可都没像该区这样受益。事实上，由于项目顺利开展后才播放了据此拍摄的相关电视节目，其他行政区的人们当时可能都还蒙在鼓里呢。

这个“嬉皮笑脸”的大厨发起的运动还引起了经济学家米歇尔·毕罗特（Michele Belot）和乔纳森·詹姆斯（Jonathan James）的关注，他们分析数据后发现，如果小学生少摄入脂肪、糖和盐，多吃水果和蔬菜就会少生病，而且英语和科学科目的成绩会更好。如果试验控制得更严格，结论也许会更有说服力，但是在杰米·奥利弗的试验取得进展前，没有一位英国政治家对它表现出兴趣。后来，时任英国首相托尼·布莱尔迫不及待地开始资助这个活动，而那时他已经当了 8 年的首相。

如果传统政治领导人对正规的试验都不怎么感兴趣，又怎么会接受那些非正式的反馈信息呢。很少有顾问愿意落得像帕金斯基那样的下场，他们甚至连帕金斯基那种仗义执言的冲动都没有。我们认识到多数领导者想听到的反馈信息的真实度也是有限的，多数人在与当权者交谈时总是对观点加以粉饰。如果等级制度森严，这一过程就会不断重复，真相最终会被一层厚厚的甜言蜜语包裹得严严实实。有证据显示，一个人越有野心，就越有可能选择成为好好先生。他有充分的理由这么做，因为好好先生往往会受到嘉奖。

即使领导者和管理者确实想得到真实的反馈信息，他们也可能接收不到这种信息。在计划的每个阶段，下级管理者或官员必须向上级报告他们需要什么样的资源，以及打算如何利用这些资源。他们可能会选择说上一大堆貌似可信的谎话，有时是因为胸有成竹，为了体现决定性的优势所以刻意夸大其词；有时是为了制造惊喜，特别强调任务如何艰巨、需要多大投入才能成功。事实上，在等级森严的官僚体系内毫不掩饰地口吐真言，可能不是最好的策略。即使有人说实话，决策者如何区分得出这到底是帕金斯基式的直言不讳，还是为了增加预算而处心积虑捏造的愤世嫉俗的言论呢？

传统组织的构造不适合从去中心化试错过程中获得收益。对这样的组织而言，最理想的是静态的、有答案可循的问题，更看重的是体现概括性专业知识的任务，而不是体现实际知识的任务。不过，在风云变幻的现实世界里，这样的“可口可乐式问题”越来越罕见，后面我们会讲到，这也是很多公司开始去中心化管理、削减管理者职权的原因。下一章我们将分析适应型的机构如何进行去中心化管理，如何坦然面对局部做法不同而造成的混乱局面，以及基层员工意见分歧带来的尴尬现状，我们还将看到迫使传统等级制度转变思想需要付出的巨大努力。

不过，还有一个问题比设计正确的组织机构更为重要，因为承认错误、适应错误的问题不仅让组织机构纠结，还困扰着大多数人。接纳试错法就意味着接纳错误，就意味着当决定不能奏效时，无论是因为运气不佳还是判断失误，都要从容面对问题。面对这个问题，人类难免要纠结一番。

## 从错误中积累经验为何那么难

我利用2005年的夏天研究了一下扑克。当时，我采访了世界上最顶尖的扑克选手，还参加了拉斯维加斯的世界扑克锦标赛，分析了玩扑克的电脑“pokerbots”，并且翔实记录了一些极为理性的扑克选手的战绩，例如拥有博士学位的博弈理论家克里斯·弗格森（Chris Ferguson），他是世界扑克大赛冠军，更是令人望而生畏的单挑高手。

虽然玩扑克能够依靠理性进行分析，但由于游戏中怀着强烈的自负，往往涉及大额投注，所以玩扑克还是非常情绪化的游戏。受访的扑克选手告诉我，在某些特殊时刻，扑克选手非常容易受到强烈情绪的影响，这个特殊时刻不是指赢到一笔巨款或摸到一手好牌，而是指因为策略有误或运气太背而大笔输钱的时刻，行话叫“愤输”。输钱能让扑克玩家“情绪失控”，他会为了赢回输掉的钱不计后果地大肆下注，因为他觉得输的那些钱仍该属于他。他内心拒绝接受自己的钱已经落入别人腰包的事实。

此时正确的做法应该是愿赌服输，重新权衡自己的策略，不过这样做实在让人痛苦；而扑克选手会下意识地认为输钱只是暂时状况，疯狂下注是为了扭转形势。**让他一败涂地的并不是最开始输掉的那些钱，而是他之后采取的那些否认输钱的愚蠢做法。**伟大的经济心理学家丹尼尔·卡尼曼（Daniel Kahneman）和阿莫斯·特沃斯基（Amos Tversky）在对冒险心理的经典分析中这样总结这种行为：“不能心甘情愿接受损失的人，很可能会接受心态平和时无法接受的赌注。”

连我们这些不是职业扑克选手的人都能体会到揪住损失不放是什么样的感觉。几年前，我和妻子订好了车票，准备去巴黎过个浪漫周末。当时她已有身孕，就在我们准备去火车站前的一两个小时，她开始觉得不适。在赶往火车站的路上，她不停地呕吐。可当我们到达车站时，她还是坚持要继续巴黎之行，理由就是我们的车票退不了。她不想接受损失，可这样下去事情会继续恶化。

虽然经济学家不擅长营造浪漫气氛，但在这件事上却能体现出优势来。我试图说服妻子别去想车票，让她先抛开我们花的钱，想象一下我们站在滑铁卢火车站的台阶上，周末没有什么计划，这时有人走上前来给我们两张免费去巴黎的车票，我们会怎么做。这才是看待现状的正确方式：钱没了，现在的问题是在不损失更多钱的前提下我们是否还想去巴黎旅游。我问妻子愿不愿意接受这种免费车票，她当然不愿意。她当时难受得不得了，根本就不想去巴黎。意识到我说这番话的意思后，她勉强笑了笑，然后我们就回家了。似乎是为了证明我们的决定正确无误，欧洲之星列车的好心人还是给我们办理了退票。几个月后，我和身怀六甲的妻子又去了趟巴黎。

行为经济学家理查德·泰勒（Richard Thaler）和同事们找到了分析人们面对损失时反应的最佳场景。他研究了电视竞猜节目《一掷千金》（*Deal or No Deal*），这个节目可以为研究者提供大量的数据，因为有 50 多个国家都拍摄了与之规则相近、赌注高昂的同类游戏。在《一掷千金》节目中，选手可以从标有序号的 20 或 26 个箱子中进行选择，每个箱子中都包含不同数额的奖金，从几美分到几百万美元不等，也可能是英镑或欧元，在最初的荷兰版节目中累计奖金达到了 500 万欧元。选手选中一个箱子，箱子里的奖金数目无人知晓。他接下来的任务就是再根据自己喜欢的顺序选择其他箱子，这些箱子会被一一打开然后丢掉。每当打开一个箱子看到里面藏的钱寥寥无几时，选手就会庆幸不已，因为这意味着他最初选的箱子里的奖金不会那么少。但是当打开的箱子里奖金数额很高时，选手就会皱起眉头，因为这意味着他最初选的箱子藏大奖的机会也减少了。

一切纯靠机遇。节目中最有趣的部分就是选手做决定的时刻，因为会有神秘的匿名“银行家”不时地给节目打进电话，要求用现金交换选手箱子里数目不详的奖金。成交还是不成交呢？

这个节目将选手的心理活动一览无余地展现给观众。我们来看一看荷兰版《一掷千金》的参赛者弗兰克的表现吧。几轮竞猜下来，他箱子中的期望值高达 10 万欧元。“银行家”给出了 7.5 万欧元的高价，这可是真金白银，不过这个数目不到他箱子期望值的 75%，弗兰克拒绝了。接下来他惊恼不已，因为他打开了装着 50

万欧元的箱子，这是剩余箱子中的最高奖金。他的期望值骤跌到了 2 508 欧元，“银行家”提供的数额也从 7.5 万欧元跌到了 2 400 欧元。相比弗兰克可能获得的奖金，2 400 欧元的报价比上一个报价慷慨多了，这是继续游戏期望奖金值的 96%，但弗兰克还是拒绝了。下一轮里，“银行家”的报价比剩余箱子的平均价值要高，但弗兰克依旧断然拒绝。在最后一轮里，弗兰克面临两种可能，要么是 1 万欧元，要么只有 10 欧元。“银行家”给出了一个慷慨过头的价格：6 000 欧元，弗兰克还是没有接受。最后，他拿着 10 欧元离开了节目。在错失稳拿稳赚的 7.5 万欧元并与 50 万欧元失之交臂后，弗兰克开始疯狂下注，他的情绪失控了。

弗兰克的行为具有典型性。泰勒和同事观察了人们在做出各种不幸的选择、幸运的选择和总体来说不好也不坏的选择后，对“银行家”报价的反应。他们发现，如果选手的选择不好也不坏，他往往会非常乐意和“银行家”成交；运气很好的选手则很自负，他们更可能会拒绝“银行家”给出的价码，继续竞猜；选择不如意的选手们的表现尤为突出，他们也极可能不接受“银行家”给出的价码。为什么？因为如果他们接受这个报价，就只能这么困在“错误”中；如果他们继续竞猜下去，可能还会有补救的机会。由于“银行家”为失败者开出的价码往往更慷慨，虽然绝对数字更低，却更接近剩余箱子价值的平均水平，这种模式的对比也更鲜明。而起初选择时不走运的选手显然更应该愿意和任何人成交，因为他们会从“银行家”那里得到更有吸引力的好处。

这种现象是否仅出现在电视娱乐节目和拉斯维加斯里约赌场的扑克桌上？不幸的是，事实并非如此。经济学家特伦斯·奥丁（Terrance Odean）发现，虽然希望渺茫，但人们往往还是会紧紧攥住暴跌的股票不放，希望将来能时来运转；相反更愿意抛出那些表现良好的股票。事后来看，抛售赚钱的股票、死守赔钱的股票这种投资策略很不成功。

扑克、巴黎之行、《一掷千金》和股票投资组合这 4 个例子表明：虽然损失已经真实存在，但人们还是一心视而不见；虽然已经对之前的决定后悔，但人们还是不愿将之一笔勾销。这种坚持不懈的决心可能偶尔会起到作用，但在上述事例中这种心态大多适得其反，在很多其他的例子中也是如此。**面对错误或损失，正确的反应是承认一时的失利并改变方向，但人们的本能反应却是否认错误。这就是“从错误中学习”这个建议虽然很好却难以执行的原因。**

## 问题越复杂，试错法越高效

我们面临的挑战很艰巨：与其他方法相比，问题越复杂、越难以捉摸，试错法就越高效。不过这种方法却违背了我们的直觉，也与传统组织发挥作用的方式背道而驰。本书的目的就是寻找这项挑战的答案。

由于这种适应性的试验方式几乎适用于任何地方，所以我们要分析的问题数量庞大。我们会谈到那些冒着断送职业生涯甚至生命的危险，改变伊拉克战争形势的桀骜不驯的军官；也会谈到孤注一掷、铤而走险的战俘营里的医生，今天世界银行的工作人员就应该以他们为榜样；我们还会重温三里岛核事故和深海地平线事故，看看这些灾难教会人们如何预防下一场雷曼兄弟经济危机；我们还会向很多人学习，例如钟表匠、街头顽童、华尔街叛逆者、两名飞机设计师以及一名失败的舞蹈设计师；我们会分析从谷歌到商业区补鞋店的公司策略，还会研究从银行业危机到环境变化问题的解决方案。

与此同时，我们还要学习成功适应的秘诀，并遵循 3 个基本的步骤：

- ◎ 首先，要尝试新事物，还要做好有些新事物不会成功的心理准备；
- ◎ 其次，要允许失败存在，因为失败乃兵家常事；
- ◎ 最后，要确保失败时自己认识到已经失败。

这 3 个步骤帕金斯基应该很熟悉，不过在这一过程中难免会存在令人生畏的障碍。要创造出新观念，我们就必须克服随大流的趋势，克服从现状中获取既得利益的趋势。允许失败存在有时意味着要扎扎实实从点滴做起，不过也不尽然：很多创新来自极具争议的大胆举动，而且这种举动很少能在历经磨难后依然坚持下来，就像在金融系统内，失败后就很难坚持。更奇怪的是，最艰巨的任务恰恰是区分成功和失败：自负的领导者根本无视两者的区别，人们对失败的本能否认让两者的区别变得模糊不清，世界的复杂性使最客观的裁判也难以对两者作出区分。

同时，我希望人们也能学会在工作和生活中使用适应法和试验法。面对试错法的代价和风险，我们是否应该继续进一步试验和适应？在追逐成功的过程中，我们要付出什么样的代价呢？

# 01

# 冲突，谁说了算

从错误中学习的关键不是盲目地服从上级的指挥，而是在必要时大胆颠覆，不能寻求一片祥和，而是要倾听不同的声音。最重要的是，不要依赖一个自上而下的策略，而是将权力下放。

这太复杂了。你要是觉得自己有办法，那你就错了，而且你还会遇到危险。

——H. R. 麦克马斯特

没有了领导或秩序，想想他们会是什么样子吧……

——大卫 · 彼得雷乌斯

## 哈迪塞镇屠杀与汽车炸弹

2005 年 11 月 19 日星期六，感恩节前的一个周末，一名美国海军陆战队士兵闯进了距离巴格达 240 公里的一座民房，朝一群孩子开了枪。据他说，他“看到屋里的孩子们跪下来。记不清具体数目了，只记得很多人”。他判断这些孩子都是敌人，“我接受过训练，要对着敌人的胸膛和头各开两枪，我照着训练时的要求做了”。

这名士兵有位朋友，来自得克萨斯州埃尔帕索的米格尔·特拉泽斯（Miguel Terrazas）下士，刚刚被炸死，死时年仅 20 岁。一枚隐蔽的炸弹把他的上身炸得粉碎，另外两名士兵也受了伤。爆炸过后，一辆白色的欧宝汽车驶近现场，车上坐着 5 个伊拉克年轻人，他们可能会对美国士兵们构成威胁。年轻的士兵们惊惶不安，内心承受着巨大的压力。

海军陆战队调查员以及对海军陆战队士兵的叙述心存疑虑的记者们，拼凑出了炸弹爆炸后发生的事情：美国士兵枪杀了 5 个伊拉克青年，其中一名中士承认在一名死者的头上撒了尿，并声称这几个伊拉克青年是在准备投降时被打死的。

接着，美国士兵扫荡了路边的房子。5岁的扎纳布·萨伦（Zainab Salem）被他们打死，他年仅3岁的妹妹艾莎也未能幸免于难，一起被枪杀的还有其他5个家人。唯一幸存的是一个13岁的女孩，她装死才躲过了这一劫。另一户家里被杀的是一个婴儿和一个坐轮椅的男人，他死时身中9枪。9岁的埃曼·瓦立德（Eman Waleed）和8岁的弟弟躲在家里大人的尸体下面活了下来。“我亲眼看着他们打死了爷爷，一枪打在胸膛上，又一枪打在头上，”瓦立德告诉记者，“然后他们又打死了奶奶。”一共有24名伊拉克人死在这伙美国士兵枪下。

哈迪塞镇的这场屠杀实在是骇人听闻，但24个平民的无辜暴死却被看作寻常之事，这更让人震惊不已。营队司令认为这件事“很不幸，让人很难过”，但他觉得这件事不值得调查，因为“这实在是家常便饭”。而师部的司令员也表示赞同。

哈迪塞镇惨案并没有立即让驻伊美军颜面扫地。那时的冲突死亡事件稀松平常到不仅海军官员不放在心上，就连多数伊拉克人也不会过多关注。美国及其盟国急需普通伊拉克人的支持，但他们却没能如愿以偿。哈迪塞镇事件是美国占领部队压力重重、挫折连连、疲惫不堪、孤军奋战的象征。哈迪塞镇的美军确实目睹了同伴被杀，但他们的反应过激。他们的战术没有得到有效的策略指导，于是产生了暴行。

2005年是可怕的一年，可2006年的情况更加糟糕。2月22日，伊拉克北部城市萨迈拉的金穹顶清真寺（Golden Dome Mosque）被一颗炸弹炸毁，这一行径就像天主教摧毁伦敦的威斯敏斯特大教堂一样令人发指。该事件标志着占人口多数的什叶派穆斯林与占少数的逊尼派穆斯林正式打响了内战。什叶派穆斯林控制着伊拉克政府，被炸的清真寺是他们心目中的圣地，而逊尼派穆斯林曾在萨达姆执政时期处于主导地位，但萨达姆下台后被排挤出了伊拉克政府。

有人认为萨迈拉爆炸事件直接引爆了危机，其他人则认为它只是标志着什叶派与逊尼派冲突的进一步升级。汽车炸弹成了家常便饭，暴力的程度更令人发指：2006年夏季的某一天，仅在巴格达一地就找到了50多具尸体，这些人都是铐着手铐、蒙着眼睛被枪杀的。什叶派武装组织会从混合居住区抓一名逊尼派教徒，把他带到逊尼教派居住区附近，朝他脑后开一枪，然后丢掉尸体扬长而去。作为反击，逊尼派叛军也到混合居住区逐一清查什叶派教徒，先是屠夫，接着是房地产经纪人，然后是冰激凌店店主。他们当着顾客的面朝那位屠夫的脸开了一枪，屠夫的大儿子一跑进来就被打死了，二儿子从旁边的商店冲过来也难逃一死。不计其数的人逃离伊拉克，还有一些人从混合居住区搬到了种族隔离区，在那里他们才能远离随时可能发生的暴力事件，稍稍觉得安全点。

除此之外还有伊拉克基地组织，这是由约旦人阿布·穆萨布·扎卡维（Abu Musab al-Zarqawi）领导的一伙邪恶的叛乱分子，誓死效忠本·拉登。这个基地组织逐渐控制了伊拉克的城镇，并对阿訇倍加羞辱，有时他们会公开对阿訇拳脚相加，必要时还会直接把他们暗杀掉以恐吓当地民众。

面对逐步蔓延的灾难，美军及盟军表现得手忙脚乱。官方政策依然是依赖地方警力和武装，但这种官方政策根本不起作用。伊拉克武装组织拒绝离开各自的管辖区，巴格达警察则受什叶派控制，根本无意阻止暴行。他们打着“平定”的旗号进入逊尼派区域并在没收武器后离开，实际上是向什叶派武装暗示逊尼派已经被解除了武装。

伊拉克四分五裂，盟军伤亡人数上升之快让人震惊。人们清楚地看到这个国家正在离和平安定的梦想越来越远，看上去失败似乎在所难免。射杀幼童和残疾人的哈迪塞镇惨案不仅是令人发指的犯罪，还象征着驻伊部队与他们声称要维护其利益的人们完全隔绝开来。对付基地组织之类叛军的策略虽然存在，但在2005年和2006年，美军似乎根本没有意识到这些策略的存在。五角大楼和白宫做梦也没有想到，占领伊拉克行动将会一败涂地。

到了 2008 年，伊拉克的情况却发生了彻底的逆转。基地组织全面撤退，袭击次数、美军死亡人数和伊拉克人死亡人数大幅下降。入侵伊拉克行动由于计划不周带来了无法弥补的损失，这个国家的未来依然是一片渺茫，不过不可否认的是，人们还是“窃取”了一点微弱的胜利成果。美军所作所为带来的教训有着重要意义，因为它打碎了我们对大型机构处理问题方式的一切美好遐想。

## 理想的机构

展开世界上任何一种组织机构的结构图，你会看到这张图中的理想化机构决策特别适合用幻灯片进行展示。最顶端的是领导者：总裁、四星上将或总统。领导者至关重要：如果他做出英明的决策，一切问题都会迎刃而解；如果他的决定太糟糕，整个机构就会跟着遭殃，甚至全盘皆输。

领导者怎样才能做出英明决定呢？很简单，既然他高高在上总揽大局，就应该好好利用这一点。他对一项任务贡献的方法越多，一切就会进展得越顺利，他要能对现场进行协调，不管是在结账处、工厂车间还是战斗前线。他的身边还应该跟一支后援团队，这支团队要对机构的前进方向与领导者保持一致。为了保证有效地执行策略，报告应该清晰，信息应该能传递到最上层并进行分析，相应的指导意见也应该能顺利下达，否则局势将混乱不堪。

尽管我们本能地认为领导力应该如此发挥作用、机构应该如此运作，但是这种看法却会让人误入歧途。问题在于没有哪个领导者每次都能做出正确无误的决定。拿破仑堪称历史上最卓越的将领，可他带领着 50 万大军入侵俄国，士兵们或战死或重伤被弃，部队损失高达 90% 的兵力。约翰 · 肯尼迪曾迫使赫鲁晓夫在古巴导弹危机中做出让步，但是也别忘记猪湾事件中他曾自欺欺人地认为，美国训练的 1 400 名流亡兵能打败 20 万人的巴西军队、一举推翻卡斯特罗的统治，而且没有人会怀疑美国是该事件的幕后主谋。温斯顿 · 丘吉尔曾严厉地警告世人提防希特勒势力崛起，并且在战争期间鼓舞和领导英国人民战斗到底，但作为第一次世界大战期间控制英国海军的要员，他却强行打响了加里波利之战，结果伤亡惨重，几万盟军丢掉了性命却依然没能取胜。

在战争中、政坛上和商业领域里，我们面对的是复杂的问题和训练有素的对手，不可能长胜不败。正如一位俄国将军所言："一遇上敌人，什么战斗计划都没用了。"领导者适应现状的速度有多快，这才是问题的关键。

如果连最优秀的领导者都难免犯错，那么好机构就需要找到纠正这些错误的方式。前面讲到，人们认为理想的等级结构能够像机器一样产生正确的决策，因此极富吸引力。我们再回顾一下理想等级结构的特点吧：要有精准的信息使领导者可以统揽全局，要有朝同一个方向前进的团队力量，还要明晰职责以确保信息在指挥链中顺畅地流动。如果机构可以从错误中学习，不难发现每一个要素都有缺陷：统揽全局成了自欺欺人的宣传，团结一心退化成了集体决策，指挥链变成了僵化的等级组织。如此，整个机构完全退化，反而为最高层接受反馈信息设置了层层障碍。组织机构在整体上更加盲目、混乱且叛逆。

## 拉姆斯菲尔德先生的"顿悟"

读到伊拉克战争历史时，人们难免会得出这样的结论：这场战争计划不周。多年来军方在执行任务时表现得极端无能，这一点尤其反常。这种惨败局势何以持续如此之久呢？

2005 年感恩节新闻发布会上，美国国防机构两位最资深的人物有个细节颇值玩味。美国国防部长唐纳德 · 拉姆斯菲尔德（Donald Rumsfeld）与美国参谋长联席会议主席彼得·佩斯上将（Peter Pace）肩并肩站在一起。十天前刚刚发生了哈迪塞镇惨案，但是此次发布会的主题却是战争的总体布局。

几位观察员注意到了新闻发布会的怪异之处。拉姆斯菲尔德自始至终都在小心翼翼地避免提到“叛军”这个字眼，而彼时逊尼派、什叶派和基地组织这三股“叛军”的势力都在与日俱增。这一异象太过明显，以至于在场的一位记者直接问国防部长为什么对这个词避而不谈。拉姆斯菲尔德解释说，在这个感恩节周末他恍然“顿悟”，意识到“这些人不配被用‘叛军’这个词来称呼”。

可惜佩斯上将一时没能跟上顶头上司的这句离奇的台词。他在描述当地情况时略带迟疑，然后局促不安地承认：“我不得不用‘叛军’这个词，因为我此刻想不出一个更恰当的词。”“‘合法伊拉克政府的敌人’，这个词怎么样？”拉姆斯菲尔德插了句话。但佩斯上将后来还是不小心在记者招待会上说出了“叛军”，他随即假意向拉姆斯菲尔德和忍不住轻笑的人们道歉。佩斯上将还告诉一名记者：“世界上没有哪支武装部队像美国的武装部队一样不遗余力地保护平民。”说这话时，哈迪塞镇惨案的真相才刚开始蜗牛般沿着指挥链缓慢地向上爬呢。

拉姆斯菲尔德在记者招待会上的这种“奥维尔式”（Orwellian）[①]举动如果只是对媒体自吹自擂的一种单独表现，也许不会那么引人注目，但它不是。它极大地影响着对战争的具体指导行动。显然我们亟需找到一种应对叛军的策略，而这种不用“叛军”字眼的做法很难探讨到底应该采取什么策略。对“叛”这个字眼的恐惧已经慢慢地渗入了整个部队。一位上校对记者乔治·帕克（George Packer）抱怨说，一位上将来分队巡视时宣布“这不叫叛军”，而他则默默地在心里回应道：“好吧，你最好能说出这到底该叫什么。”

拉姆斯菲尔德极力否认现实，这种行为导致他拒绝接受了解实情的人的建

① 指现代保守政体借宣传、误报、否认事实、操纵过去，来执行社会控制，包括冷处理、公开记录与大多数人记忆不相符的情况。——译者注

议。最早接受反馈信息的机会出现在伊拉克战争打响前。埃里克·新关将军（Eric Shinseki）提醒参议院的一个委员会，伊拉克战争需要派遣几十万人的部队，这个数目是拉姆斯菲尔德派遣部队人数的2~3倍。新关将军不仅是陆军总司令，还曾是驻波斯尼亚维和部队的前司令。拉姆斯菲尔德的副手对他的提议置之不理，理由是“完全不相关”，不过后来事实证明他的说法确实很正确。五角大楼观察员报告称，新关将军从此之后倍受排挤，几个月后他就按计划辞官退休了。

第二个接收到反馈信息的机会是在开战6天后，陆军中将约翰·阿比扎伊德（John Abizaid）向拉姆斯菲尔德和第三号领导人道格拉斯·菲斯（Douglas Feith）提出了忠告。阿比扎伊德是伊拉克二号站地司令，而且很快就将担任美国中东地区部队的总指挥，他的话很值得一听。在所有陆军高级将领中，他是中东问题的权威人士。早在1978年，他就和怀有身孕的妻子、牙牙学语的女儿搬到了伊拉克的邻国约旦，他们住在约旦首都阿曼，当时的居住条件很差，不过这家人积极地接受当地文化，阿比扎伊德还学习了《古兰经》。他目睹了约旦人对伊朗革命的反应，并在约旦四处旅行，牧民们根据他的英文名给他起了个典型的阿拉伯名字：阿布·扎伊德（Abu Zaid）。第一次海湾战争之后，阿比扎伊德即兴指挥了一场出色的战役，迫使萨达姆的部队从伊拉克库尔德人处撤军，一弹未发就成功地阻止了一场大屠杀。他手下的指挥官说，这场战役体现了“我见过的最卓越的军事战略”。

转眼12年过去了，代号“震慑行动”（Shock and Awe）的伊拉克战争在开始阶段似乎进展顺利。阿比扎伊德依然有很多东西要与两人探讨，但是拉姆斯菲尔德没把握住学习的机会：电话会议刚进行了15分钟他就高高兴兴地挥手告别。接下来，听取阿比扎伊德对事态高见的任务就落到了菲斯身上。阿比扎伊德表达了自己内心的忧虑：之前在伊拉克的经历让他认识到种族、宗教派别积怨已久，他担心萨达姆倒台后，五角大楼无力维持伊拉克的稳定。阿比扎伊德用事实说明，萨达姆的阿拉伯复兴社会党政权虽难逃此劫，但为其工作的中下层雇员有几万人，其中包括管理者、警察和教师，盟军需要他们的支持。不过菲斯没有兴趣听他讲下去，他打断阿比扎伊德的话说："美国政府的政策就是去阿拉伯复兴社会党化。"去阿拉伯复兴社会党化就是解雇萨达姆的所有党员，不管他们多么重要。这个政策将解雇伊拉克国内几乎所有了解国家运行方式的人。阿比扎伊德试图说服菲斯，这种方法很不可靠，会步入战后德国"去纳粹化"的歧途。

菲斯采用 5 岁孩童才会使用的久经考验的辩论技巧进行回应，他一味简单粗暴地再次重复自己说过的话："美国政府的政策就是去阿拉伯复兴社会党化。"后来，阿比扎伊德将军的担心几乎全部应验。

现在再回顾这些时，我们才发现新关将军和阿比扎伊德将军说得没错。但直到美国在战争中的一切努力都付诸流水，拉姆斯菲尔德团队还是紧紧捂住耳朵，拒绝接受任何建议。正因为如此，才有了安德鲁·克里潘尼维奇（Andy Krepinevich）事件。安德鲁·克里潘尼维奇是一位国防分析专家，2005 年 9 月，他在美国《外交》杂志（*Foreign Affairs*）上发表了一篇措辞尖锐的文章，描述并探讨了恰当的反叛军策略。拉姆斯菲尔德指示自己的顾问与克里潘尼维奇谈话，而当克里潘尼维奇应召参加早餐会晤时，却没有人听他的意见，相反，与会者说他根本不了解当地情况。据克里潘尼维奇称，拉姆斯菲尔德的一位助手甚至开玩笑说，他们应该把克里潘尼维奇丢到通往巴格达机场的死路上。而事后这位助手却否认自己说过这样威胁的话，不过在这个故事中，我们几乎看不到他们向局外人请教的意愿。

人们往往会把伊拉克战争的失败归咎于上层做出了错误的决定，事实的确如此。但是，导致这一事件的不只是错误决策，毕竟战争中的决策错误不足为奇，也不只是未能因地制宜。更糟糕的是，他们根本就拒绝适应当地形势。

## 当意见相左变成一种威胁

把越南战争和伊拉克战争相提并论可能会混淆视听，但是从某个角度看，越南战争和伊拉克战争诡异地遥相呼应：两大事件中，反对的声音几乎都不可能穿透五角大楼和白宫厚厚的墙壁，让战斗指挥室里的人听到如果这种声音来自战场则效果更甚。只不过在伊拉克战场上，反对的声音有了呼吸的空间，情况才得以改善；而越南战场从不容许反对的声音存在。

1997 年，在一篇依据最新解密档案写成的博士论文的基础上，人们开始研究把美国拖进越南战争的决策。博士论文的作者麦克马斯特（H.R. MacMaster）当时被美国总统林登·约翰逊、国防部长罗伯特·麦克纳马拉（Robert McNamara）和参谋长联席会议将军们的一错再错激怒，直接选用《渎职》（*Dereliction of Duty*）作为自己的书名。

ADAPT Why success always starts with failure

**试错法则**

麦克马斯特的《渎职》清楚地表明了理想的等级结构是如何起到事与愿违的作用的。我们再看一下理想化的决断等级结构的三个要素：对所有可能的信息进行细致分析后实现的统揽全局、向同一方向努力的团结团队、严格的指挥链。虽然约翰逊和麦克纳马拉“集齐”了这三个要素，但是却带来了灾难性的后果。事实证明，能被集中归纳和分析的全局信息都不是重要信息；忠心耿耿、团结一致的团队不允许其他看法存在；严格的指挥链将来自下方的坏消息齐刷刷地压制下去，高高在上的约翰逊根本就听不到。后来，拉姆斯菲尔德也重蹈他的覆辙，直到美国部队抛弃指挥链、不再热衷于整齐划一、放弃了制定全局性策略的野心，伊拉克战争的形势才发生了转变。

麦克纳马拉最为广为人知的就是他对数据分析非常痴迷，福特汽车公司因为他完善了数据分析而任命他为首位福特家族之外的福特公司总裁。而几个星期之后，他又被肯尼迪总统挖走当上了美国国防部长。麦克纳马拉认为，只要有足够多的电脑和足够多的哈佛大学工商管理硕士，即使距离前线万里之遥，他依然能计算出最佳战争策略。这种方案没能让远在越南的美国军队欢欣雀跃，不过其精神却依然鼓舞着后来的拉姆斯菲尔德。

麦克马斯特认为，约翰逊和麦克纳马拉简直是天生一对。约翰逊因肯尼迪总统被刺身亡而坐上了美国总统宝座，其实他很缺乏安全感，希望获得安慰、讨厌争执。麦克纳马拉将军是典型的好好先生，他无情地推行总统“只听一家之言”的要求，时时刻刻让约翰逊感到慰藉。约翰逊上任后不久，1964 年总统大选就被提上了日程，约翰逊每周二都会邀请包括麦克纳马拉在内的三位顾问参加午餐会。在场的人士没有一位是军事专家，连参谋长联席会议主席也不在被邀请之列。麦克纳马拉和约翰逊都不信任军方，事实上，上任后不久约翰逊就解雇了三位军事助手，因为“他们碍事”。

约翰逊和他的这些顾问把越南战争当成一场政治足球赛，它既可能阻止约翰逊连任，也可能助其一臂之力。这三位顾问“堪称一家人”，他们时刻谨言慎行，在与约翰逊会面前，总会把建议润色成约翰逊喜欢的形式。麦克纳马拉寻找的是“通力合作者”，他宣称如果各部门领导者与总统的决定“意见相左”，政府就无法高效运作。这其实是最烂的理想化机构：仅仅忠心耿耿是不够的，连“意见相左”都是种威胁。

心理学家所罗门·阿希（Solomon Asch）做过一系列著名的实验，这些实验表明了为什么追求统一意见的麦克纳马拉 - 约翰逊主义十分危险。阿希的一个经典实验是

这样的：让一群年轻人围坐在一张桌子旁，给他们看两张卡片，一张卡片上画了一条线，另一张卡片上画了三条线，分别标着A、B、C，很明显它们的长度不一。实验人员要求被试说出这三根线中哪一根与另一张纸片上的那条线一样长。这个实验看似简单至极，但是内藏玄机：在这些围坐在桌旁的人中，除了一个是真正的被试之外，其他人都是阿希聘来的演员。这些人围坐在桌边，一个个大声说出同样的错误答案。轮到真正的被试回答问题时，这个可怜人会困惑不已，进而频频随波逐流。后来与被试的谈话揭示了原因：他由衷地相信是自己的眼睛欺骗了自己，只需三个演员就足以制造出这种效果。

随后进行的另一个实验知名度不是很高，但一样重要。实验中，只要有一个演员给出一个与其他人不同的答案。从众的压力便立刻消失得无影无踪，在十比一影响下给出了错误答案的被试，在九比二的影响下会愉快地提出异议，给出正确的答案。值得注意的是，持相左意见的那个演员给出的答案正确与否并不重要，只要他的答案与众不同，就足以把可怜的被试从社会强加的认知束缚中解放出来。

心理学家弗农·艾伦（Vernon Allen）和约翰·莱文（John Levine）进行过一个更离奇的变形实验，在这个类似的视觉实验中，他们煞费苦心地安排了一场情景剧，其中一位被试带着夸张的、厚厚的近视镜，这副近视镜由当地一位配镜师专门打造，看上去就像玻璃瓶底那么厚。这位貌似滑稽人物“脱线先生”（Mr. Magoo）的被试也是位演员，他会向主持实验的人表达自己的烦恼。“这个实验需要多好的视力啊？我看不清远处的东西。”主持实验的人精心安排了一系列事件，旨在哄骗真正的被试相信这位“脱线先生”几乎连放在面前的手都看不清，然后实验开始。当然，“脱线先生”会不断犯错，结果发现，被试还是很难给出与众口一辞

> 的错误答案相左的答案，也还是一个不赞同的声音就足以让被试得到解脱。令人震惊的是，即使持不同意见的人是喊出绝对错误答案的“脱线先生”，被试也会如释重负。

对与众不同观点提出研究结果的是复杂理论家卢宏（Lu Hong，音译）和斯科特·佩奇（Scott Page）。他们实验中的决策者是对社会压力无动于衷的简单机器人。但是卢宏和佩奇在运行模拟程序，让这些电子被试按照程序寻找解决答案时，却发现一组最聪明被试还不如一组相对笨拙但更具多元化的被试。**尽管“不同”经常意味着“错误”，但尝试不同的东西却有着自身的价值，这正是帕金斯基在欧洲工业中心城市游历时积累的经验。**阿希发现的从众效应，加上听取多种意见大有裨益的实验结果，我们由此可以判断在意见多元化的团体里，人们会做出更好的决定。

这样一来，避免分歧的建议就很有误导性。约翰逊总统最不需要面对的就是众口一辞的看法，他迫切需要听到不同的意见。只有这样，他才能自由使用自己的判断力；只有这样，他才不至于落入陷阱、被狭隘的选择方案所困。即使是一个拥有不同看法的、能力欠缺的顾问，也可能改进约翰逊的决策，因为这个顾问可以在政治上做一个像艾伦、莱文实验中的“脱线先生”那样的人。可惜约翰逊想要的是保持一致，麦克纳马拉确实也让他如愿以偿。

更麻烦的是，约翰逊还建立了一个清晰的理想化指挥链，坚持认为没有人可以逾越界限。他不是直接与参谋长联席会议对话，因为会议中将领们经常的意见不一致让约翰逊很不舒服，而是通过参谋长联席会议主席和麦克纳马拉来过滤消息。约翰逊很可能没有意识到，这样做多少东西会被隐瞒。麦克马斯特的《渎职》一书中有一个显著的例子。1964 年，参谋长联席会议委托设计了一个名为《特种兵部队 I》（*SIGMA I*）的战争游戏，这个游戏的结局很大程度上预示了后来发生的事情：战斗最终升级成了全面战争，人们倍感绝望却又无力阻止。麦克纳马拉对这个游戏下了禁令，因为这个游戏的结局与数据分析得出的结论大相径庭。约翰逊从来没有看到《特种兵部队 I》的结局，这一事件折射出了约翰逊与军事顾问之间糟糕透顶的交流方式。

参谋长联席会议曾试图用其他非官方途径与约翰逊总统交流，但约翰逊明确表示他想让军方“通过麦克纳马拉”与自己沟通，要不是这件事“证据确凿”，人们很容易把错误归结到麦克纳马拉一人头上。约翰逊只与自己的政治顾问交谈，他所做的决定为他带来短暂的政治胜利，却最终导致了军事上的灾难。这种理想化的等级结构带来了惨痛的负面效应，向着同一个错误方向努力的团队做出了错误的决定，指挥链变成了阻止重要信息向上方流动的障碍。正如麦克马斯特总结的那样，从 1963 年 11 月到 1964 年 7 月，约翰逊做出的“关键性决定”在不知不觉中把美国拖进了战争的泥沼。

40 年后，拉姆斯菲尔德同样拒绝倾听不同的建议，注定了联军部队在伊拉克失败的命运。是的，拉姆斯菲尔德的决策很糟糕，不过真正不可原谅的是他一直在阻止事态好转。麦克马斯特的著作中记载了一系列失败的例子，美国军方高层应该从中吸取教训，但是情况似乎一如从前。

## 塔尔阿法城试验

事实上，早在哈迪塞镇惨案及拉姆斯菲尔德在新闻发布会上发表怪诞言论的几个月前，美国在伊拉克的形势就已经发生逆转，只不过拉姆斯菲尔德不知情罢了。

2005 年春天，一个叫塔尔阿法的地方展露出了些许成功的迹象。塔尔阿法是一座古老的伊拉克城市，距离叙利亚边境不远，城中有 25 万居民。美国部队不断地将叛军赶出塔尔阿法城，但在每次美军撤退后，叛军就会卷土重来。到 2004 年年底，塔尔阿法已经成了逊尼派极端分子的据点，以及控制基地组织的约旦恐怖分子穆萨布·扎卡维心中的瑰宝。塔尔阿法城一向是走私犯的聚集之地，也是来自叙利亚的国外叛军的首选驻地，他们在这里武装起来，接受训练，然后再去与什叶派、美军以及通敌者战斗。

当时，派往伊拉克的多数美国陆军都驻扎在前线作战基地中。一些作战基地规模非常庞大，一条边界就绵延 4 公里，基地里还有班车接送士兵。前线作战基地为士兵们提供一些能在本国享受的服务，包括冰激凌、游泳池，甚至一些能购买到电子产品的商店。看到前线作战基地如此整齐划一、布局对称，现代建筑师可能会倍感欣喜。而从战术的角度而言，这种构造也颇为合理，这些前线作战基地身处沙漠腹地，在面对由乌合之众组成的恐怖分子的攻击时，可谓坚不可摧。士兵们可以更轻松地获得补给，军需部工作人员还由此得了个“基地佬”的绰号。当然，这个绰号也不是那么善意，有人甚至无意中听到一个上尉带着黑色幽默意味评论说，他们的使命就是“护送冰激凌车北上，让其他人也有机会护送它们”。换句话说，美国的伊拉克政策已经全面瓦解，“别让士兵牺牲”成了目标。坦白讲，如果不让士兵牺牲是唯一的策略目标，把部队撤到科罗拉多州或田纳西州不就能更好地实现目标了吗？

“日间的巡逻就像在地狱里旅行”，一位反叛军专家如此描述士兵们走出前线作战基地、乘坐装甲车短途巡逻的感受。在这种隔绝状态下开展军事活动，美军能做的也只是在匆匆驶过塔尔阿法这样的城市时，期盼着能打死点坏人。不是所有的巡视都会导致哈迪塞镇屠杀那样的惨剧，不过确实很少能带来有价值的结果。麻烦在于叛军们只需丢掉武器混入人群就能销声匿迹，塔尔阿法人可能辨认得出叛军与当地人的区别，而塔尔阿法人也不打算告发他们，但是美军可什么也看不出来。

约翰·纳格尔（John Nagl）是美国反叛军的权威，2003—2004年间他曾在伊拉克服役，很快他就发现自己几乎不能指望得到当地人的配合。抵达伊拉克的第一天，纳格尔少校就派遣一位上尉到城里的警察局协助当地警方。看到美国人靠近，警察们马上从后窗户跳出去，慌慌张张地向四面八方逃跑，就好像有人在地下室发现炸弹一样。纳格尔觉得肯定是这位年轻上尉办事不妥，于是第二天亲自到警察局走了一趟，结果看到了相同的场景。纳格尔最终还是如愿以偿地与地方警察进行了一次联合巡逻：一个当地警察走在前面，而距离他几米远，纳格尔的步枪就指在他背后。尽管纳格尔在反叛军方面拥有深厚的专业知识，获得了牛津大学该专业的博士学位，但直到后来他才发现当地警方不愿合作的原因。

当地人为什么不愿意配合美军呢？传统的看法是因为美军不如叛军受欢迎。当时阿比扎伊德将军已经开始指挥美国在中东的所有部队，可是连他这样经验丰富的美国将领都认为美国部队就像移植器官一样受到母体的排斥，这才是当地人不愿配合的根本原因。他们觉得只有美国部队撤军才会迎来和平，当然也有可能撤军后这里依然战火纷飞。

一段时间后，谜底终于揭晓了：尽管很多伊拉克人确实憎恨美国人，但多数人并不是因为憎恨而拒绝配合。他们之所以拒不配合是因为恐惧，因为谁要是在美军巡视时帮助美军，等美军撤退后，他就会被谋杀。这正是纳格尔少校用枪指着当地警察，才获得“帮助”的原因。这也是美国士兵建议伊拉克小学生和美国小学生通过互通信件建立友谊时，伊拉克老师婉拒的原因，因为无论伊拉克儿童多么渴望用信件传递友谊，他们也不敢拿生命去冒险。这也是美国士兵根据部队规定在伊拉克的城市里进行短暂巡视时，与当地人互不搭理的原因。

因此，塔尔阿法城依然是叛军的据点，逊尼派叛军在街道上横行霸道，而什叶派警察在夜晚组成暗杀小分队悄然行动，这里就是伊拉克愈演愈烈的内战的缩影。

在一片混乱中，第三装甲兵团出现了，这支部队有 3 500 名士兵，领导他们的军官被称为 H 上校。H 上校和蔼可亲，他个头不高、体格强壮，硬邦邦的秃头让他看上去非常凶悍，不过这种印象接着就会被他的风趣俏皮和说话时不时露出的顽皮微笑淡化。

H 上校享有极高的声誉。他是一名战斗英雄，曾在 1991 年海湾战争期间进行的一场著名战役中指挥美国坦克。H 上校的履历还表明他是一位大胆无畏的思想家，他准备扭转塔尔阿法城的局势，并认为美国的伊拉克策略很不合情理。

H 上校的士兵们需要迅速适应，才能在塔尔阿法城取得胜利。在离开美国前，H 上校就一直训练他们，他购买了大量的伊拉克历史口袋书，指导部下要对伊拉克人表现得更尊重些，他还安排士兵在科罗拉多州卡森堡的模拟关卡中演练，以应对困难重重的社会互动。士兵们会模拟与醉汉、孕妇、自杀式炸弹嫌疑犯打交道，然后回放录像，讨论从所犯的错误中学到了什么。“你只要对一个伊拉克人表现得不尊敬，就是在为敌人工作。”H 上校告诫部下。

到达塔尔阿法城后，H 上校率领的装甲兵团慢慢地开进城市，对每个街区进行安全检查。他手下军官则与当地政治掮客进行了多次对话。他们试图让温和的逊尼派爱国者与什叶派和解，改革什叶派教徒警力让其代表全城市民。他们还扶持了新市长，一个连当地话都不会讲的巴格达人，至少这样他不会打什么私人算盘。他们在全市建立了 29 个小型前哨基地，不仅没有了冰激凌或游泳池，连热水和准时的一日三餐也没有了。但是，无论遭受多么残酷的袭击，H 上校的士兵们都拒绝放弃这些小基地。

在塔尔阿法交战的小派别更加极端，他们根本不反思自己的行径是否过于残忍。H 上校回忆道：“有一次，恐怖分子谋杀了一位躺在病床上的小男孩，并在尸体上设了饵雷。他的家人来取尸体时，恐怖分子引爆了爆炸物，炸死了孩子的父亲。”

还有人身上捆满了爆炸物走到新招募的警员附近炸死了他们，这个人不是恐怖分子，而是一个 13 岁的弱智女孩，跟她一起走过去的是一个牙牙学语的孩子，有人教唆她牵着这个幼童的手走向那队新警员。

几个星期里，H 上校的部下在艰难的环境中遭受了巨大的伤亡。但与此同时，奇迹出现了：塔尔阿法的居民开始配合美国人，并与他们进行交谈，虽然过程很缓慢，当地人表现得也很不情愿。交战派别中更温和的人放下了武器，真正的恐怖分子或闻风而逃，或因当地居民的告发而被处决或者被捕。毕竟，很少有人真正希望藏匿那些利用残疾女孩和牙牙学语的孩童伪装人体炸弹的人。H 上校说："变化速度令人震惊。"当美国人用行动让多数居民相信，美国人不会抛弃他们，不会任其遭受基地组织的报复时，他们才产生了这样的变化。

H 上校在恢复塔尔阿法城和平的过程中所冒的风险怎么夸张都不为过。他的策略简直可以说是公然违抗顶头上司凯西将军和阿比扎伊德将军。他显然没时间顾及拉姆斯菲尔德对严格控制的顿悟，他坦率地告诉记者："从军事角度看，你必须把它叫作叛军活动，因为我们有你们想看到的对抗叛军的原则和理论。"他还缩短指挥链，与不是自己直接领导的高级将领自由交流。那些直接领导对他的话无动于衷，有人还警告他"停止策略性思考"，也就是让他闭嘴、别去想更高级别长官该做的事。他要求 800 人的支援，却一点儿回音都没得到，后来他才发现自己的需求根本就没顺着指挥链往上传达。根据后来的一项记载，凯西将军在授予 H 上校奖章以表彰他在塔尔阿法城的成就时警告他，他已经在自己部队树敌太多，为了自己的前途，H 上校需要多多倾听，少与人争执。

再回想一下理想化机构的原则，你就能看到 H 上校之所以成功是因为他违反了所有的原则：如果他觉得上级下达的政策指导太糟糕，他就置之不理；如果等级结构压制他的观点，他就转而与记者们进行交流；他不依赖全局信息，而是关注塔尔阿法城现实情况的细节，他委托指挥城市前哨的下级军官行使职责。

面对伊拉克叛军活动，H 上校随机应变，做出了少见的成功决策，却让自身和部下冒着受伤的巨大风险。我第一次和他交谈时，他刚做了髋骨替换手术，正处在恢复期，承蒙一枚伊拉克炸弹的“厚爱”，他身上多处受伤。最令人惊叹的是，正是因为对环环相扣的指挥链施加的重压一笑置之，他才做到了这一切。这种不畏权势的独立风格也让他付出了代价。尽管 H 上校很早就崭露头角，拥有历史博士学位，在沙漠风暴行动和塔尔阿法城都取得了令人瞩目的成就，但 2006 年和 2007 年两次晋升准将（将军级别的最低军衔）都没有他的份儿。上级关注的不是他的表现,而是他们所说的“惹是生非的态度”。当 H 上校即将提前退休时，越来越多的“反叛军”迷开始抱怨美国陆军不该这样对待最杰出的上校。

很少有人会像他一样拥有难能可贵的性格特质，还愿意拿自己的职业生涯冒险，他就是 H. R. 麦克马斯特,《渎职》一书的作者。这本书详细记述了总统、国防部长和高级陆军将领们的错误领导如何导致了越南战场的灾难，也就是说实际上讲述了从上到下整个组织机构的彻底失败。如果在这件事上有发言权的话，他是不会让美国陆军第二次自掘坟墓的。

## 因地制宜才能解决问题

那一年，麦克马斯特在塔尔阿法城的成就是美国人在伊拉克惨淡经营的一个亮点，不过这不是唯一的亮点，其他几位指挥官要么效仿麦克马斯特的试验，要么用独特的方法得到了类似的结论。其中最重要的一位就是肖恩·麦克法兰上校（Sean MacFarland）。其部下最初驻扎在塔尔阿法城，目睹了麦克马斯特的成就。后来，他们被调到了距离巴格达 96 公里的安巴尔省的拉马迪市（Ramadi）。

麦克法兰立刻意识到官方策略：远离伤害、训练伊拉克军队、然后回国，会带来严重问题。麦克法兰上任之前，1 000 多名伊拉克士兵在毕业典礼上听到自己要被部署到拉马迪市以外时，纷纷扯下制服、丢到地上，以示抗议。麦克法兰自己的伊拉克兵团也发生了哗变。拉马迪市不像塔尔阿法市一样深受宗派冲突的困扰，因为多数拉马迪市民都是逊尼派。不过，和塔尔阿法市一样，基地组织就差在大街上招摇过市了。因此，当地人特别害怕被看到他们和美国人走得很近。

麦克法兰学习了麦克马斯特的做法，尽管上级领导也对此提出质疑，他还是努力做到因地制宜。2006 年夏天，麦克法兰将部队推进到拉马迪，逐步建立了 18 个小型基地。基地组织被迫采取防守策略：他们不能再像以前那样监视着前线作战基地的前门，弄清下一次美国兵何时去巡逻，现在他们是和敌人住在同一座城市。基地组织的反应非常激烈，倾尽全力袭击哨兵和美国车队，尤其是被麦克法兰逐渐争取为同盟的伊斯兰教领袖们。当时基地组织的反应之凶残让人们惊慌不已，事后看来，种种行径都表明基地组织已陷入绝望。美军还是牢牢地扎根在城内，有他们撑腰，当地的伊斯兰教领袖们转而反对基地组织，只用了几个月的时间，安巴尔省的基地组织就土崩瓦解了。

无论拉姆斯菲尔德多么顽固地拒不吸取美国策略失败的教训，但是在伊拉克，美国士兵们还是学会了因地制宜。好的建议就像男孩子们传阅美女杂志一样传播出去。大卫·吉尔库伦（David Kilcullen）写出了《28 条：连队级叛乱的根本法则》（*28 Articles: Fundamentals of Company Level Insurgency*），提出了一系列尖刻的建议，据吉尔库伦自己说，他喝完一整瓶威士忌才写下了这些东西，这篇文章通过邮件广为流传。吉尔库伦是五角大楼聘用的一名澳大利亚裔士兵兼人类学家，他显然很享受这种游离于美国部队之外的半独立身份，他比麦克马斯特更特立独行。他有句“恶名远扬”的话：“如果我是穆斯林，我很可能会成为一名圣战战士。”他还说过：“你愚蠢地侵略了一个国家，并不代表着你就得愚蠢地离开。”

比起那些高级军官，前线的士兵们能更快地找到有用的建议，也更渴望适应当地情况。这没有什么好奇怪的。“我们心甘情愿地根据最基层总结的经验行动，因为改变、适应底层战略能保住性命，”一名英国将军带着一副听天由命的神态对我说，“而我们很少根据上层总结的经验行动或适应环境。”

还有一个来自底层的意见知名度很高，这是由 18 张幻灯片组成的报告《如何打赢安巴尔省的战争》，作者是特拉上尉。他用 8 岁孩子都看得懂的简笔画和注释传达的内容，比那些高级官员在占领伊拉克 3 年里学到的东西还要深入，例如“右边是叛军，他很坏；左边是伊拉克人，他不是叛军但他害怕叛军……这是乔和穆罕默德！他们不知道这两人是友好的伊拉克人还是伊拉克坏蛋。怎么办呢？”特拉上尉是位幽默风趣的反叛军顾问，不过他也和麦克马斯特、吉尔库伦一样有点煽动性倾向。其中一张幻灯片就把矛头指向了政府的某些规定，例如政策规定在当地领导了约有 14 000 年之久的阿訇不得进入政府供职，但允许那些管理能力有限的美国平民在伊拉克掌权，这些人可能只是来自田纳西州的 25 岁的年轻人，也可能是保罗 · 布雷默（Paul Bremer）[①]。

特拉上尉就是特拉维斯 · 帕特里奎因（Travis Patriquin），肖恩 · 麦克法兰的部下。他是一名说阿拉伯语的特种部队军官，和安巴尔省的阿訇们关系很好。和所有好看的儿童故事一样，特拉上尉幻灯片中的故事也有个幸福的结尾：“一个阿訇领来更多的阿訇，更多的阿訇带来更多的人。乔意识到如果 3 年前他就这样做，他的生活可能会更幸福，而且他还能经常回国探亲……乔留起了胡子，因为他认识到伊拉克人喜欢留胡子的人，很难信任不留胡子的人。”

当然，特拉上尉也蓄起了胡子。不过，他的结局却不那么幸福。2006 年，在离圣诞节还有 3 个星期时，他被一颗路边炸弹炸死了，留下了妻子和 3 个年幼的孩子。当地的阿訇们出席了他的追思会。

---

① 保罗 · 布雷默在 2003—2004 年间担任美国驻伊总统特使。——译者注

## 让不同的观点相互碰撞

几乎无可挽回的伊拉克形势最终被美国部队成功扭转，人们常常把这一问题的解决方案想得非常简单：由于主要问题在于策略糟糕、领导人小布什总统和拉姆斯菲尔德无能，解决方法就是总统任命罗伯特·盖茨（Robert Gates）接替拉姆斯菲尔德担任国防部长、任命大卫·彼得雷乌斯（David Petraeus）将军接替凯西将军，当然这一切还要得益于2006年美国中期选举中选举人对小布什所在共和党的沉重打击。好领导取代了坏领导、好策略替代了坏策略，问题就解决了。

我们不仅自以为伊拉克的情况如此，还认为所有的改变都与之类似：无论是足球队的新教练、不景气公司的新总裁还是新总统，拥有新策略的新领导是所有问题的解决之道。但是，无论是在伊拉克还是在其他更广泛的领域里，真相都更加微妙也更加有趣。

彼得雷乌斯将军不是在12公里长跑时想出了这个成功策略，然后像颁布《十诫》一样下达这些命令。他的举动更罕见，也面临着更多的困难：他深入到下级军官中寻找那些可以解决美军问题的人，甚至包括那些来自武装部队以外的人们，因为他们已经在某种程度上解决了美军所面临问题。

彼得雷乌斯并非像空桶一样一味接纳别人的意见。2003年，他指挥驻扎在伊拉克北部最大城市摩苏尔的美国军队。和麦克马斯特一样，他不怎么理会上级下达的命令，尤其是对解雇所有的阿拉伯社会复兴党政府人员这个命令，视而不见，继续让新当选的摩苏尔长官执政，这位长官就是阿拉伯社会复兴党党员。彼得雷乌斯毫不理会美国国务院试图排挤叙利亚人的意图，他钻了法律的空子，获得了开放叙伊边境的权力。有个笑话说，在彼得雷乌斯的领导下，空军101师成为美国部队中唯一拥有独立外交政策的师。他抬高了当地出产的小麦的售价，对巴格达美国民治政府的反对置若罔闻。彼得雷乌斯认为自由市场政策虽然听起来很诱人，可他的最低限价会得到更多人的支持，因为农民们会比萨达姆当政时期更加富裕。

在伊拉克战争打响后的第一年，只有一个师打了一场胜仗，该师的指挥官就是彼得雷乌斯将军。虽然战功斐然，可他总是对上级命令阳奉阴违，所以无缘得到渴望已久的战斗机会，反而被派去培训伊拉克警察，接着又从事一项相当闭塞的工作：到离伊拉克 1.1 万公里远的美国利文沃斯堡培训官兵。就像帕金斯基被派到西伯利亚担任顾问一样，这种调职意味着他的前景堪忧。在彼得雷乌斯之前，利文沃斯堡的上一任领导被派到此处是为了对他处以惩罚。

不过彼得雷乌斯意识到，在利文沃斯堡他有机会对美国政策产生最为深远的影响：因为这个影响来自最底层。他给自己制定了一个任务，重写陆军的反叛军原则。部队重写原则时往往只是装装样子而已，不过也有一些极其罕见的情况，重写的原则会让军队焕然一新，前线的士兵会阅读新原则并因此改变思维方式和行为模式。

这一次，彼得雷乌斯下定决心重新书写部队原则，让其具有实质意义。他意识到了拉姆斯菲尔德、麦克纳马拉和约翰逊总统没有意识到的东西：**只有让不同的观点相互碰撞，才可能做出正确的判断**。作为高级将领的彼得雷乌斯早就致力于传播吉尔库伦的《28 条》。如今，他邀请有志于共商国是的吉尔库伦和他一起参加利文沃斯堡的会议，协助完善陆军反叛军原则。他还邀请了英国军官陆军准将尼格尔 · 艾尔文 · 福斯特（Nigel Aylwin Foster），福斯特曾指责美国陆军漠视文化差别，与制度性种族歧视无异。《卫报》评论：“他的言辞非常犀利，但是美国军方杂志《军事评论》（*Military Review*）却刊发出来，这确实让人震惊。”有趣的是，《军事评论》的出版地就在彼得雷乌斯控制的利文沃斯堡。出席会议的还有约翰 · 纳格尔，他曾先后在牛津大学和巴格达学习过反叛军技术，以及另一位敢于公开批评美国政策的反叛军专家卡勒夫 · 赛普（Kalve Sepp）。彼得雷乌斯不仅从军队内部寻找持不同政见的人，还从美国国防部、中情局、记者、学者甚至人权主义者中倾听不同的声音。会议召开后，彼得雷乌斯刻意坐在哈佛大学人权中心的负责人莎拉·休厄尔（Sarah Sewall）旁边。参加会议的一名记者评论说，他从未在任何机构看到如此公开的思想转变。

就在彼得雷乌斯着手起草新策略时，麦克马斯特仍然驻扎在塔尔阿法城，不过彼得雷乌斯的团队通过电子邮件咨询了他的意见。“麦克马斯特正在塔尔阿法城指挥反叛军行动，我们就把塔尔阿法作为实时研究的个案。”约翰·纳格尔说：“我们把塔尔阿法个案研究写下来，用电子邮件传给麦克马斯特，他再把它上传到维基百科。有时候我们还在修改，他就会说：‘有汽车炸弹，我得走了’。”拉姆斯菲尔德对前线发生的事情视而不见，在 1.1 万公里以外的彼得雷乌斯却密切关注着事态的最新动向。

彼得雷乌斯对新思想的这种开放态度可能会让人大吃一惊。因为彼得雷乌斯将军出了名的傲慢，他曾经用“既像总统又像教皇”来描述自己在摩苏尔的经历，他的同事对记者托马斯·里克斯（Thomas Ricks）说：“彼得雷乌斯是美国陆军最优秀的将军，无人能出其右。他心目中的自己更是优秀得多。”

不过，彼得雷乌斯接受过“反馈信息极为重要”的教育。那是在 1981 年，当时的他还是位卑言轻的上尉，有幸为杰克·高尔文少将（Jack Galvin）担当助手。高尔文对彼得雷乌斯说：“我的职责是管理全师，你的工作是对我进行批评。”彼得雷乌斯表示抗议，不过高尔文坚持这样做，于是每个月这位年轻的上尉都会在上司的收件箱里放一张意见单。对不愿意承认错误的军官来说，这是至关重要的一课。高尔文历尽艰辛才领会到回馈信息的重要性：他曾经是一名越战老兵，在他的第一项任务中，指挥官命令他夸大敌军死亡人数，高尔文拒绝接受命令，结果被免了职。后来，高尔文受邀共同写作美国卷入越南战场的机密历史，他们写的材料极具轰动性，这些材料之后泄露给了《纽约时报》，被称为“五角大楼档案”。高尔文了解无视内部批评的机构很快会铸成大错，他的做法也让彼得雷乌斯学到了这宝贵一课。

高尔文还教导彼得雷乌斯，仅仅容忍不同政见是不够的，有时你还需要要求别人提出异议。尽管彼得雷乌斯很不情愿批评上级军官，高尔文还是命令他对自己直言不讳，这绝对是一个正面的典范。很多领导人虽然比拉姆斯菲尔德和约翰逊更能包容分歧意见，但他们还是不能容许他人开诚布公地讨论，这样的例子比比皆是。

最经典的例子当属猪湾事件，在这件事上肯尼迪总统表现得过于自以为是。欧文·贾尼斯（Ivring Janis）在《集体思维的受害者》（*Victims of Group Think*）一书中对猪湾事件和其他外交惨败进行了分析，他解释说，“如同一家人”的强大团队容易在短时间内形成一种习惯：简单的团队精神以及鼓舞团队士气的要求会强化成员们的偏见。贾尼斯详细分析了肯尼迪如何自欺欺人地认为自己已经搜集到了大量的观点和批评意见。与此同时，那群顾问不知不觉地给彼此造成无过失的错觉。后来，在古巴导弹危机中，肯尼迪变得咄咄逼人，他要求提供多种方案以供选择比较，不遗余力地探讨各种风险，对咨询小组进行调整以确保这些人不会过于安逸。这也是彼得雷乌斯吸取的教训。

一旦彼得雷乌斯确立了坚定、可行的原则，并通过一系列不同的见解对其进行了严格的检验，他就发动游击战来吸引美国陆军的关注。深谙媒体之道的彼得雷乌斯出奇制胜，把自己的照片刊登在《新闻周刊》（*Newsweek*）的封面上，标题是《这个人能拯救伊拉克吗?》。《新闻周刊》认为彼得雷乌斯是“如今美国脱离困境的最快方式”。拉姆斯菲尔德对此大为光火，后来当他穿过都柏林机场时，会有一个助手急匆匆地跑在前头重新布置机场的杂志架，这样拉姆斯菲尔德就看不到那些提醒他部下“造反”的杂志了。

多种观点组成的使用手册成了彼得雷乌斯传播新观念的主要武器。有影响力的记者也被邀请参与进来，新原则让他们赞叹不已，当然也可能是因为有幸参与而有点受宠若惊，他们乐于对其大幅报道。人权专家莎拉·休厄尔为反叛军手册《FM3-24》撰写了序言。约翰·纳格尔频频在访谈节目中亮相，例如《查里·罗斯访谈录》（*Charlie Rose Show*），甚至还有乔恩·斯图尔特（Jon Stewart）的《每日秀》（*Daily Show*）。这本使用手册还得到了《纽约时报书评》（*New York Times Book Review*）的赞扬，成为各大报纸的头版新闻，它还被上传到互联网，第一个月就获得了 150 多万次的下载量。随着新书在前线的传播，拉姆斯菲尔德认为叛军活动存在或不存在的看法已经越来越不重要了。

在此过程中，几位高级军官试图从上到下改变策略，彼得雷乌斯就是其中之一。这几位将军有的依然活跃在政坛，有的已经退休，他们绕过华盛顿的传统指挥链为新战斗策略进行游说。麦克马斯特当时也在华盛顿，彼得雷乌斯推荐他进入一个由上校组成的讨论组，评估美国在伊拉克的策略。

在越南，约翰逊一意孤行，要求所有的信息必须通过既有的渠道从下向上传递，结果注定了美国的惨败。而在伊拉克，陆军发现官方的等级结构正在朝着灾难性的方向发展，要适应调整，最重要的方法就是绕道而行。彼得雷乌斯本人将媒体作为与所有人交流的方式，包括从刚刚入伍的新兵到负责的指挥官。其他人则利用自己的影响力在总统身边小声嘀咕。并不是因为等级结构总是一无是处，而是因为它必须在该改变的时候改变。到布什总统和新国防部长罗伯特·盖斯决定任命彼得雷乌斯将军指挥伊拉克部队时，美国陆军内部从上到下的革命已经深深地改变了它的方向。**所以，对一个需要迅速改正自身错误的机构而言，机构图是最不可行的导向图。**

## 历史，不完美的向导

美国从2006年在伊拉克的行动陷入僵局到2008年、2009年，军事策略和普通伊拉克人的生活状态都有了巨大的改进，其间也出现了数量惊人的试错行为。这不是换将军或者换国防部长那么简单，而是在艰难的实地经历中学习，例如摩苏尔的彼得雷乌斯、塔尔阿法城的麦克马斯特和拉马迪市的麦克法兰，他们开创了成功的方法，把这些成功的案例和其他地方的严重失败进行了比较，美国陆军才跌跌撞撞地找到了成功策略。

不过，真的有必要经历这样痛苦的摸索过程吗？如果麦克马斯特能如愿以偿地获得提拔、彼得雷乌斯没有被驱逐到利文沃斯堡、拉姆斯菲尔德愿意倾听别人提出的警告，学习的过程确实可能会更快。但是，美国军方就真的能跳过战争的“犯错”阶段，从一开始就找到更好的策略吗？

当我指出美国军方在通过试错法解决问题时，战斗在巴格达的反叛军历史学家约翰·纳格尔却提出了上面提到的观点，他正是彼得雷乌斯召集起来起草反叛军新原则的小组成员之一。

“我们不是随意地尝试。”纳格尔不能认同，还进一步指出应该像优秀的历史学家一样，从历史中吸取教训。麦克马斯特和彼得雷乌斯都有历史博士学位，尽管没有人认同纯粹随意的试验不失为一种好主意，但历史确实是一位不完美的向导。几分钟后，纳格尔回想起了阿比扎伊德上将的例子，于是只能接受现实。

“1983年，阿比扎伊德从黎巴嫩吸取了错误的经验，”纳格尔解释道，“阿比扎伊德相信西方部队是激发阿拉伯社会进行抵抗的异己部队。他由此得出结论，认为我们应该尽快将责任移交给伊拉克。”这个结论导致了“撤退”策略，美国部队撤出了沙漠中固若金汤的前线作战基地，留下了准备不足的伊拉克部队和警方应对叛军。这是个严重的错误。

不过，这个例子只强调了一个事实，那就是提前知道什么才是正确的策略根本就不可能。阿比扎伊德上将在战争打响几个月后就开始指挥美国在中东和中亚的所有部队，他是这个地区的专家。他曾经在约旦居住过一段时间，而且在第一次海湾战争结束后，在维持地区稳定方面取得了令人瞩目的成就。敏锐的他早就警告去阿拉伯复兴社会党化会导致灾难，这一判断非常准确。除了阿比扎伊德，很难再找到一个拥有足够经验和成就、能将伊拉克引入正轨的人。但连他都从历史中总结出了错误的经验，由此可见，汲取正确的历史经验并非易事。菲利普·泰特洛克对专家判断力的研究揭示了同样的道理，这也是任何机构解决复杂、多变问题时都会采用试错法的原因。

还有一个例子也能说明历史不具有完全的引导性，那就是 1990—1991 年的第一次海湾战争。沙漠风暴行动让萨达姆的部队经历了彻底的失败：几天前它还是世界上最强大的部队之一，如今却连伊拉克最强大的部队都算不上了。美国多数军事策略家认为这次行动证明了其主要策略原则英明无比：这是一场以实力雄厚的空军和陆军作后盾的科技驱动型战争。事实上，它还表明改变的时刻即将到来：胜利如此势不可当，以至于此后敌人们无法再用开放的阵地战战术来对抗美国陆军。这种优势真的这么明显吗？

即使美国的策略无懈可击，入侵之后的因地制宜也必不可少。随着叛军策略的改变，问题的本质也在不断发生着变化。昨天还行得通的战术，今天就成了不利因素。纳格尔将在牛津大学读博士时学到的东西放到反叛军的历史中进行检验时，再次发现了这个问题。伊拉克到处是出人意料的事情。如果得到密报有人在布置路边炸弹，美军没办法简单地跑去抓住嫌疑人，因为伊拉克没有街道名、路标或者房子门牌号码；告密者不能让人看到自己和美国士兵在一起；如果纳格尔想开着没有明显标志的汽车作伪装，他就失去了《日内瓦公约》赋予的权利。即使国防部长竭尽全力，五角大楼也预料不到这些实际困难。因此，不同程度的因地制宜必不可少。

伊拉克战争得到的教训是美国陆军应该建立一个能更好地适应失败策略的机制，还应该更关注成功的地方试验。除此之外，还有一个更广泛意义上的教训。拉姆斯菲尔德绝不是唯一一个自认为比现场士兵知道得更多的人，在他之前，很多领导人都犯过同样的错误，无论是军方、政界还是商界。

## 总规划师的梦想

当时，指挥沙漠风暴行动的诺曼·施瓦茨科普夫（Norman Schwarzkopf）对海湾战争做出的简明扼要的战况简报，让年仅 17 岁的我看得如痴如醉。我还清楚地记得伊拉克建筑模模糊糊的灰色航拍图像，记得随着装载摄像机的隐形战斗机的移动，画面的视角不断变化。十字准线瞄准了桥梁或者掩体，给观察者几秒钟的警告，然后用激光制导导弹将目标彻底摧毁。摄像机想要拍得更清晰，但屏幕上一片刺眼的白光，然后就是漆黑一片。我和同学们站在学校公共休息室的电视前，大家一致认为精准轰炸实在是太酷了。

将近 20 年后，暮春时节，我坐在帝国理工学院（Imperial College London）洒满阳光的庭院里，听安德鲁·麦凯（Andrew Mackay）将这些图像所传达的信息娓娓道来。麦凯是曾在伊拉克服役的英国上将，也是英国在阿富汗最成功的指挥官之一。要想获得跟潜在打击目标有关的一流、实时的信息，盟军就要拥有完全的“信息优势”，也就是要摧毁敌人的电脑、电话线和雷达。不仅如此，还要把这些信息输入到能集中处理所有数据的超级计算机，把这些数据凝炼成直观形式，让三星或四星上将能够把握整个战场局势，在最短的时间内调整战术和战略。这种计算机还要能计算出不同策略可能带来的影响，包括次级效应和三级连锁反应。采用基于效果作战策略（effects-based operation，EBO），将领就能选择一种精确的战术打击，确保用可预见的方式打乱敌人的逻辑、部署，甚至士气。这正是理想机构的三大原则之一：全局原则，即信息极其丰富又普遍存在的战争图景，能为无所不能的独立决策人提供最佳策略，麦克纳马拉把对越南战争进行的数字分析幻想在阿富汗变成了现实。

麦凯上将个头很高、体态威严，可他花白的头发和眉毛、和蔼的面容以及深厚的学识让他显得亲切。他放下咖啡，指着我肩膀后面说："采用基于效果作战策略，计算机可能会计算出摧毁你背后那盆花就能得到期望的战略效果。我们会从80千米外发射导弹，以精确到分米的准确度打碎那盆花。"哇！我突然回想起诺曼关于沙漠风暴行动的简报，不过经过这18年的发展，技术更臻于完善。

麦凯端起咖啡。"唯一的麻烦是，教计算机下棋已经足够困难了，而棋盘上只有64格、32个棋子。"

麦凯带着这种恰到好处的顾虑来描述总规划师的梦想：坐在巨大的皮转椅上，面对着满壁的屏幕，掌控天下局势。这种幻想实在是太诱人，难以轻易消失。

当然，在总规划师最早版本的想象中是没有超级计算机的。他最初的想法只有足够详细的计划和满屋子善于计算的部下，这样去中心化的体系就会变得集中而理性。例如，20世纪60年代，苏联当局曾要求苏联唯一获得诺贝尔经济学奖的经济学家列奥尼德·康托罗维奇（Leonid Kantorovich）将数学手段运用到苏联钢铁工业的生产调度问题中。他的努力确实让生产过程变得更加高效，但是搜集计算需要的数据就花了6年时间，等分析结果出来的时候，苏联经济的需求早已大为不同。

差不多在同一时间，麦克纳马拉也对集中定量分析法解决复杂问题的能力深信不疑。他要解决的问题不是钢铁生产，而是轰炸越南。美国轰炸机在越南投下的炸药重量是整个第二次世界大战期间消耗炸药重量的 3 倍。有些地区每平方公里就遭受超过 1 200 枚炸弹的轰炸。根据麦克纳马拉的要求，每次轰炸都要一丝不苟地记录并加以分析，但他的集中分析方式并没有带来胜利。

有人不禁得出这样的结论：如果康托罗维奇和麦克纳马拉拥有更好的计算机，他们可能就会成功。这也正是萨尔瓦多·阿连德（Salvador Allende）和拉姆斯菲尔德的看法，这两个人算得上是他们衣钵的继承人。

1970 年，阿连德当选为智利总统，着手搞起了综合控制项目，这是总规划师最离奇的梦想的实例。综合控制项目旨在运用名为 Burroughs 3500 的超级计算机及一系列电传机，在逐渐国有化的经济中协助制定经济策略。

阿连德雇用了斯塔福德·比尔（Stafford Beer），一位富有传奇色彩的控制论理论家，他对项目满腔热忱，不过要求每天要有 500 美元的酬劳，并且保证红酒、雪茄和巧克力的供应。管理者以及部分工人每天早上 5 点要发电报报告产品短缺额和其他信息。操作员会把信息输入 Burroughs 3500，下午 5 点，一份报告会呈递给阿连德，等待他做出执行指令。和后来的基于效果作战的策略一样，综合控制项目允许回馈信息和次级效应。一些综合控制项目的支持者称，设计这一体系是为了将决策权下放到地方，不过阿连德似乎不是这么想的，他说：“我们现在和未来都会支持集中经济，公司必须要服从政府的规划。”

这个项目没有成功。野心勃勃的国有化方案引起了混乱，工业动荡不安，加上美国或明或暗的经济对抗，智利经济崩溃了。奥古斯托·皮诺切特（Augusto Pinochet）将军发动政变杀死了阿连德。斯塔福德·比尔运气很好，政变那天他正好在伦敦。不过作为幸存者的他却深感内疚，后来他离开家人，搬到了威尔士乡村的一个小村庄去了。

即使根据今天的标准，Burroughs 3500 也是台了不起的计算机，但是这并不能说明什么。我父亲当时就为 Burroughs 工作，他经常提起和洗衣机一般大小的硬盘驱动器，套在一个轴上的 8 个硬盘总共只能存储几兆的内容，还不如现在一个普通手机的容量。检查计算机是锻炼身体的好办法，因为要费好大劲儿才能把巨大的驱动轴和硬盘拉动。Burroughs 3500 最吸引人的特色就是能分块存储的内存，每次存 1 万字节，正好存得下本章中的几页内容，而且价格公道。Burroughs 3500 从来没被人当作超级计算机，不过它算得上是高效的公司装备，随着以后不断升级，几十年来它一直待在银行的密室里工作，最终成了支票分拣机的控制机器。

因为智利经济承受着国内外的重重压力，崩溃不可避免，所以综合控制项目之所以有趣，不是因为它证明了用电脑控制集中型经济是场灾难，而是说明在拥有了最新设备后人们就不再使用自己的判断力了。西方报纸嬉皮笑脸地报道操控智利经济的是一台电脑，而这台电脑用今天的标准来看只是一个玩具。不过当时综合控制项目似乎非常尖端，这就足够了。在其标志性的操控室里，椅子的扶手就能控制屏幕和控制面板，就像是为柯克船长和史波克[①]量身打造的一样。对项目的支持者和反对者而言，这间控制室代表着综合控制项目。不过控制室从来没有投入使用过。

拉姆斯菲尔德使用的电脑比阿连德的更加高级，但他们的梦想并无区别：详细的实时信息传递到控制中心，电脑辅助形成的决定再从这里传送回前线。拉姆斯菲尔德仔细研究战场传来的数据，把次要军事问题的备忘录发给阿比扎伊德和凯西这样的将军。不过，即便拉姆斯菲尔德不那么具有控制欲，这种技术权力本身也是为集中的政策制定者设计的，不管他是国防部长还是四星上将。在伊拉克战争中，控制中心在卡塔尔金属掩体中一座装有空调的帐篷里，部队和飞机的动向数据在这里时刻进行着更新。

① 两人都是科幻电影《星际迷航》里的角色。——译者注

这些体系并非无用。在智利饱受罢工和工业蓄意破坏事件折磨时，阿连德的综合控制项目配合他做出了相应的反应。而在海湾战争和伊拉克战争的初始阶段，电脑协助配合的攻击计划发挥了惊人的作用。但是这些体系传递的信息都达不到预期的水平，因为它们没法记录需要意会的信息，而需要意会的信息才是真正重要的。

设计综合控制项目的意图是让总统及其经济规划师注意到存在的问题，然而这个项目只是成功地报告了地方工厂经理想要报告的问题。经理们能毫不费力地掩盖他们想要掩盖的问题；如果赶上好年景，更是难以指望他们用电报来报告有用的信息。弗里德里克·哈耶克在 1945 年发表的一篇文章中早就预料到了这种情况，而且他意识到的东西似乎连阿连德和比尔都没意识到：**复杂世界里充斥着知识，这些知识具有地方色彩，还容易转瞬即逝。关键在于，地方信息往往是地方机构出于自身的目的愿意使用的一些东西。**哈耶克的论文出现在现代计算机问世之前，但即使到了计算机能读懂人思想的那一天，他的观点也依然具有影响力[①]。

和综合控制项目一样，拉姆斯菲尔德在军事领域掀起的计算机化革命往往无法穿透战争的迷雾，只能提供一种信息丰富的幻想。2002 年 1 月，阿富汗的联军指挥官花了两个星期计划“蟒蛇行动”（Operation Anaconda），派卫星和无人侦察机密切关注沙希库特（Shah-i-Kot）山谷的一个区域，然后调遣直升机空降步兵进行突袭。直升机几乎直接将士兵们空投到毫无察觉的塔利班武装头顶上，但是阿帕奇（Apache）武装直升机却被不知名的攻击者击落，精准轰炸机无法定位塔利班目标，整个行动对联军而言是个巨大的灾难。在伊拉克战争初始阶段，类似的问题也困扰着联军部队。他们经常在没有接到信息控制指挥中心警告的情

① 本书第一版出版后，科利·多克托罗（Cory Doctorow）提醒我这个故事还有一个可怕的结局：尽管哈耶克 1945 年恰如其分地分析了如何分散性地利用地方知识，但是 1978 年他却给伦敦《泰晤士报》写了一封信，对发动政变推翻了民选总统阿连德的皮诺切特将军大加赞扬。哈耶克还在皮诺切特当权期间访问了智利。要是早知道这些，我肯定会在书中提到的。

况下撞见敌军部队。

控制战场知识局限性的一个早期例子不是发生在塔尔阿法城狭窄的街道上，也不是发生在科索沃密林覆盖的重山之中，而是发生在最有可能让计算机辅助作战策略大展拳脚的战场上，即第一次海湾战争期间在伊拉克那开阔的沙漠中。当时，由 9 辆美军坦克组成的“飞鹰坦克队”正冒着沙尘暴在沙漠中急行军，这时，他们意外地遭遇一支兵力远超自己的伊拉克装甲部队。

“我们正在沙漠中穿行，这片沙漠相对平坦，看起来平常无奇，所以我也没有意识到我的坦克正顺着一个稍稍倾斜的坡往上爬，”飞鹰坦克队的队长回忆道，“等我们爬到坡顶准备往坡下走时，视野中突然出现了整个敌军阵地。”由于正刮着沙尘暴，美军没有空中支援，他们突然发现自己竟和萨达姆的精锐部队共和国卫队打了个照面，敌人的坦克和装甲车在数量上占据了绝对优势，而且它们都有炮台作掩护。

双方都大吃一惊。飞鹰坦克队的队长必须马上做出决定：没有时间和上级讨论军情，也没有时间把情况上传到信息控制电脑中。他立即意识到撤退会更加危险，还不如马上展开攻击，把伊拉克人打个措手不及。他大声命令炮兵发射反坦克炮弹：“开火，发射炮弹！”一辆伊拉克坦克顷刻间被摧毁。他命令士兵重新装载炮弹，每 3 秒钟发射一枚炮弹，几秒钟之内他的坦克就又摧毁了两辆敌军坦克，这时飞鹰坦克队其余坦克也爬到坡顶朝着敌军开了火。9 辆美国坦克在没有遭受任何伤亡的情况下摧毁了将近 90 辆伊拉克坦克，这一切都要归功于队长的迅速反应、平时进行的训练以及精良的武器装备。信息控制或基于效果作战的策略并没起到什么作用。

这次遭遇战迅速、高效，极为壮观，被称为“东 73 战役”（The Battle of 73 Easting），成为如今各大军校研究的范例。飞鹰坦克队的队长也因此被美国军事作家汤姆·克兰西（Tom Clancy）写进了自己的著作中，他的名字还出现在了陆军海湾战争官方历史记录首页的第一句话中。《必胜》（*Certain Victory*）一书的作者对飞鹰坦克队更是不吝笔墨，说它“戏剧性地展示了美国陆军的巨变，走出了幻灭与痛苦交织的越战阴影，开始了自信和必胜的沙漠风暴行动”。

也许这话说得没错，但这场战役还戏剧性地展示了这样一个事实：即使有最先进的技术作武装，主将操控的指挥中心对战场局势的把握也具有局限性。美国飞机用精准炸弹控制了战场，但是在遮天蔽日的沙尘暴中，飞鹰坦克队只能自力更生。

这位飞鹰坦克队队长的名字就是麦克马斯特。

## 集中，还是去中心化

人们还是忍不住认为，如果一开始就让麦克马斯特、麦克法兰、彼得雷乌斯担当重任，美国陆军就不可能有这么多问题。如果得出这个结论，说明人们还是没有领会到麦克马斯特试图让美国陆军理解的真谛。早在进驻塔尔阿法城之前，他就认为大名鼎鼎的以技术支撑、基于效果作战的策略不像日常军事原则设想的那么高效。东 73 战役和蟒蛇行动充分证明了高科技画面无法涵盖所有内容。但这只是其中一个原因，另一个原因是，有时这些画面与主题根本不相关。当你在塔尔阿法城的关卡和一个人交谈时，卫星或无人侦察机的数据没法告诉你这个人是敌是友。正如英国上将安德鲁·麦凯所言：“叛军没法出现在雷达屏幕上。”

反叛军战役打响后，重要的决定需要由现场的人们来做。他们要确保所做的决定要像塔尔阿法城行动那样理性，而不是像哈迪塞城那样丧心病狂，这是他们要面临的挑战。即使彼得雷乌斯担任了参谋长联席会议的主席、麦克马斯特成为中东美国军事首脑，还是得有人去塔尔阿法密切关注当地事态，找到具体的应对策略。无论飞鹰坦克队的队长是谁，他都要当机立断做出决定。彼得雷乌斯和麦克马斯特可能会为适应活动创造出更宽松的空间，但是他们却没法因地制宜，在各地做出相应的调整。

ADAPT Why success always starts with failure

**试错法则**

任何大型机构都会面临是集中还是去中心化的困境。1945 年，哈耶克主张根据所掌握的知识来解决问题。中央做出的决定既会更注重协调性、限制浪费性的重复行为，还会减少开支，因为从市场部到航空母舰的一切固定资产能够在更大的范围内产生影响。但是处在机构边缘的决策者做出的地方性决定更加及时，因为即使全局形势不很明朗，决策者对地方的了解也可能会比较完善。哈耶克认为，多数人夸大了概括总体情况的知识的价值，往往会因此忽视“体现具体时间、空间情况的知识”。对麦克马斯特而言，体现具体时间、空间情况的知识正是打赢多场战争必不可少的，要开展成功的反叛军活动更离不开这样的知识。

在之后的几十年里，主流经济学对哈耶克的观点视而不见，在 1974 年他获得了诺贝尔经济学奖后，情况依然没有改变。但最近经济学家开始搜集评估成功机构构建过程所需的详细数据，朱莉 · 伍尔夫（Julie Wulf）和国际货币基金组织的前任经济学家格赫拉姆 · 拉扬（Raghuram Rajan）研究了 20 世纪 80 年代中期到 20 世纪 90 年代的大型美国公司。他们发现这些公司都对官僚机构做了扁平化的调整，与 15 年前相比，资历较浅的管理者能面对等级结构中更低等级的人员，而更多的中层管理者能够直接向最高管理者直接报告。拉扬和伍尔夫还搜集了薪水和业绩工资的证据，相关数字的改变真实地反映着决策权的变化。

出现这些改变的一个原因是公司运营的环境发生了变化。随着全球化的发展，公司纷纷涉足全新的市场，面临激烈的竞争。传统的统一目标能确保公司的各部门协调一致，避免精力的重复投入。这种策略也许依旧适用于乐购或沃尔玛这样的公司，因为这些公司会对供应链和车间进行严密控制，新产品或新市场理念的试验也能托付给计算机。不过在面临多种多样、风云变幻的市场时，集中性机构就起不到那么大的作用了。此时，迅速适应具体情况的去中心化的优势就突显出来了。

与此同时，信息技术还在以让人难以置信的速度不断发展。康托洛维奇、阿连德、麦克纳马拉和拉姆斯菲尔德在管理方面的依据不谋而合，他们认为更先进的计算机、更发达的通信设备将有助于集中的进程，只要把所有的东西都集中到一起，总规划师就能做出关键的决定。但事实恰恰相反，种种迹象表明技术更加先进的公司反倒更有去中心化的趋势。最典型的就是，软件、大型机械工具等新设备之所以优越，并不是因为处理同样的工作时它们的速度更快，而是因为它们更灵活。想最大程度地发挥这种灵活性，需要赋予那些接受过良好培训、适应能力强的工人自主决定的权利。在机器或软件升级之后，成功的公司寻找或培训的正是这样的员工。在未来的机构中，重要的决策不是由高科技作战情报室做出，而是由一线做出。

这也是美国陆军逐步总结出的教训。2003 年，约翰·纳格尔在巴格达服役时，发现那些年轻、无经验的士兵们有权力去杀戮，而他这个拥有博士学位和 10 年相关经历的专业人士，却没有权利印刷自己的宣传册子来抗击当地叛军巧妙推行的公关战。2004 年，驻巴格达的美国部队指挥官发现自己无法利用数目庞大的美国援助预算计划为当地人提供电力、干净的水源、工作和其他援助。这个预算是由华盛顿特区为推行几个大型的长期项目而与美国柏克德公司（Bechtel Corporation）签订。指挥官看到了人们当时的需求，可他却无权采取行动。

随着时间的推移，美国陆军也学会了把做重要决定的权力下放给地方指挥官，就像把射杀敌人的权力下放给士兵一样。在安巴尔省，麦克法兰德的部下一星期里有 6 个晚上用扬声器给当地居民播放新闻，里面既有来源可靠的当地电台如半岛电台的信息，也有体育新闻、有用的建议，比方说联合国仓库救援食物到达的时间，偶尔也有零星的攻击伊拉克基地组织的宣传。

引入指挥官应急计划后，分散式的援助才得以实施，这部分缓解了柏克德面临的困境。指挥官应急计划为当地军官提供现金，他们有权把这笔钱投入自己认为有需要的地方重建工作中。后来详细的数据分析表明，指挥官应急计划有效地减少了暴力活动的发生。在拥有 10 万名居民的地区投入 20 万美元，预计会防止 3 起暴力活动：那些战地指挥官对暴力事件视而不见，他们认为预防的“暴力活动”是指一些值得花 20 分钟输入官方记录中的重大事件，所以准入的标准还是很高的。

陆军终于学着将权力下放给军衔较低的军官，这是一个显著的改变，麦克马斯特的升迁经历对此产生了巨大的影响。2007 年，他的部队生涯即将结束。2006 年，在离开塔尔阿法后，他与提拔机会擦身而过；2007 年，他再次错失提拔的机会。麦克马斯特在战场上取得了多次的成功，还对记者们坦露了那么多的心声，他已经是美国陆军中知名度最高的上校了。所以他一坐冷板凳，人们立刻就注意到了。

记者弗瑞德·卡普兰（Fred Kaplan）在《纽约时报》的报道中写道：“和我谈话的每个军官都知道这件事，他们都在琢磨其中的寓意。”一位军官告诉卡普兰，这种提拔“传递出哪些东西上级看重，哪些东西他们不看重”；另一个军官说：“拒绝麦克马斯特这样的人，实际上是向所有军队链条底层的人传递了一种强有力的信息”。这种情况下，信息再明白不过了：如果想要被提拔，更重要的是尊重上级，而不是成为把美国陆军从失败中拯救出来的典范。

2008年，人们纷纷传言麦克马斯特会再一次无缘提拔，这很可能会迫使他提前退休。大卫·彼得雷乌斯的举动出人意料，他飞回了五角大楼，在风口浪尖上主持了陆军的提拔委员会，将肖恩·麦克法兰德和麦克马斯特提拔为一星准将。彼得雷乌斯驳回了麦克马斯特在伊拉克的上司们的控诉。事必躬亲的彼得雷乌斯再一次表明，真正重要的是发现能够用自己的脑子思考的下级军官。

## 该谁说了算，谁就说了算

麦克马斯特对越南战争的研究，揭示了军队和政治机构的高层进行决策时的灾难性缺陷。林登·约翰逊和罗伯特·麦克纳马拉执行等级森严的等级制度，坚持要保证上下意见一致，并且过于相信采用最新的量化手段就能最好地将信息加以集中和分析。

在伊拉克，由于2006年之前的形势极为严峻，如今美国军队取得的成功出乎多数观察员的意料。说起美军取得的这些成功，人们将之归功于罗伯特·盖茨和大卫·彼得雷乌斯这样杰出的领导者以及他们做出的优秀的军事策略。不过，成功的真正原因应该是有更多像麦克马斯特这样的下级军官因地制宜，在前线打赢了战争。

ADAPT Why success always starts with failure

**试错法则**

**从错误中学习的关键不是盲目地服从官方的指挥链，而是在必要时大胆颠覆它，不能寻求一片祥和，而要倾听不同政见者的声音。最重要的是，不要依赖一个自上至下的策略，而是将权力下放，相信下级军官也能适应调整、互相学习，并且找到应对迅速改变的地方局势的最佳策略。**

2001年，陆军的原则是“无人操控的人工智能将推动人的行动和决策……改进的命令、指挥系统让领导人前所未有地了解其战区行为的本质”。麦克马斯特并没有把这些话放在心上，他最重要的战斗经历是曾经在沙尘暴中与敌军的大部队短兵相接，最值得被铭记的成就是在塔尔阿法城指导开展了极具政治性的逐门逐户的反叛军战役。

“我们往往相信电脑屏幕能传递对态势的理解。”麦克马斯特说。他的职业生涯和彼得雷乌斯遥相呼应，彼得雷乌斯将军的第一项任务就是成为陆军“试验”的带头人，重新书写陆军原则。新的陆军原则强调文化理解、掌握地区知识和城市情况、了解“战争具有长期的不确定性”。麦克马斯特宣扬“任务指令”的传统陆军理念：高级军官订立目标，下级军官决定如何实现这些目标，并同时根据掌握的地方知识采取灵活策略。在“任务指令”理念中，应该根据上校或少校们的要求分配空中掩护任务和重型火炮，而不是让坐在按钮旋转椅里的三星上将一锤定音。这些上校或少校们切实了解当地局势，可以放心地让他们做出正确的决定。**正确的思路是该谁说了算，谁就说了算，它针对的不仅仅是陆军。**

美国军方从伊拉克战争的错误中吸取到了教训，这个过程极为痛苦，不过它却为这个飞速变化的世界中遭遇决策失败的所有机构提供了经验：试验至关重要。但是，一个机构或一个战场的试验规模总是有限的。

有时需要更多的试验和更多的变异，而无论多么复杂的机构都无法提供这种试验或变异。在这种情形下，就需要更激进的方式来推动新思想的形成。我们下面要讨论的就是“如何创造疯狂变异”这一问题。

# 02

# 变异，没有惊喜就没有科学

面对几种观念时，我们会本能地先问一句“哪个是最好的选择”，然后绞尽脑汁地去寻找答案。但是生活如此不可预测，最初看似不尽如人意的选择也许最能满足我们的需求，所以理性的做法就是为生活的各个领域留出一定的空间。

ADAPT

Why success always starts with failure

我们设计或制造的东西实际上都没起到什么作用……它们都是即兴发挥的应急之作，既不成熟，也不长久。

——大卫·派伊

没有惊喜就没有科学。从这个角度看，科学家必须不断地寻找和期待惊喜。

——罗伯特·弗里德尔

## 喷火战斗机拯救自由世界

1931 年，英国空军部发布了高标准新式战斗机的说明书。这份文件之所以重要，原因有两个。首先，英国皇家空军自成立之日起就不看重战斗机，认为战无不胜的是轰炸机。那时“确保相互毁灭”的核战原则尚未成型，人们普遍认为要发挥空军实力必须成立尽可能庞大的轰炸机编队，以优势力量打击一切敌人。其次，这份说明书的要求似乎不切实际。当局要求飞机工程师摆脱现有技术的限制，打破陈规，生产出前所未有的新产品。

结果却让人大失所望，精挑细选出的 3 个原型机制造方案都乏善可陈。英国空军部甚至考虑干脆从波兰定制飞机。颁布这样的说明书已经是惊人之举，而空军部对这一尴尬结果的反应更让人大跌眼镜。

戏剧性的是，参与竞争的公司中有一家超级马林公司（Supermarine），这家公司很晚才提交了原型机制造方案，而且远未达到说明书的要求。不过，超级马林公司接着又向空军部提交了一个更激进的设计方案，当时的空军准将亨利·凯夫·布朗·凯夫（Henry Cave-Browne-Cave）非常有魄力，看到这个设计方案后，他决定摒弃传统的委托制造流程，直接从这家公司订购一架新式飞机，这架飞机就是超级马林公司的喷火战斗机（Supermarine Spitfire）。

事实很快证明，喷火战斗机是历史上最卓越的技术创新之一，它外型出众、操作灵活、速度惊人，驾驶战斗机的飞行员英姿飒爽、英勇无畏、视死如归，喷火战斗机因此成为对抗纳粹德国空军轰炸机的代表。喷火战斗机独特的椭圆形翅膀，是工程史上的一个奇迹。

“这种飞机确实完美。”一位飞行员赞叹道。一位从加利福尼亚远道而来加入英国皇家空军的美国飞行员也深表赞同：“这款飞机驾驶时非常轻便、灵巧，而战斗时又颇具有杀伤力，太让我惊叹了。”“我找不出合适的词来描述喷火战斗机，”另一位飞行员说，“这样的飞机举世无双。”

对喷火战斗机赞不绝口的不仅仅是驾驶该机型的飞行员。赫曼·戈林（Hermann Göring）曾经询问德国空军王牌飞行员阿道夫·加兰德（Adolf Galland），需要什么装备才能打败英军的顽强抵抗。“我想要喷火战斗机的全套装备。”他简洁地回答。另一位德军王牌飞行员抱怨道：“这些家伙能突然急转弯，似乎根本就打不到。”

英德空中大战时，德国空军在实力上占据绝对优势，英国皇家空军可谓势单力薄，多亏了喷火战斗机，才击退了德国空军的猛烈攻击。当时双方的实力极为悬殊：20 世纪 30 年代，希特勒一味地扩充军队，而英国的国防开支却降到了历史最低点。在英德空战中，德国空军派遣了 2 600 架军用飞机，而英国皇家空军自称拥有不到 300 架喷火战斗机和 500 架飓风战斗机（Hurricane）①。战时首相温斯顿·丘吉尔估计德国空军第一个星期的密集轰炸可能会炸死 4 万伦敦市民，但多亏了喷火战斗机神速出击、灵活应变，德军才没能攻破英国皇家空军的空中防线。

① 飓风战斗机的支持者对喷火战斗机尊享太多的荣耀颇有微词。飓风战斗机价格低廉、工艺简单、战斗力强，在战争最初的几个月里，其投入战斗的数量远远超过了喷火战斗机，而喷火战斗机的设计却赢得了广泛的赞誉。

这就意味着德国人无法迅速入侵英伦群岛。假如德国入侵了英国，就不会有后来的盟国反攻，美国也就没有机会解放法国，更可怕的是德国甚至可能在研制核弹的竞赛中遥遥领先，因为就在喷火战斗机与德国空军浴血奋战时，很多后来远赴美国参与曼哈顿原子弹研究项目的科学家就居住在英国。丘吉尔高度赞扬驾驶喷火战斗机和飓风战斗机的飞行员，他说："以如此微弱的兵力，成就如此伟大的功绩，保护如此众多的百姓，人类战争史上从来没有过这样的壮举。"这绝非溢美之词。

要说喷火战斗机拯救了自由世界并不为过，然而英国政府在原型机上投入的成本只有一万英镑左右，相当于当时伦敦市一座不错的房子的价格。

## 积极的黑天鹅

我们投资时希望得到的回报无非是账户里百分之几的增值，或者股市上更具风险但也更可观的收益。但是亨利·凯夫·布朗·凯夫投资那一万英镑的回报又是什么呢？他的回报是从毒气室拯救了 43 万人的性命，让希特勒失去了研制原子弹的机会，最工于计算的经济学家也算不出这次投资的价值到底有多大。

投资回报并不是评价新观念和新技术的有效方式。多数新观念最终要么毫无新意可言，要么太过新颖以至于无处可用。但是，一旦某个创见发挥作用，带来的回报就会高得无法衡量。喷火战斗机就是一个这样的例子。

这些看似不可能却出奇制胜的例子不胜枚举，有的令人起敬：1545 年，嗜赌的数学家卡尔达诺（Cardano）首次提出了虚数的概念，后来证明，这种在当时看来毫无用处的奇特想法对收音机、电视和电脑的发展至关重要；有的让人啼笑皆非：1928 年，亚历山大·弗莱明（Alexander Fleming）没有把实验室打扫干净，结果却在被污染的培养皿里发现了世界上第一种抗生素。

可能我们会禁不住把这样的科研项目与买彩票联系起来，因为它们要么让人一无所获，要么带来极为可观的回报。事实上，它们可比彩票强多了。彩票是零和博弈，只是重新分配已有的资源，而研究和发展能让每个人受益。和彩票不同，大胆的创新项目既没有已知的回报，也没有固定的胜算概率。《黑天鹅》（*The Black Swan*）一书的作者纳西姆·塔勒布（Nassim Taleb）把这样的科研项目叫作"积极的黑天鹅"。

不管叫什么名字，这样的冒险行为都让人颇为头疼。因为它们可能会带来惊人的回报，所以意义非凡；但是其结果又无法预测，所以也让人倍感烦恼；有时甚至根本没有任何回报。我们既不能忽视它们，也无法有效地控制它们。

只有在新技术看似能被人操控规划时，人们才会觉得它可靠。有时我们确实能对新技术进行规划："曼哈顿计划"成功地制造出了原子弹；肯尼迪总统实现了 10 年内将人类送上月球的承诺。不过，这些例子之所以让人难忘，部分原因是它们非比寻常。进行科学研究的科学家、公司或者政府技术专家认为，采用某种独特的新技术很快就能解决能源问题，例如新一代的氢能源汽车、从水藻中提炼的生物燃料，或者新型塑料制造的廉价太阳能电池板等等，这些话听来总让人倍感欣慰。但是看到实例后，预测哪种技术会蓬勃发展的想法就烟消云散了，因为真相非常棘手，而且难以操控。

正因为如此，力排众议研发喷火战斗机的故事为那些希望用新技术解决当今问题的人们上了很好的一课。这种战斗机是在对未来飞行器几乎一无所知的氛围里研制成功的。1914—1918 年，在英德对抗的初期，飞机是一种全新的技术，主要负责侦查任务，没有人知道飞机发展成熟后最有效的应用方式是什么。20 世纪 20 年代中期，人们普遍认为飞机的时速超不过 418 千米 / 小时，但是喷火飞机俯冲时的速度超过了 724 千米 / 小时。所以，英国空军长期忽视战斗机的潜在重要性根本就不足为奇，制造战斗机来拦截轰炸机的想法对多数设计师而言简直就是异想天开。

而喷火战斗机直接朝前开火，这就意味着为了瞄准目标，整架飞机都需要改变飞行方向，这在多数人看来更是天方夜谭。很多人认为更可行的方案是在飞机上设置两个射击座椅，射击手坐在可旋转的塔台上向两侧射击。1938 年，英德开战的前一年，一位很有见地和影响力的政治观察家这样说：

> 我们应该在飞机梁骨上安装可水平射击的旋转塔台，尽快、尽可能多地制造这种全副武装的飞机……德国人知道我们依仗向前方射击的突破型喷火战斗机，这种飞机……如果不能立即有效地展开攻击，就会将飞行员置于危险境地。

怀疑喷火战斗机的人正是未来的英国首相丘吉尔。他要求制造的无畏战斗机也不错，但是英国孩子们并不为无畏战斗机的英雄事迹欢呼雀跃。也难怪，无畏战斗机活脱脱像只蹲坐的鸭子。

ADAPT Why success always starts with failure

**试错法则**

**我们会后知后觉，看出官方最初的原则大错特错，但是我们也容易从中得出错误的经验。空军将领能预测空战会演变到什么程度吗？当然不能。喷火战斗机带来的经验不是空军差点儿因为错误战略输掉了战争，而是当时这种错误战略不可避免，但无论如何他们还是成功地委托制造了喷火战斗机。**

经验就是通过多元化途径鼓励创新，实现“变奏”。空军没有将所有的鸡蛋放在远程轰炸机这个看似最保险的篮子里，而是在程序上留有足够回旋的余地，所以空军准将凯夫 · 布朗 · 凯夫才能在政策容许的尺度内，为看似不那么有前景的、但“非常有趣的”方案进行投资，以防万一，即使像喷火战斗机这样经常被嘲弄或不屑一顾的方案也因此有了机会。

## 臭鼬工厂与“怪诞机器”

1835 年，达尔文乘坐猎犬号抵达加拉帕格斯群岛（Galapagos）的港湾。来到岛上后，达尔文很快就发现了大自然为新物种的发展留下回旋空间的卓越实例，正是在这些例子的帮助下，他才得出了后来的自然选择进化理论。

达尔文在观察大自然现象时总是一丝不苟，他先仔细研究了居住在小岛上的各种雀鸟。加拉帕格斯群岛位于太平洋，距南美洲的厄瓜多尔西部 965 公里，每个岛上都有雀鸟，达尔文从没有在加拉帕格斯群岛以外的地方见到过这些雀鸟。最让人感到惊奇的是，每个小岛都对各自岛上的雀鸟进行了不同的自然选择，这些雀鸟的个头和颜色都差不多，但是鸟喙各不相同：有的鸟喙尖尖，适宜捉虫；有的鸟喙宽大有力，适宜啄破果壳；还有的鸟喙适宜吃水果。

赫赫有名的象龟在不同的小岛上也进化出了不同的种类。有种象龟，它们的头部后方的龟壳边缘高高翘起，这样它就能吃到高耸的仙人掌；而生活在青草盈盈的大岛上的象龟则是另一副模样，它们的龟壳中央高高凸起。达尔文没料到会有这种现象，所以一开始把象龟样本都搞混了，不得不请岛上的副总督帮自己整理清楚。加拉帕格斯象龟和地球上其他的龟类迥然不同，达尔文花了很长时间才弄清楚实际上这些象龟还分成很多不同的种类。达尔文在集中观察加拉帕格斯群岛的植物时，再次发现了同样的现象，每个岛屿都有自己独特的生态系统。

加拉帕格斯群岛之所以造就了如此多的物种，是因为这些岛屿与大陆隔绝，而且在某种程度上各个岛屿之间也相互隔绝。如果没有这种自然的隔绝，很少会产生“物种形成”，即同一种生物各自进化成不同的种群；如果没有这种自然的隔绝，分别进化的两个种群又会进行杂交，再次融合成一个种群。

ADAPT Why success always starts with failure

**试错法则**

**各种新观念往往也需要相互隔离才能展现出各自的潜力，不过新观念并不是在隔离空间中产生的。在世外桃源般的加拉帕格斯群岛，基因突变的现象并不比别的地方多。很多人也注意到了，好主意往往从多种混杂的见解中脱颖而出，而不是生成于孤立的大脑。简·雅各布斯（Jane Jacobs）可谓洞彻城市生活的大师，她的新思想来自城市而不是太平洋上的孤岛。不过新思想出现后需要自由呼吸的空间，这样它才不至于被传统观念同化或消灭，才能不断成熟和发展。**

允许几种观念同时发展的想法与我们的直觉相抵触，因为我们会本能地先问一句“哪个是最好的选择”，然后再绞尽脑汁地去寻找答案。但是生活如此不可预料，最初看似不尽如人意的选择也许最能满足我们的需求，所以理性的做法就是为生活的各个领域留出一定的空间，探索多种可能性。如果你想交朋友，就应该多参加几个社团，而不是只参加看起来最有可能让你交到朋友的那个团体。在创新领域更是如此，只关注单独一个好主意或单独一种新技术太过娇贵。**在不确定的世界里，我们不仅需要计划 A，还需要为计划 B、计划 C、计划 D 等留出回旋的余地。**

喷火战斗机是计划 A 最不起眼的后备方案之一，因为提出这一方案的超级马林公司就像加拉帕格斯群岛一样与世隔绝，而且公司里的那些人似乎不可能有此壮举。公司成员之一诺埃尔·彭贝顿·比林（Noel Pemberton Billing）是位花天酒地的政治家，因为发动了反对同性恋运动而名声大噪。1918 年，他指控外国舞蹈家毛德·阿伦（Maud Allan）传播阴蒂崇祀，成功地挑起了一桩轰动一时的诽谤案，并在随后的案件审理过程中大肆宣扬德国间谍成功胁迫了大约 5 万名“堕落者”，来破坏英国的战备力量。

在煽动媒体肆意污蔑女同性恋败坏社会风气之前，比林经营着超级马林公司，这家航天工程公司聚集着一群乌合之众，还因管理不善而臭名昭著。1917 年，公司又聘用了另一个不着调的人，羞涩又记仇、安静又睿智的年轻工程师雷金纳德·米切尔（Reginald Mitchell）。据说米切尔刚工作时，工头抱怨他沏的茶“尝起来像尿”，米切尔下次沏茶时果真把茶叶泡进煮沸的尿液中，结果听到的回答却是：“真是好茶，米切尔。”

所以，当大型防御工程公司威格士（Vickers）收购了超级马林公司，准备让伟大的设计师巴恩斯·沃利斯（Barnes Wallis）[①]监管米切尔时，米切尔暴跳如雷就不足为奇了。他怒气冲冲地说：“有他没我！”要么因为判断力超常，要么因为运气好，威格士航空公司最终决定让沃利斯另谋他职，而米切尔团队可以继续享受脱离威格士委员会监管的独立乐土。

超然世外的米切尔团队取得了最出人意料的结果。1929 年和 1930 年，米切尔设计的多款飞机创下了最快飞行速度的世界纪录，这些飞机在各种设计激烈角逐的施奈德杯（Schneider Trophy）中屡屡夺得桂冠，它们都是喷火战斗机的雏形。虽然研发这些破纪录试验品的多数资金都来源于政府，但到了财政紧缩期，政府却不再看重这些试验品。当时的英国皇家空军元帅休·特伦查德（Hugh Trenchard）爵士把这些高速飞机说成是“怪诞机器”。最新一款破纪录的试验飞机没有了研发资金，而此时亨利·凯夫·布朗·凯夫准将还没有出面为“试验”买单，所以超级马林公司准备放弃这个计划。

① 巴恩斯·沃利斯后来因设计了皇家空军中队的弹跳炸弹而闻名遐迩。

一个人出人意料地扭转了局势，她就是范妮·休斯顿（Fanny Houston）。休斯顿夫人出身贫寒，后来她嫁给一个船业大亨，继承了遗产，一举成为英国最富有的女人。休斯顿夫人乐善好施，1931 年，她为超级马林公司开了一张支票，支付了研发喷火战斗机前身 S6 型飞机的所有费用。政府停止对这方面的研发支持让休斯顿夫人大为光火，她说："我之所以义愤填膺是因为我知道，一个真正的英国人宁愿砸锅卖铁，也不愿意承认英国连对抗竞争对手的钱都拿不出来。" S6 型飞机的飞行时速达到了 655 千米 / 小时，而此时距离莱特兄弟发明莱特飞行器还不到 30 年。英国人维护了自己的尊严，喷火战斗机项目也得以幸存。难怪历史学家泰勒后来评论说："大不列颠之战能取得胜利是因为张伯伦，又或许是因为休斯顿夫人。"

自立门户、躬耕不辍的不仅仅是米切尔，在他取得成功之前，洛克希德公司（Lockheed）就建立了赫赫有名的研发分部"臭鼬工厂"。臭鼬工厂设计出 U2 高空侦察机，拍摄到了古巴安装导弹的照片；还设计出当时世界上速度最快的飞机"黑鸟"（Blackbird），它是一种能逃脱雷达捕捉的隐形轰炸机和战斗机。从此，臭鼬工厂这种由工程师和创新人员组成的独特的小型团队，刻意摆脱紧张的公司等级体系，得到了广泛肯定。和臭鼬工厂一样，米切尔的团队密切关注航空工程的最新动向，每年都把自己的设计拿到施奈德杯赛场上与世界上最顶尖的飞机一决高下。不过，米切尔的团队确实与世隔离，连政府也对其不管不问，而在这一领域，政府才是唯一有可能光顾的客户，鉴于此，米切尔此举确实让人刮目相看。

保护创新人士不受政府官员的影响，也无法保证一定能产生高质量的研发成果，另一方面，多数技术发明能在创新领域内的"加拉帕格斯群岛"上摸索着成长，而外面的世界并不具备使其茁壮成长的条件，这一点我们肯定也能想到。不过，能偶尔结出喷火战斗机这样的硕果，再多的失败也值得。

## 知识的负担

有人会觉得，既然保护、培育新观念的成果惊人，在当今世界鼓励创新就会易如反掌，因为历史上从来没有过如此之多的大学、博士和专利发明。看看如今有多少一流的跨国公司吧，再想想谷歌、英特尔、辉瑞制药这些公司生产的产品，要么小得能装进火柴盒、要么干脆无形无影。围绕在这些创新大岛周围的是一些小岛，即小型高科技新兴公司，每家公司都极有可能颠覆现有世界的秩序，例如微软曾是一家微不足道的新兴公司，后来实力强大的 IBM 在它面前都相形见绌；几十年后，谷歌、Facebook 又让历史重演，它们把微软比了下去。

如此说来，前面提到的乐观看法不无道理。当市场可以很容易检验多种不同产品时，人们确实能看到不可思议的飞速变化。现代技术的强大力量和密切联系意味着任何人都能运用计算机设计出强大的新软件，而外包模式进一步降低了计算机硬件行业的准入门槛。3D 打印机、便宜的机器人和无所不在的设计软件意味着其他领域的创新之门也被完全打开。昨天还只是定做 T 恤，今天连豪华轿车的设计也被“众包”给了洛克汽车公司（Local Motors）这样的汽车制造商，而洛克汽车公司也同样采用外包生产。谁知道明天会是什么样呢？同类领域内正进行着一场开放式的比赛，众多新选手不断参与进来，创新的记分牌也不分伯仲。多数新思路失败了，不过这种失败并不要紧，网络和社交媒体专家克莱 · 舍基（Clay Shirky）[①] 还曾对这些“无偿的失败”大加赞扬。

不过，无偿的失败有时寥寥无几，在某些创新领域中，失败只是例外而非常态，这才是问题所在。由于开放源代码软件和 app 应用程序这些创新形式在学生宿舍里就能被匆忙制作出来，我们往往就会认为需要创新的所有东西都能在学生宿舍里一蹴而就。事实上这根本就不可能，人们依然无法掌握治疗癌症、老年痴

① 克莱 · 舍基作品《人人时代》《认知盈余》《小米之道》的中文简体字版已由湛庐文化策划出版。——编者注

呆、心脏病的方法。1984 年，艾滋病病毒被确认后，美国卫生及公共服务部部长玛格丽特·赫克勒（Margaret Heckler）宣布几年内就能研发出防治艾滋病的疫苗。将近 30 年过去了，疫苗在哪里？核聚变和廉价到可以用作墙纸的太阳能板呢？这些真正有效的清洁能源又在哪里？

**这些未完成的创新任务有很多共同之处：任务规模都很庞大，研发所需的经费都太高。它们都需要将大量资源与一系列疯狂的创新冒险试验结合起来，而这种结合看上去根本就不可能实现。**臭鼬工厂或者为羽翼未丰的新技术提供避难所，说起来简单，但是当需要的资金达到几十亿美元时，极具冒险性的想法就不再那么富有吸引力了。既能为低成本的硅谷新兴公司提供资金，它们能满足人们的多种需要而且相对简单，又能为那些耗资巨大的复杂工程提供资金，如何做到两者兼顾，这一点我们从没认真考虑过。

当创新需要大量资金以及几年甚至几十年的努力时，我们就迫不及待地让宿舍发明家们取代大学和政府研究机构，因为这些机构可能永远研究不出结果。

如果潜在创新过程能因此变得更便宜、更简单、更迅速，这么做无可厚非。可是靠学生起家并大获成功的谷歌和Facebook都是例外，事情通常不会这么简单。凯洛格商学院的经济学家本杰明·琼斯（Benjamin Jones）没有关注那些引人注目的硅谷公司，相反，他煞费苦心地研究了包含 300 万条专利和 2 000 万份学术论文的数据库。研究结果让他对一个现象备感忧虑，他将其称为“知识的负担”。

根据琼斯的记录，从 1975 年开始，专利贡献者名单上的团队数目与日俱增，发明人首次发明专利的年龄也在持续上升。专业化更加明显，因为如今独立的发明人更不可能创造出涉及多个技术领域的多元化专利。这种对专业性的要求也许难以避免，但让人忧心忡忡。因为在以前，突破性成就常常只依赖一位发

> 明人的广泛兴趣，不同领域的观念能够在一个富有创造性的大脑中碰撞交织到一起；而现在，这种多领域知识的结合需要一个团队的共同努力，成了更昂贵、更复杂的组织问题。需要动用其他领域的“更深”层次的知识，需要规模更大的团队。比较一下典型的现代专利与20世纪70年代的专利，你会发现一个由更年长、更专业的研究人员组成的更庞大的队伍。整个过程更加艰难，赞助独立创新岛屿上的相应专利需要的花费也更高。
>
> 琼斯还发现，团队也开始在学术领域的研究人员中占据主导地位。过去，独立研究员曾经取得最令人瞩目的研究成果，但是现在这种荣誉属于由众多研究人员组成的团队。而且研究人员需要花费更多的时间去攻读博士学位，因为博士学位是他们开展新研究的基础学识要求。琼斯的证据表明，由于要求必须掌握一定的知识量才能从事科学研究，研究人员的科研生涯在横向和纵向上都被压缩了。科学家必须把专业缩小到某一领域，同时，由于研究工作要在掌握足够多的知识之后、体力和创造力开始走下坡路之前进行，科研生涯更加短暂就成了他们必须面对的问题。

即便在软件领域，在宿舍这种简陋环境中就能创新发明也逐渐成为现实。以电脑游戏为例，1984年，当人们还在玩《吃豆人》（*Pac-Man*）和《太空入侵者》（*Space Invaders*）时，历史上最伟大的电脑游戏《精英》（*Elite*）发布了。《精英》能让玩家在3D场景中模拟星际大战、进行真实货币交易、探索无穷的宇宙，而游戏程序占据的内存不过相当于一个小小的Word文档。和网络时代后来的很多成就一样，这个革命性的游戏是两个学生在暑假里制作出来的。

25年后，电脑游戏界翘首企盼另一个重磅炸弹的诞生：《永远的毁灭公爵》（*Duke Nukem Forever*）。《永远的毁灭公爵》是一款畅销游戏的续集，设计这款游戏的团队规模和前面的例子大不相同。在游戏设计的一个阶段，有35个游戏开发员为这个项目共同协作，这个项目耗时 12 年、耗资 2 000 万美元。2009 年 5 月，项目未完成就结束了。

虽然《永远的毁灭公爵》算个例外，但比起 10 年前，现代电脑游戏项目确实更庞大、更昂贵、更复杂，也更难管理。自从 2001 年开发《精英 4》的传言浮出水面后，游戏玩家们就一直期待着这款新游戏的诞生，今天他们还在望眼欲穿地等待着。

在计算机领域以外，这种趋势则更加明显。喷火原型机的成本是 1 万英镑，相当于不到今天的 100 万美元，7 年后这款飞机才投入使用。而在全新的技术时代，也有一款同样具有革命性的飞机，美国空军的 F-22 隐形战斗机，由洛克希德公司的臭鼬工厂研发。政府为它投入了 14 亿美元的研发资金，洛克希德公司、波音公司也为其注入了不菲的资金，有了这么多资金支持才生产出了原型机，而这款飞机在 25 年后才投入使用。

苹果和安卓手机程序的激增掩盖了一个令人不安的事实：**创新变得愈加缓慢、愈加艰难、成本更高，在大多数领域，我们远远不像前辈们那样充满了希望**。极具影响力的未来学家赫尔曼 · 卡恩（Herman Kahn）在 1967 年的一篇报告中这样写道：2000 年时，我们应该能乘坐个人飞行器在空中翱翔，能轻松治好宿醉，电廉价到无须用电表计算，人造月亮为人间送来光明。卡恩不是毫无根据的空想家，他对通信和计算机技术发展的展望非常准确，他准确预测到了手持式通信工具、彩色影印技术和财务往来的数字化，而这些经济领域中的多元化都得到了蓬勃发展。

在卡恩写那篇文章的时代，还有一个经济领域看上去会永无止境地向前发展：长途空中旅行。20 世纪 60 年代，当设计师设计出波音 747 时，谁能料想到这款飞机会在未来的 40 年里主宰航空业呢？如果我们让 20 世纪 60 年代的商务旅行人士预测 21 世纪商务旅行人士眼中的“世纪交通创新”，他们肯定会想到喷气飞机或飞行汽车。谁知半个世纪之后，真正成为交通领域世纪性创新之举的竟然是网上值机。

现代汽车有了更舒适的内部空间、更高级的安全系统、更震撼的音响，但从根本上说，它们并不比 20 世纪 70 年代的汽车更加高效。核聚变已经研究了 30 年，现在状况却一如从前，清洁的太阳能和风能依然昂贵又稀少。至于制药行业，在过去 10 年里，大获成功的畅销药的数量停止上升，2007 年还首次出现了下滑，美国每年获批通过的新药品数量也大幅下降。

过去几十年，世界发达经济体中受雇进行研发工作的人数有了显著增长，但是生产力却表现平平。确实，收录在册的专利更多了，但是平均每个研究人员、每笔研究基金产生的专利数却减少了。也许我们拥有蓬勃发展的高等学府以及数目众多的知识工人，但是谈到创新思路的问题时，我们还是止步不前。

这让人深感担忧，因为我们对新技术能解决的问题抱有太大的希望。拿气候变化来说吧。畅销书《多疑的环保主义者》（*The Skeptical Environmentalist*）的作者比约恩·伦伯格（Bjorn Lomborg）认为，我们过于担心气候变化问题，但对清洁的水资源问题和疟疾不够上心，他认为我们应该在清洁能源和地质工程的研究上再多投入 50 倍的精力。如果连一个认为气候变化问题被过度夸大的人都提出这样的要求，那我们将进入一个对新技术期望过高的世界。

## 专利与创新

要寻找解决方法，最直观的地方就是市场，在市场上，不计其数的公司互相竞争，试图将新思路转变成有利可图的具体形式，这里面既有默默无闻的新兴公司，也有英特尔、通用电气、葛兰素史克这样的大型创新公司。正如我们所知，如果要求通过激烈竞争推动新软件这样超级便宜的产品的发展，市场就具有了强大的创新力。

然而，当涉及更重大、更昂贵、重要性与日俱增的创新时，市场往往会依赖政府的长期稳定支持：专利。但是，专利能鼓励人们生产出真正需要的创新产品吗？这就很难说了。

专利的基本概念很合理：**通过赋予发明人使用其发明的专利权，激励更多人搞创新发明**。乍一看，这样做是希望专利使用费能鼓励更多的创新，新的创新会带来足以抵消专利使用费的更多利益，但专利是否能促成这种平衡还有待商榷。事实上，有些荒诞不经的专利甚至让“专利”这个词名声扫地，比方说美国第6004597号专利“无硬边的密封三明治”，甚至第6368227号专利“荡秋千的方法”，这是一个来自明尼苏达州的5岁男孩的专利。这些无关紧要的专利自身没什么害处，但是它们却形象地说明了这个系统的特点：一些不新奇或者不怎么需要投入研究精力的发现也被赋予了专利权。

再看一下IBM公司的专利“顺利成交拍卖法”：拍卖在无法预计时会暂停。这与eBay拍卖不同，eBay容易被投机取巧的人利用，他们会在最后一秒出价。不过专利办公室竟然认可了这项专利，这个决定实在让人迷惑，因为这个概念毫无新颖之处。这其实是一种很古老的做法，拍卖专家保罗·克伦佩雷尔（Paul Klemperer）指出，伦敦最有名的童话故事作者塞缪尔·佩皮斯（Samuel Pepys）早在17世纪就记录了这种拍卖方法，在融化的蜡烛中插入一根别针，针掉下来，拍卖就结束。此类错误时常出现，但是要纠正这种错误却不那么容易，要较真就得和IBM直接较量，需要雇一支律师军团去碰碰运气。而要修正错误，花钱少的方式才是根本。

或者我们再看另一个例子：用智能手机扫描商品的条形码，马上读出商品简介、查看附近有没有更便宜的此类商品。这种用手机来当扫描仪的构思某一刻突然出现在一个名叫亚历克斯·塔巴罗克（Alex Tabarrok）的年轻加拿大经济学家的脑海中。那是一个清晨，他正在淋浴，当时网络经济发展的风头正劲。可是让亚历克斯颇感低落的是，其他人也想到了这个方法，很快他就发现几个月前有人申请了同样内容的6134548号专利。看起来这似乎只是塔巴罗克一个人的不幸，但其实我们都深受其害，因为随便某个时刻的灵感一现而获得批准的专利带来的是智力垄断，专利是在与民争利而不是为民谋利。

更糟糕的是，专利不能鼓励一些真正重要的创新发明。在手机扫描仪、拍卖顺利成交这两个例子中，专利的作用过于强大；而在激励人们寻找艾滋病病毒疫苗或发现清洁能源这类重大突破方面，专利的刺激作用却甚为微弱。部分原因在于专利具有时间限制，很多重要的专利，比方说太阳能方面的专利，在太阳能发展到足以和化石燃料抗衡时就可能到期了，而化石燃料技术自从工业革命开始就一直处于领先地位。

另一个具有讽刺意味的问题是：公司担心在研发出重要的技术时，政府会迫使它们放弃专利权或对专利商品大幅降价。2001年年底，匿名恐怖分子邮寄炭疽孢子邮件，连夺5人性命，随后，治疗炭疽病的环丙沙星生产商拜耳公司（Bayer）就落得如此下场。4年之后，人类感染禽流感的恐慌四处蔓延，拥有达菲生产专利的罗氏制药公司（Roche）也迫于世界各国政府的压力，同意批准这种药物的生产。为什么政府在紧急情况下对专利缺乏应有的尊重？原因不言而喻。要是人人都明白创新成果至关重要，而政府却无视专利权，凭什么指望专利体系能刺激重要的创新呢？

奶酪三明治能获得专利，这个问题可以通过一些简单的行政调整加以纠正，但是专利体系的改革能否鼓励公司潜心于大型长期工程这个问题依然存在。毕竟，政府更应该做到“风物长宜放眼量”，应该关心如何解决人们的共同问题。

不过到目前为止，政府拨款并没有发挥它应有的潜力，20 世纪一位伟大人物能脱颖而出也是拜它所赐。

## 天才的反叛

马里奥 · 卡佩奇（Mario Capecchi）依然忘不了童年那一幕：德军敲开他们位于意大利阿尔卑斯山度假小屋的门，逮捕了他的母亲，把她送到了达豪（Dachau）集中营。卡佩奇学过意大利语和德语，他听得懂纳粹党卫军军官的话，虽然那时他只有 3 岁半。

卡佩奇的母亲露西是一位诗人、反纳粹活动家，她拒绝嫁给卡佩奇的父亲，墨索里尼空军部队一位性格残暴的军官。想象一下战前的这个丑闻吧，一个天主教徒和一个意大利纳粹分子有了私生子。露西知道自己会麻烦缠身，所以早已变卖多数家产，将变卖所得的收益托付给一户当地的农民。她被捕后，这家人就收留了卡佩奇。有一段时期，卡佩奇成了意大利农民的儿子，在穷乡僻壤过着乡村生活。

一年之后，母亲留下的钱花光了，卡佩奇离开了小村庄。他还记得自己曾和父亲生活了很短一段时间，不过他宁愿自己去流浪：“当时战争的恐惧笼罩着所有人，对还是孩子的我而言，最难接受的就是有一个野蛮的父亲。”不久，卡佩奇的父亲就在空战中丧生了。

于是，4 岁半的卡佩奇成了街头的流浪儿。对多数家长而言，4 岁半的孩子能自己乖乖吃一顿饭、送到幼儿园时能不掉眼泪就足够令人满意了，而卡佩奇却穿着破破烂烂的衣服，加入了不良团伙，在不同的孤儿院中进进出出。8 岁那年，他还在医院住了一年，可能当时得了伤寒，时不时烧得不省人事。当时的医疗条件很差，没有毯子，没有床单，病床密密麻麻挤在一起，果腹的东西只有几片面包和菊苣根磨制的咖啡。很多意大利孤儿就死在这样的医院里。

但卡佩奇活了下来。9 岁生日那天，一个长相奇怪的女人来医院看他。这个人就是他的母亲，她在集中营度过了 5 年光阴，已经面目全非。在生命最后的 8 个月里，她一直寻找自己的儿子。她给儿子带来了一套传统的蒂罗尔（Tyrolean）服装，然后带着儿子来到了美国，卡佩奇如今依然保留着那顶帽子和上面的装饰羽毛。

20 年后，卡佩奇考入了哈佛大学，他决定师从 DNA 的发现者之一，伟大的詹姆斯·沃森（James Watson）学习分子生物学。沃森向来不爱表扬人，可他这样评价卡佩奇："他取得的成就，比多数科学家一生取得的成就还要高。"他还建议，如果年轻的卡佩奇真要"疯狂地"追求学术的话，就不要留在哈佛大学，因为这里的学术氛围是一切争先。

几年之后，卡佩奇感觉哈佛大学确实不适合他。尽管这里拥有最棒的资源、有鼓舞人斗志的同僚和导师沃森的全力支持，但哈佛大学的环境要求研究者过于匆忙地得出成果。如果要遵循既定道路稳步前进，这种环境的确很好。但是卡佩奇觉得，如果想做出了不起的成就、想改变世界，还需要给自己自由呼吸的空间。他认为哈佛大学已经变成了"获得短期满足的堡垒"，于是转而来到了犹他大学，在这里建立了一个全新的院系。就这样，他在犹他大学建立了一个独立的"加拉帕格斯岛"，进一步拓展自己的想法。

1980 年，卡佩奇向美国国家卫生研究院（US National Institute of Health，简称 NIH）申请了一笔项目拨款，希望利用这笔资金来支持有望拯救人类生命的研究。NIH 的拨款数额巨大，是美国癌症协会拨款的 20 倍。卡佩奇上报了 3 个不同的项目，其中两个项目很可靠：有突出的前期成果，还逐步描述了项目可能交付的结果，肯定能获得通过。

第三个项目在很大程度上极具风险，卡佩奇试图证明可以对老鼠的一个 DNA

进行专门针对性地修改。在 1980 年，这个项目的野心实在大到了无以复加的地步，要知道老鼠的 DNA 包含的信息足足有七八卷百科全书那么多，卡佩奇想做的事情相当于改写这么多卷百科全书中的一个句子，只不过他进行的是分子范畴的手术。他的思路是这样的：制造一个与他想要改变的基因类似的基因，将这个相似基因注射到老鼠的细胞中，让基因找到与自己类似的伙伴并把它踢出基因链取而代之。这种思路不仅没有成功的把握，而且看上去根本是不可能的。

NIH 认为卡佩奇的计划听起来充满了科幻色彩。他们降低了卡佩奇的申请级别，并强烈建议他砍掉第三个冒险性的项目。然而，由于有另外两个以结果为导向的可靠项目，他们还是同意为他的项目提供资金。而几乎与此同时，在千里之外的英国，医学研究委员会（Medical Research Council）断然拒绝了马丁·埃文斯（Martin Evans）一个类似项目的申请。不过只要能为更多种多样的项目提供资金，无论多糟糕，两个研究机构总比一个研究机构强。

卡佩奇是怎么做的呢？他接受了 NIH 的拨款，但对他们的忠告置之不理，他几乎将全部拨款都投进了风险极大的锁定基因的项目上。回顾往事时，他也觉得这绝对是一场豪赌：如果在 NIH 给出的 3~5 年期限内拿不出足够的前期成果，他们就会断绝他的资金来源；没有他们的认可，就很难再从别处募集资金，他的职业生涯将大受打击，研究助手们会另谋出路，实验室也可能撑不下去了。

2007 年，马里奥·卡佩奇因为老鼠基因的贡献获得了诺贝尔医学奖，NIH 同意继续向项目注入资金，他们坦言："我们很高兴您没有接受我们的建议。"

## 创新中的失败是值得付出的代价

卡佩奇故事的寓意不是人们应该尊重顽固的天才，尽管我们确实应该这么做，而是不应该要求所有天才都具有这种顽固品性。有多少重大的科学、技术进步的失败不是因为研发者们缺乏远见，而是因为他们缺乏卡佩奇这种非凡的反叛性格？

在斥责 NIH 缺乏想象力之前，我们先想象一个场景：我和你坐下来，面前摊着一张白纸，我们都试图设计一种体系，将公共资金也就是纳税人的钱适当地分配给众多的研究人员。这件事责任重大，我们当然需要看到明确的项目描述，还需要一些专家意见，检验每个项目是否有合理的科学依据保证其不是空穴来风。我们还要知道这位申请人或其他令人尊敬的研究人员是否已经让这条研究之路走上正轨、取得了一些初期的成果，每过几年我们还会检查一下项目的进度。

这样，我们可能就设计出一个合理且理性的体系，阻止了马里奥·卡佩奇进行老鼠基因的研究。

NIH 以专家为主导、以成果为基础对项目进行理性评估，要想稳步推动有把握的高质量的科学研究，这种方式非常合理。但是，有些项目就像中头彩一样，概率虽小却能带来革命性突破，对这种项目而言，这种拨款方式就很不合适。这种拨款体系旨在规避风险，它更强调未雨绸缪、防范失败，而不是获得成功。无论哪种机构，有这种严谨的拨款态度都是可以理解的，尤其是在拨纳税人的钱的时候。但是，这样做就缺乏冒险精神。如果我们都不想冒险，并因此希望卡佩奇也不要拿自己的职业生涯去冒险，这就说不通了。

幸运的是，NIH 不是资助医疗研究项目的唯一机构。一位脾气古怪的亿万富翁建立了霍华德·休斯医学研究所（Howard Hughes Medical Institute，简称 HHMI），这是一家大型慈善医疗研究机构，有一个研究员计划，明确鼓励“研究人员去冒险、去探索无人涉足的道路、去拥抱未知，即使这意味着没有把握或可能失败”。事实上，要吸引 HHMI 进行拨款，最难的地方就是向研究中心证明该项研究具有十足的不确定性。

HHMI 不仅支持具体的项目，还会对个人伸出援助之手，研究中心认为，科学家不必用一群专家的意见证明自己，他可以根据已有的新信息进行灵活的变通，在所有敞开的研究之路上追逐自己的目标，麦克马斯特将军肯定也认为需要适应不断变化的实际情况。研究院不需要申请人详细描述研究项目，它更愿意看到申请人大概描述某个观点、展示自己近期的最佳研究成果。资金的发放看起来似乎根本就没什么限制，有时连申请款项的研究员也会大吃一惊。

当然，HHMI 最终还是要看到成果，不过它对“成果”的把握更加灵活，毕竟一开始就没有具体的项目。如果 HHMI 看到了令人信服的迹象，就会自动继续提供 5 年的拨款，只有 10 年后依然没有成果时，研究中心的拨款才会中止；即便到那时拨款也是逐渐停止，而不是戛然而止，这样研究人员就有时间寻找其他的资金来源，而不是不得不裁掉工作人员、关闭实验室。

谈到马里奥·卡佩奇的故事时，这种方法听起来实在是绝妙至极。但是霍华休斯医学研究中心的拨款体系真的那么高明吗？说不定它最终只能产生太多耗费巨资的失败项目，说不定研究人员因为认为拨款会源源不断而变得过于安逸。

皮埃尔·阿祖莱（Pierre Azoulay）、古斯塔沃·曼索（Gustavo Manso）和约书亚·格拉夫·兹文（Joshua Graff Zivin）3 位经济学家详细分析了 NIH 和 HHMI 的一些数据，对这两家研究院资助的重大科学研究进行了严格的评估。他们将 HHMI 支持的研究员与 NIH 用高额拨款资助的科学家进行了比较。荣誉奖金和 NIH 的其他拨款一样，只为具体的项目提供资金，但是数目更加慷慨，针对的也只是最杰出的研究人员。他们还用数据分析方式选取了一些高水准的 NIH 研究人员，以及表现同样出色的 HHMI 研究员作为研究对象。

抛开分析方式不谈，阿祖莱、曼索和兹文发现的证据表明：不限结果、注

> 重冒险的 HHMI 资助的是最重要、最非同寻常、最有影响力的研究。HHMI 的研究员看上去并不比 NIH 资助的研究员能力更强，但是他们更具影响力，被广泛引用的文章数目是后者的两倍；他们更可能赢取各种奖项，也更可能指导出获奖的学生；他们更具独创性，他们的研究会为相关的研究领域引入全新的关键词，会更多地改变研究主题，在其狭小的专业领域之外获得更多的引用。

不过，HHMI 的研究员的失败也更多，他们的研究论文中有很大一部分无人问津。这也难怪，因为 NIH 旨在规避失败，而 HHMI 的目标就是拥抱失败。而要进行真正原创性的研究，失败不可避免。

ADAPT Why success always starts with failure

**试错法则**

**创新中的失败是值得付出的代价。我们不能指望所有的彩票都中奖，但是如果想要获得中头彩的机会，就得买彩票。用统计学的专业术语来说，创新回报模式严重地偏于上行，这就意味着小规模的失败会很多，而巨大的成功却寥寥无几。NIH 不愿承担风险，所以与很多重要的想法失之交臂。**

在受托支配亿万纳税人的钱财时，官方机构更关注的是如何将损失最小化而不是将收益最大化，这也不难理解。NIH 确实起到了应有的作用。我们可以再次回顾复杂性理论家斯图亚特·卡夫曼和约翰·霍兰德的著作：**要在不断变化的可能性景观中找到方向，理想的方法是将稳妥的小碎步和冒险的大跨步结合在一起。**谁来资助那些冒险的大跨步呢？ HHMI 每年注入的巨资也只占全球研发机构预算 1% 的 1/20。还有一些和 HHMI 类似的机构，不过多数研发机构要么从事高度商业化的研究活动（这些研究正是创新思维的对立面），要么发放以NIH为代表的定向拨款。稳妥的小碎步有了，试验性的大跨步却找不到了。

我们需要官方机构以20世纪30年代的英国空军为榜样："公司不愿意冒风险，把自己的钱投资到带来创新设计的高风险项目上。要得到真正创新性的尝试……我们就应该提供激励手段。"这才是能够促成重大新观念的态度。不幸的是，这样的政府部门少之又少。

ADAPT Why success always starts with failure

**试错法则**

目前为止，我们发现推动新技术发展有两个至关重要的原则。首先，要创造出尽可能多的不同试验，即使多数试验都会失败，即使这些实验会让我们对哪种方法更有效产生疑惑；其次，要鼓励一些长期试验，因为尽管这些试验可能会失败，但是如果成功，其回报也会极为可观。

多数接受政府拨款的研究有一个最大的弱点：它们的目标都与政府计划对立。政府部门喜欢宏大的计划，却又希望计划的实现过程有着十足的把握。喷火战斗机这样的例外实属罕见。

如果传统的政府拨款能够学习HHMI容忍失败的模式，在未见到成果时依然不中断拨款，那么传统的政府拨款就能发挥重要作用，鼓励有影响的想法进一步发展。而要想促进新观念发展、把政府资助下促成的实验室新发现运用到人们日常使用的现实产品中去，市场显然发挥着关键作用。

有些创新能让世界发生翻天覆地的改变，但是开发的过程却要耗费巨资，鼓励这种创新依然令人望而生畏。在花销巨额公众资金时，政府官员往往会避免冒险，而专利体系也很少能激励私人公司把精力投入到耗资巨大的长期研究中去。在复杂世界里，鼓励意义非凡的创新有两个根本因素在起作用：

◎ 真正接纳冒险性的新观点；

◎ 愿意拿几百万甚至几十亿美元去冒险。

政府官员和专利体系这两个途径都不可能将两个因素结合起来。这两个因素从根本上影响着 21 世纪的创新研究，却看上去水火不容。事实上，将两者结合起来的方式已经存在了 300 多年，只是人们太健忘了。

## 奖金刺激解决方案的利与弊

1675 年，英国政府建立了皇家天文台（Royal Observatory），这是世界上最早也最有名的政府研究设计机构之一，建立天文台的目的是推动航海业的发展，特别是解决“纬度”问题，确定船只在海上东西向的距离（人们早已根据白天的长短、太阳及星星的距离，轻松地解决了经度问题）。大不列颠是海军强国，贸易路线遍布全球，如果船长无法定位方向，这实在是贻笑大方。如今皇家天文台一厢情愿地把解决这个复杂难题的轰动性突破归功于自身，但是，这种举动是一厢情愿地往自己脸上贴金，背后的故事让人不吐不快：皇家天文台的天文学家耗费一个世纪都没能解决这个问题，不仅如此，他们还无情地打压着真正解决问题的那个人。

1707 年，皇家天文台的专家们耗时 30 多年的研究似乎依然毫无头绪，人们对其无能的表现日益不满，情势已经到了危急关头。在一个大雾弥漫的夜晚，克劳迪斯里·肖维尔（Clowdisley Shovell）爵士误以为自己的舰队已经抵达英格兰岛屿偏西的地方，结果 4 艘大船在锡利群岛（Isles of Scilly）不幸触礁。因为肖维尔爵士的错误估算，这场海难的死亡人数远远超过了泰坦尼克号沉船的遇难人数。英国国会向牛顿爵士和天文学家哈雷求助。1714 年，国会通过了《经度条例》，承诺向找到解决办法的人提供 2 万英镑奖金，相当于今天的 3 000 万英镑。

这笔巨额奖金改变了解决经度问题的方向。皇家天文台的天文学家不再是唯一的官方研究员，任何人都可能找到答案。1737 年，一个名叫约翰·哈里森（John Harrison）的乡村木匠向经度委员会展示了他的解决方案：一块精准的钟表，既不受船只在海上颠簸起伏的影响，也不受温度和湿度的影响。所有研究机构的人都大惊失色。大家知道，航海家只要知道伦敦的准确时间就能根据太阳计算出经度，但是制造极度精准的钟表面临种种技术障碍，人们普遍认为这种工作非人力所能及。而受到这笔巨额奖金的刺激，哈里森证明人们之前的想法错了。

这本来是一个让人受益匪浅的经验：奖金能够刺激出人意料的资源产生对社会有利的想法。不幸的是，皇家天文台的专家们把这件事当作让他们蒙受耻辱的教训。受封皇家天文学家的詹姆斯·布拉德利（James Bradley）及其门徒内维尔·马斯基林（Nevil Maskelyne）走了极端，他们拒绝把奖金颁发给哈里森，并试图用另一种天文学的方式改进确定经度的方法。一开始，布拉德利利用权威迟迟不肯对哈里森新发明的表进行海上试验，后来他又把这块表送到了公海交战区，共同前往的还有哈里森的儿子威廉。前往牙买加的旅途极为漫长，整整 81 天，但是在这么长的时间里，这块表只出现了 5 秒钟的误差，当它胜利地通过这一测验时，专家们还坚持对这块表进行更多的检验。1765 年，马斯基林获得皇家天文学家的封号之后，干脆扣押了哈里森的那些表留作“观察和检验”，并且用快要散架的马车沿着伦敦的鹅卵石路把它们运到了格林尼治。奇怪的是，自那之后，那些表走得就不那么准了。

哈里森也没为自己伸张正义，他不是一个脾气暴躁的古怪天才，但是我们不难得出这样的结论：他确实受到了不公正的拒绝甚至是欺骗[①]。直到哈里森去世后，他的那些表才最终成为确定经度的标准方式。

无论如何，经度奖金刺激了解决方案的诞生，这种奖金激励法后来也被广为模仿。1810 年，尼古拉斯·阿佩尔（Nicolas Appert）发明了浓缩汤块，从拿破仑那里挣到了 1.2 万法郎的奖金，这笔奖金用来奖励存储食品的发明，今天的罐头食品厂依然在使用这项专利。不幸的是，科研机构继续模仿着英国皇家天文台的无耻之举。1820 年，法国贵族蒙田男爵将自己的财产转赠给法国科学院，要求把这笔钱作为两个年度奖金的基金，一个用来“推动更健康的工业发展”，另一个用来“提高医疗科学或手术的水平”。但是，科学院对这种“烦人”的协定不以为然。要颁发奖金，首先要有充足的获奖理由，难道不应该把蒙田的一部分财产用在管理奖金的运作上或者事务开销上吗？在无奖可颁的年份中，他们开始用这笔钱购买藏书和试验仪器，这些也许在为竞赛做裁判时必不可少。

蒙田爵士逝世 10 周年后，科学院甚至懒得掩饰对爵士遗愿阳奉阴违的举动，公然挪用这笔遗产为它喜欢的项目提供资金。最后，科学院开始拒绝申请奖金的请求，随心所欲地为自己青睐的项目或个人提供拨款。

在这方面，法国科学院有不少“狐朋狗友”。纵观欧洲和美国的科学团体，它们都改变了颁发奖金的做法，转而以拨款为主，甚至直接聘用自己的研究人员。其余的奖金也往往以主观判断为依据进行回顾性地颁发，而不是像经度奖金和食品储藏奖金一样，通过提前宣布目标，鼓励人们寻找解决方案，最有名的就是诺贝尔奖。尽管创新奖金曾经创造过辉煌，但是它们已经被直接的拨款取代。和奖

① 经度委员会从来没有向哈里森支付奖金，不过确实给了他一些研发费用。哈里森向国王请愿之后，国会给这个发明家发了一笔小奖金代替永远不会兑现的大奖。戴瓦·梭贝尔（Dava Sobel）在《经度》（*Longitude*）一书中详细讲述了这个故事，不过某种程度上梭贝尔可能对哈里森褒扬过度：尽管造出了一块具有航海价值的表，而且是一件杰作，但他还是没能从整体上为皇家海军和全社会解决经度的问题，这个问题值得商榷。因为要做到这一点，他还需要绘制一张表的构造图，这样熟练的手工艺人就能根据这张构造图制造出一模一样的表来。

金不同，拨款是一种简单直接的奖励手段；奖金则向所有能获得成果的人张开怀抱，这样就从本质上对现有机构造成了威胁。

在失宠两个世纪之后，奖金终于再度复兴，这要感谢新一代的企业家和慈善家，他们更在意问题的解决而不是谁解决了问题。

## 悬赏人与解决问题者

奈飞公司（Netflix）是一家在线影片租赁公司，会根据顾客之前租赁的影片及在公司网站上浏览的影片向其推荐影片。2006 年 3 月，奈飞公司的创始人兼总裁里德·哈斯廷斯（Reed Hastings）召集员工，共同商讨如何改进向顾客推荐电影的软件,因为推荐的影片越对顾客胃口,顾客就越开心。哈斯廷斯受到约翰·哈里森故事的启发，他建议设立 100 万美元的重奖，寻找比奈飞公司算法保密的 Cinematch 更强大的搜索引擎。

2006 年 10 月，奈飞公司宣布重金悬赏新搜索引擎，这个举动引起了 Web2.0 时代的巨大回应。在一年的时间里，领先的参赛者把 Cinematch 的推荐错误降低了不止 8%，已经非常接近百万大奖 10% 的要求。来自 161 个国家的 2 000 多个团队、2.7 万名竞争者加入了这场奖金争夺战。2009 年，大奖最终颁发给了 AT&T 的研究团队。

利用奖金的做法再次迅速流行起来。过去 10 年里，有一家公司提供一种服务：让悬赏人用现金换取问题解决人的解决方法，双方都是匿名的。要解决的问题就像世界上最不浪漫的征婚网站上的广告一样平铺直叙："诚征拉扯弹性薄膜时释放怡人香气的技术"，5 万美元；"高粘合度的光学生物传感器表面的化学涂料，需要详细介绍"，6 万美元。

还有一些更加让人心动的奖金，比方说由非营利机构 X 大奖基金会[①]推出的奖项。其中之一是，如果有团队能在 10 天内对 100 个人类基因组进行测序，并且将每个基因组的测序费用控制在 1 万美元以下，就能捧走基因组学“Archon X 奖”。2000 年，在首次个体基因组测序中，对一个人类基因组进行测序的费用就高达 1 亿美元，而且耗时 9 个月之久，这个大奖要求测序速度更快、费用更低，让人难以置信。实际上，当时的项目负责人克雷戈 · 温特（Craig Venter）也成了“Archon X 奖”的赞助人之一。要将人类社会推进到个人定制药品时代，让医生能够完全了解每位病人的基因受损情况，因人而异地开药方、提建议，这样的技术性飞跃至关重要。还有一笔奖金要颁给能将燃料效能提高到每升 40 公里的大批量畅销汽车生产商。

颁发这种奖金有个固定的模式。X 大奖确定一个目标，寻找到赞助人，然后宣布一个奖项，最大程度地激发人们的研究热情，旨在带来比奖项本身更大的投资。奖项目标实现后，基金会就举行隆重的颁奖仪式，继续设定更多的挑战。获奖者依然拥有相关的知识产权，只要该知识产权存在商业价值，获奖者就可以充分利用这种商业价值。

“奖金的一个目标就是改革人们思考的方式，”X 大奖的副主席鲍伯 · 维斯（Bob Weiss）说，“我们试图创造彻底的改变。”

这些奖金确实产生了重要影响。其他奖金也采用了类似模式，例如“M 奖”的内容是“制造”寿命更长的老鼠，但其最终目标是用同样的方法延长人类的寿命。还有克雷数学研究所（Clay Mathematics Institute），这家研究所是一位波士顿商人在 1998 年创建的一家非营利机构，为解决 7 个数学“千禧年”问题提供了百万美元奖金。但并非每个人都会积极响应这种金钱刺激，第一笔此类奖金颁

① 该组织通过组织大规模、高知名度的大奖赛并以此刺激远高于奖金本身的研发投入，致力于解决全球面临的大挑战。——编者注

发给了离群索居的俄罗斯天才格里高利·佩雷尔曼（Grigory Perelman），他却对此不屑一顾。

不过，在一个宏大的规划面前，这些奖金都相形见绌，那就是由 5 国政府和比尔和梅琳达·盖茨基金会共同注资 15 亿美元奖金创立的先进市场承诺大奖，如果哪位研发者或者供应商能研发出抗肺炎链球菌疾病的高效疫苗，就能获得这笔丰厚的奖金。这笔奖金有望释放创新奖金的真正潜力。为什么奖金这么有必要呢？一个原因就是制药公司即便拥有专利权，拥有让最贫苦的人们普遍受益的产品，也不会因此获得大量回报。而每年有将近 100 万幼儿因感染肺炎链球菌死亡，这些孩子几乎全部来自贫困国家。

就像约翰·哈里森的故事说明的那样，创新奖金的颁发存在一个问题：如何判断创新人可以领取奖金？如果奖金奖励的是不确定性的成就，比方说在某个时间之前造出最快的飞机，这个问题还不算明显；但是如果奖金针对的是一些实用性的任务，这个问题就尤为突出，测量经度、研发肺炎球菌性脑膜炎疫苗都是典型的例子。哈里森遭遇了他到底是改进了造表技术还是天文学研究的争议，类似的争议今天也会存在。某种肺炎球菌疫苗可能更便宜、卖得更快，而另一种疫苗可能会更可靠、副作用更小。谁来决定哪一种疫苗赢得奖金，或者两者都得奖、都不得奖呢？

有鉴于此，疫苗奖金采用了协议形式，承诺为成功疫苗的第一笔大订单进行补助。研发者只有在说服贫困国家政府或公民购买其疫苗后才能领取奖金，当然，疫苗的价格肯定要很低，而且多快能拿到奖金，是先拿到一部分奖金还是全部奖金都要依赖市场的反应。这个奖金还在一定程度上影响了伴随所有专利而生的定价权，因为药品公司想要拿到奖金就必须同意提供廉价的药品。

由于实力最强大的那些制药企业每年在新药品研发方面总共投入的资金只有

50 多亿美元，因此，单从讲究实效的商业层面讲，这 15 亿美元不容小觑。这个奖金卓有成效，2010 年年底，尼加拉瓜的儿童就收到了第一批以奖金为基金的肺炎球菌疫苗。

更多的疫苗还会陆续出现。下一个目标就是疟疾疫苗，要引起商家的兴趣可能需要 50 亿美元的奖金。有些狂热吹捧奖金魅力的人甚至认为，奖金能让艾滋病疫苗的研发成为可能，他们认为实现这个目标可能需要 100 亿 ~ 200 亿美元的奖金，这可是所有大型制药企业年度研发经费总和的 3 倍，是笔非同小可的巨款。不过，奖金最奇妙的地方就在于在取得成功之前，颁奖人可以分文不花。这样就有了最好的组合：除了问题解决时才需要支付的巨额奖金和一个完全开放的赛场，这个赛场上允许失败存在，最大胆、最冒险的想法也能成功。

## 多元化会鼓励多元化的发展

雷金纳德·米切尔颠覆了对人们飞行器能力的传统看法，70 年之后的 2004 年 6 月 21 日，莫哈韦沙漠的跑道上停着一架名叫“白色骑士号”（White Knight One）的飞机，这架飞机怪模怪样，只有一根狭长得不可思议的机翼。研发白色骑士号的就是杰出的飞机设计师伯特·鲁坦（Burt Rutan），又一个米切尔似的天才，他居住在和加拉帕格斯群岛一样与世隔绝的沙漠小镇上，这里只有零零散散的几家快餐店、加油站，还有一个停放废弃商务班机的停机坪。鲁坦说：“我们所做的就是创新，因为在莫哈韦沙漠根本没有其他事情可做。”在白色骑士号细长的机翼下方、双体船式的两个机舱中间悬挂着一个又粗又短的附属飞行器——太空船一号。坐在太空船里的是一位 63 岁的老人迈克·梅尔维尔（Mike Melvill）。私人航空飞行的时代即将到来，同时到来的可能还有太空旅行时代。

从表面上看，在这个划时代的事件中，创新奖金的作用值得表扬。为赢得非营利性基金提供的“安萨里 X 奖”（Ansari X Prize），24 支团队展开了竞争，白色骑士号就是其中之一。几个月之后，白色骑士号在短时间内相继高质量地完成了两次飞行任务，鲁坦团队终于将 1 000 万美元奖金收入囊中。

不过，这并不是故事的全部内容。我们还要感谢一位慈善家：微软公司的共同创始人之一保罗·艾伦（Paul Allen），世界上最富有的人之一，他为鲁坦的工程提供资金的原因让我们想到了 HHMI，因为他喜欢这个想法，相信这位试验家的才能。或许我们同样应该感谢讲求实际的商业精神。鲁坦和理查德·布兰森（Richard Branson）爵士的维珍集团（Virgin Group）共同协作，维珍集团决心将太空旅行变成一项有利可图的产业。维珍银河工程（Virgin Galactic）此后委托鲁坦制造了一艘更大的飞船——太空船二号，太空船的窗户和空间更大，更方便人们在里面活动。

把眼光放得再远一点，政府也该为私人太空飞行时代的到来获得赞扬。20 世纪 50 年代时，美国国家航空航天局（NASA）的前身，历史短暂的美国国家航空咨询委员会（NACA）拨款制造了 X-15 飞机，在被 B-52 轰炸机搭载飞行到高空后，这款飞机能在 106 千米的高度飞行，已经抵达了太空的边缘。不过，肯尼迪总统后来转移注意力，以登陆月球为主要目标，这种将设备送入太空的方式就被废弃不用了。因为对登月任务而言，地面发射的多级火箭显然是更好的选择。他们付出的代价就是多元化自此缺失，在很大程度上放弃了空中发射卫星这种前途光明、低成本发射卫星的可靠方式，直到将利润、奖金、慈善相融合的方式出现，这一技术才得以复兴，并且具有了现实的价值。

简而言之，将人类送入太空的任务仅靠私人资金似乎无法完成，但受到智力水平高低不齐的各种研发者的影响以及混杂在一起的各种资金来源的激励，这个看似不能完成的任务却成功了。我们应该拥抱这种混杂的资金来源，因为它们能带来一些美好的东西。互联网是在五角大楼要笔杆子的文职人员拨款开展的项目中诞生的，但释放其最大潜力的却是学生宿舍般简陋环境里的创新人士；卫星和GPS全球定位系统是在政府的支持下开发出来的，但是不可能所有的官僚都能让汽车导航系统打开销路。

我们从中得出的经验就是多元化会鼓励多元化的发展。要刺激更多的创新产品，就需要将多种策略结合起来。从理论上讲，奖金能够取代专利体系，政府不再需要保护专利权，而是为一些更值得期待的发明提供奖金。不过，这种解释也让我们看到了其中的诸多局限。政府如何了解某个创新产品的成本、效益甚至基本的可能性，从而制定规则、设定竞争的奖金数量呢？我们知道我们需要艾滋病疫苗，但互联网呢？直到拥有了互联网，人们才知道它多么重要，而它在出现之前无人知晓。我们根本就不可能建立一个奖金奖励发明万维网的人。

不是所有的官员都和亨利·凯夫·布朗·凯夫一样睿智，不是所有的科学家都和马里奥·卡佩奇一样勇敢，在弥补不可避免的空白方面，奖金发挥了很大的作用，不过奖金应该作为其他拨款、激励创新方式的一种补充，而不是取而代之。千禧年奖金很可能会颁发给那些已经接受了公共基金的数学家；施奈德大奖没有为研发喷火战斗机提供资金，不过它却证明了雷金纳德·米切尔的能力，也促使休斯顿夫人在最需要的时刻慷慨解囊；肺炎链球菌疫苗基金可能会对制药企业的药品价格强加限制，但是它并未剥夺企业的专利权，企业依然可以在其他市场上赚钱，或因技术版权获利。试错的过程会比较棘手，而鼓励采用试错法必需的种种条件错综复杂，也很棘手。

无论如何，迈克·梅尔维尔的此次飞行赢得了人们的高度赞扬，这次飞行之旅将永垂青史。2004年6月21日上午6点47分，白色骑士号腾空而起，在一个小时内爬升到了将近14千米的高空，高于所有商务飞机能达到的高度。随后，白色骑士号释放了梅尔维尔乘坐的飞船，飞船滑行了一段时间之后，梅尔维尔发动了火箭引擎。太空船一号调转船头，几乎竖直地往太空飞去。10秒钟内，飞船就加速突破了音速，76 秒后，发动机自动熄火。此时太空船已经飞达了 50 千米的高空，熄火后的飞船继续以 3 200 千米 / 小时的高速在稀薄的大气层中飞行，最终飞抵将近 100 千米的高空，这个高度是公认的太空边际。抵达太空边际后，梅尔维尔体验了片刻的失重，在位于沙漠上方的弧形太空船舱里，他费劲地拨开氧气管，摸索着从左上衣口袋里掏出了一把 M&M 巧克力豆。他把巧克力豆撒出去，巧克力豆飘向四面八方，有的悬浮在他头顶周围，有的飞到舷窗上，清脆的碰击声打破了船舱的宁静。

# 03

# 选择，什么是有效的

这个世界非常复杂。在一个地方起作用的方式，在另一个地方未必有效。我们的经验需要不断试验和适应，因为一次单独的成功在其他环境中也许可以复制，也许不可以复制。

ADAPT

Why success always starts with failure

作为经验主义者，我愿意从自己和别人的错误中吸取教训。

——穆罕默德·尤努斯

阻碍改变的不是漠不关心，而是太过复杂。

——比尔·盖茨

## 不能一举成功就再试一次

乡下的饥民们如潮水般涌入较富裕的首都郊区，不论男女老幼，全都骨瘦如柴，根本看不出原来的模样，这一幕让年轻的经济学教授深感震撼。“到处都是饥民，他们安静地躺着，没有人喊口号，也没有人向我们要求什么。他们安静地躺在我们家门前，没有因为我们家里拥有可口的食物就谴责我们。”他觉得饿死是结束生命最残忍的方式。

这位年轻的教授获得了美国资助留学生的“富布莱特奖学金”（Fulbright）和范德堡大学（Vanderbilt University）授予的博士学位，回到孟加拉国后他目睹这一切，决心为同胞做些什么。但是该怎么做呢？他注意到由于没有资金安装灌溉水泵，在干旱的冬季，首都周围的田野都荒置了。于是他把当地的地主和农场工人召集到一起，提出了进行冬季种植的方案：地主贡献土地，农场工人贡献劳力，教授本人购买高产量的种子、肥料和水泵使用的燃料。一番协商之后，大家达成了一致意见。教授推出了第一个扶贫发展项目。

但是这个项目最终彻底失败了，至少教授毫无收获。尽管庄稼大获丰收，但那些农民没有回报他，他损失了 600 美元。在 20 世纪 70 年代，对一个年轻的孟加拉学者而言，600 美元可是一笔巨款。而且不仅他一无所获，那些生活最窘迫的穷人也没能从中得到好处，辛辛苦苦打稻谷的赤贫妇女的收入还是少得可怜，教授震惊了。

但是这位教授毫不气馁，他又开始思考用其他方法来帮助这些贫困绝望的穷人。他注意到在吉大港大学（Chittagong University）附近，做手工活的妇女被迫从当地放高利贷的人手里借钱买原料，而当地高利贷的利息高达每天 10%，以这种利息计算，1 分钱的债务仅仅 1 年就能迅速膨胀到美国经济总量的规模。1976 年，教授开始把钱借给这些妇女，最早有 42 家来借钱，每家借的钱都不到 1 美元，这比他之前借给当地农场主的钱可少多了。这位教授就是穆罕默德 · 尤努斯（Muharnmad Yunus），这 42 笔极小数额的借款就是乡村银行（Grameen Bank）的雏形，现在乡村银行已经成为世界上最有名的小额信贷机构。

尤努斯设立乡村银行的故事已经广为人知，尤其是 2006 年他因此获得诺贝尔和平奖之后。但是这个故事的序曲：尤努斯耗费巨资的农场项目，却鲜为人知。很少有人知道，名扬世界的扶贫发展故事在起步时也经历过试错阶段。

## 小虫视角与游戏水泵

从最根本上讲，适应需要变异和选择。上一章强调了变异的重要性，本章则着重关注选择的重要性。人们在区分哪种方式有效、哪种方式无效时会遇到意想不到的困难，在经济发展领域，这个问题尤为突出，扶贫发展的问题更是如此。部分原因在于，面临像贫困问题这样巨大的挑战时，我们似乎特别愿意投机取巧：**不问哪种方式有效，只是被那种听起来不同凡响的方式吸引。**

尤努斯几乎被美化成发展守护神的经历就是一个例子。从很多层面来看，这件事都很古怪。当然，尤努斯极具魄力、受人尊敬，即使在建立乡村银行之前，作为吉大港大学经济学领域前途无量的带头人，他早就具有了很大的影响力：

◎ 他搬出宽敞的办公室，把它改造成了员工休息室；

◎ 他在全国性媒体上大肆批判荒唐的公共汽车时刻表引起了极大的轰动，这个时刻表意味着每天下午两点以后大学校园里就会空无一人；

◎ 他发起影响颇大的请愿活动，号召政府在应对饥荒问题上表现出更强有力的领导。

尤努斯年幼时解决实际问题的能力就很突出，他偶然发现可以盗用一位杂志订购人的证件偷偷复印他最喜欢的杂志《舒克塔拉》（*Shuktara*）。不过，似乎尤努斯并不是唯一一个想到非营利性小额贷款的人。1973 年，安信永国际（ACCION International）就在巴西开展了小额信贷业务；1971 年，国际机遇组织（Opportunity International）也在哥伦比亚推行过非营利性贷款。而且，乡村银行也不是世界上最大的小额金融信贷银行，它甚至在孟加拉国也算不上最大，规模更为庞大的当属孟加拉乡村发展委员会（BRAC）。

尤努斯之所以偶然涉足小额信贷行业是因为他愿意进行试验，愿意承认之前的失策。他有从事这一行业的优势：就像彼得·帕金斯基一样，他曾四处游历，在美国获得了博士学位，不过他还是回到了生他养他的祖国，在自己了如指掌的环境中进行试验，而外国专家根本不可能做到这一点。

尤努斯提倡采用一种“小虫视角”（worm’s-eye view）方式。“我认为我应该近距离进行观察，这样就能看得一清二楚，”他这样解释小虫视角，“如果路上遇到障碍，我会像虫子一样绕开它。当然，即使这样我还是会达到目标，完成任务。”

ADAPT Why success always starts with failure

## 试错法则

**这个小虫视角自有其独特之处。在某种程度上，它是指谦卑地适应具体障碍、改变路线，直到清楚地看到通往成功的道路。同时它还强调近距离地进行观察，这一点最为独特。目前，各国政府和国际捐赠者最关心的就是贫困国家的发展，但是各国政府置身事外、敷衍了事、意识形态至上，国际捐赠者更是如此。贫困国家的发展总是出人意料，很多看似成功的事情并不像看上去那么成功，提供资金的人们所处的位置让他们无法发现失败、及时停止错误行为。在外交援助事务上，我们很少能透过表面现象发现背后的真实情况。**

以游戏水泵（PlayPump）项目为例，这是一个听起来很聪明的创意：以孩童玩耍的旋转木马作为水泵的动力，把水泵放入深井，孩子玩耍时，旋转木马就会转动，水泵就把水抽上来存储到一个大水箱里，用水时打开水龙头即可，这样就能为偏僻的社区提供淡水。但是，很少有人去非洲农村长住，所以很难确定当地的真实情况。有位年轻的加拿大工程师欧文·斯科特（Owen Scott）到马拉维（Malawi）居住了一段时间，为无国界工程师组织工作，所以他清晰看到安装游戏水泵后的真实情况。

“每次去看游戏水泵时，我总是看到同样的画面：一群妇女和儿童费劲地用手转动着旋转木马让水泵抽水。我从没见过孩子在上面玩耍。”不过他经常看到“柯达一刻”的场景：“拿着照相机的外国人一出现，孩子们就兴奋起来，他们一兴奋就上去玩儿木马。有短短 5 分钟，这个东西看上去就像个了不起的成就。”

有时，游戏水泵替代了传统的手压泵。斯科特进行过一番比较，用传统的手压泵灌满一个 20 升的桶需要 28 秒，而用游戏水泵则需要傻乎乎地使劲转上 3 分零 7 秒。斯科特还询问了居住在人烟稀少的马维拉村庄的村民们，他们是更喜欢新式的游戏水泵还是老式的传统手压泵。他们的回答很明确：手压抽水泵的效率更高。

麻烦在于，不是所有人都和欧文·斯科特一样爱刨根问底，外国人拍摄的那些照片看上去很有说服力，更不用说这些照片还很感人，谁也不知道孩子们是因为看到外国人才立刻兴奋起来去玩木马的。很快，游戏水泵项目就获得了世界银行组织颁发的一个很有声望的奖项，美国援外机构美国国际开发署（USAID）、总统防治艾滋病紧急救援计划（PEPFAR）、各种私人基金、当时的总统夫人劳拉·布什和企业家、说唱歌手 Jay-Z 都马上对这个项目表示了支持。

欧文·斯科特要与这个项目的一大帮声援者进行抗衡，不过他成功了，他把采访马维拉村民的视频上传到 YouTube，产生了巨大的影响：任务立刻中止，游戏水泵给马维拉带来了很多问题。

现在，游戏水泵项目的一个投资方凯斯基金会（Case Foundation）发现，这种水泵“在某些特定的社区环境中，比方说规模很大的小学，能发挥出最大的作用，不过在其他社区却未必行得通”，应该寻找其他方式。这就是适应失败的范例。

在扶贫发展过程中，成功和失败的区别往往非常微妙。尤努斯把钱借给农场主购买原材料，结果损失了几个月的收入；后来他就把钱借给做手工活儿的妇女购买原材料，因此推动了一场全球性的运动，并且获得了诺贝尔奖。游戏水泵在城镇中可能会起作用，但在农村却无用武之地；如果把水泵和跷跷板而不是旋转木马连接在一起的话，也可能会更有效。但是，如果多数资金都来自外国政府、富翁音乐家、几百万好心人，而且当他们试图最大程度地利用捐款造福当地百姓时，除了一些精心挑选的话语和照片外别无其他参照，在这样的世界里，要看明白这一点确实不易。

不过还有另外一个领域，参与者会竭尽全力为需要帮助的人提供长期的帮助。就像扶贫发展专家一样，他们要么苦苦应对一些自己几乎无法理解的复杂问题，要么怀着最好的初衷却带来了最严重的伤害，他们就是医生。

## 最好的初衷，最严重的伤害

是别人告诉我的，和 1973 年出生的多数婴儿一样，婴儿时期的我是脸朝下睡在婴儿床里的。这种睡姿是 20 世纪 50 年代本杰明·斯波克（Benjamin Spock）建议的标准婴儿睡姿。他在 1956 年版的育婴指南《斯波克育儿经》（*Baby and Child Care*）中建议不要让婴儿仰面睡觉：“如果婴儿呕吐，很有可能会因呕吐物窒息……我认为最好一开始就让婴儿习惯趴着睡。”《斯波克育儿经》是历史上最畅销的读物之一，几千万人读到了他的建议，从别人那里得知这个方法的人更是不计其数。

现在我们知道，对很多不幸的家庭而言，这个初衷很好的建议却是致命的。俯卧睡姿似乎很少有致命危险，毕竟我和多数婴儿都活了下来，但是由于总的死亡率很低，很多年后人们才发现关于婴儿俯卧睡姿的真相：这种睡姿非常危险，会让婴儿猝死率上涨到原来的 3 倍。已经有好几万婴儿因为大人让他们趴着睡觉而猝死。

认为斯波克医生应该为此承担责任有失公允，因为从某种程度上讲，他只是建议俯睡的儿科医生中最有影响力的人而已。而且最重要的原因是，在 1956 年，证明哪种睡姿更致命的证据都不是很充足。从 20 世纪 40 年代起，儿科医生们就对这个问题展开了激烈地辩论，斯波克这样的专家做出自认为最好的推测自有其道理。而人们直到 20 世纪 70 年代初才系统梳理了所有证据，最终指出让婴儿俯睡的危险。直到 1988 年，医生才开始建议新生儿的父母最好让婴儿仰面睡觉。

在 1970—1988 年这段被耽误的时间里，就有 6 万名婴儿因此猝死。

如今，医生们更看重充足缜密的证据，因为他们知道错误的建议能要人命，良好的初衷却未必能拯救性命。医生们还逐渐意识到，仅仅根据理论或者普遍看法选择治疗方式非常危险：充足缜密的证据经常会推翻实施多年的标准做法。

从 17 世纪到现在，治病救人的职业走过了漫长的道路。17 世纪的江湖郎中普遍采取放血、清污的办法治病，一位名叫扬·巴普蒂斯塔·范·海尔蒙特（Jan Baptist Van Helmont）的比利时科学家对此提出质疑，他认为这些方法毫无用处。他还建议进行一次彻底的试验，甚至准备押上 300 弗罗林①：

> 我们从医院、收容所和其他地方找了 200 或 500 个患有热病、胸膜炎或其他疾病的穷人。然后把他们分成两部分，抽签决定，一半人归我，一半人归你。我不用放血或清污方法就能治愈他们，而你可以采用你知道的方法……让我们拭目以待，我们分别制造多少葬礼。②

至于到底有没有人和海尔蒙特打这个赌，历史上没有记载。尽管放血疗法又持续了 3 个世纪之久，似乎依然没人愿意赌这一把。不过一个世纪后，海军外科医生詹姆斯·林德（James Lind）确实进行了一场细致的试验，这可能是第一个重要的此类试验。林德想要找到针对坏血病的确切疗法，坏血病是一种严重的疾病，首先导致皮肤瘀血、牙龈出血，然后出现开创性伤口、内出血，最终致人死亡。直到现在，坏血病还困扰着世界各地营养不良的人们，而在当时，坏血病在水手中极为常见。医生们提出的治疗方法五花八门：指挥英国皇家海军的海军大臣最青睐醋疗法；但根据皇家医学院专业的看法，硫酸才是最佳补品；还有一些其他的建议，包括喝海水、吃肉豆蔻、喝苹果酒、吃柑橘类水果。

① 12~13 世纪通行于欧洲的足金货币。——译者注

② 范·海尔蒙特的试验并不是有史以来的最早试验。本·戈德契（Ben Goldacre）指出《圣经》中就描写了诊所进行的试验。

1747 年春天，林德跟随战舰“索尔兹伯里号”（Salisbury）出海，8 个星期后，他从当时患坏血病的 36 个船员中挑选了 12 个船员进行实验。为了让实验尽量公正，他选的这些船员似乎都处在相似的发病阶段，然后他把这些人分成了 6 对，每一对船员采用不同的治疗方式。采用橙子、柠檬疗法的两个人康复得很好，那些喝苹果酒、硫酸或海水的船员结果都不太乐观。按照今天的标准来看，这不是个完美的随机临床实验，但是这种实验却起到了应有的作用。现在我们已经知道坏血病是因为缺乏维生素 C 引起的，所以橙子和柠檬正是合理的治疗方法。从那之后，船上就开始大量储存这两种水果。多亏了林德的实验，后来出海的船员们才没被坏血病夺去生命。

不过，林德的实验突显的问题并不是搜集、检查证据时存在很多困难。首先，如果林德忍不住依赖其他人出于其他目的搜集到的一些数据，他可能就会以失败告终，因为虽然这样做比组织专门实验更快捷、更省钱，但人们却得不到可靠的数据。根据林德的记录，我们知道那次出海有三四十个船员患上了坏血病，其中 6 人在途中死亡，但是官方记录却只提到了两个病例。

而即使数据可靠，真相也不总是那么明显。例如，林德曾经怀疑坏血病和啤酒有关，因为他注意到船上储存的啤酒耗尽后，船员往往就会患上坏血病。不过这纯粹是巧合，坏血病与啤酒匮乏毫无联系。关联性得不出可靠的因果关系。

总体来说，还有一个道德问题。参加林德实验的 12 名坏血病患者中，有 10 人服用后来证明对治病无益的海水、硫酸和其他物质，他们眼睁睁地看着自己的病情日益恶化。如果我们确实不知道哪种才是正确疗法，负面影响就几乎不存在。因为即使林德不在船上，可能除了那两名服用硫酸的患者，其他 10 名患病船员的病情也不会继续恶化。但是，一旦我们强烈怀疑某种方法可能是最好的治疗方法时，道德问题就出现了。如果有人想在另一次出海时重复这个实验，仔细检查林德实验的结果，那些没能吃上柠檬或橙子而是被喂食了醋或苹果酒的坏血病船员可能会为此感到愤愤不平。

这类实验中的道德困扰今天依然存在，但让人惊讶的是，即使有两种显然效果相同的治疗方式，天平还是严重地偏向对实验不利的方向。如果一位医生想进行一次恰当的对照实验来检验这两种方式，就需要得到道德规范委员会的批准。因为根本就没有做判断的依据而随心所欲开出药方、根本不需要特别记录治疗结果的医生却不需要获得什么上级权威的批准，人们还觉得他履行了自己的职责。

## 上帝情结与对照试验

很少有人像阿奇·柯克伦（Archie Cochrane）那样对这种双重标准大加谴责。柯克伦来自苏格兰，是一位卓越的流行病学家，在参加西班牙内战抗击法西斯分子之前，他就不知疲倦地发起了寻找更好的医药证据的活动。有些医生信心十足地提出了相反的建议，有些医生还自认为不需要试验就知道正确的治疗方法，柯克伦认为这些医生都拥有“上帝情结”。虽然柯克伦对这些医生的批评很尖锐，常常有失公允，却能说明近来对援助穷人燃起激烈争执的原因。

20世纪70年代，柯克伦出版了一本很有影响力的书：《疗效和效益》（*Effectiveness and Efficiency*）。在他的努力下，柯克伦图书馆创立起来。今天，有2.8万名医学研究员志愿为图书馆的建设做出自己的贡献，把有效疗法的最有效证据集中到图书馆数据库中。而柯克伦最突出的成就之一，就是在第二次世界大战极度恶劣的条件下开展的第一次临床实验。

第二次世界大战期间，能说一口流利德语的柯克伦被囚禁在萨洛尼卡（Salonica）德国集中营，当时集中营的俘虏爆发了严重的斑蚀性水肿，患者双腿皮肤下充满液

> 体、异常肿胀。柯克伦自己也患上了水肿，他对这种疾病一无所知，虽然不抱太大的希望，他还是开展了一项实验。当时他能随意支配的可能有用的“药品”只有两种：他个人存储的维生素C片和从黑市上购得的酵母酱（Marmite）[①]。他也不知道哪种方法有疗效，但他把20个重病病号分成两组，每组10人。4天之后，吃酵母酱的那组人中有8个人感觉好多了，而吃维生素C的那组人病情丝毫没有好转。柯克伦不确定为什么酵母酱会起作用，但是他看到了疗效。他一丝不苟地把得到的数据绘制进表格，然后把这个表格拿给管理集中营的德国人看。

他没有乐观地认为德国人能够做出回应，因为集中营的看守员和俘虏之间的关系一直非常紧张。有些看守员养成了俘虏略有微词就朝集中营射击的习惯，不久之前还有个看守员朝挤满了病人的厕所扔了枚手榴弹，因为他听到了“可疑的笑声”。

不过，一个年轻的德国医生没有小看站在自己面前的这个疑心重重、饿得半死、身体浮肿的苏格兰人，他研究了这些数据，这次临床实验的细致规划以及毋庸置疑的结果让他刮目相看。柯克伦返回房间后，自觉毫无希望，忍不住低声啜泣起来，他根本不知道，那位年轻的德国医生坚持认为如果不采取行动就是战争罪行，他要求为集中营提供充足的酵母酱。酵母酱运来了，俘虏们开始康复。

从这时起，柯克伦燃起了对严密医学证据的热情，这种热情贯穿了他的一生。不过当柯克伦为对照试验奋斗时，他的动机经常遭人误解。有一次，他建议进行一次随机试验来检验惩罚犯错学生的最有效方式：严厉谈话、放学后留校还是拿藤条抽打。他想说服别人在对照试验中抽打学生，但是没人配合，这个想法确实让人觉得不安。但柯克伦看事情的方式却截然不同：当时全国每天都有学生被藤

① 很多英国人喜欢这种气味浓烈的咸味酱，由酵母粉制成，看上去就像是原油。

条抽打，他由衷地怀疑这种体罚是否能有效地制止犯错。他并不是希望证明这种粗暴行为是个好主意，相反，他猜测自己可以提供证据证明这种方式不起作用，从而让它名声扫地。巧合的是，试验的其他部分先出现了进展：事实证明在防止迟到方面，言语上的训诫比放学后留校更加有效。

在另一个例子中，柯克伦试图在医院的冠心病监护治疗病房中进行一次随机试验，他想知道与在家休养相比，住院治疗是否确实对病人有好处。一个城市的医生打着“道德”的旗号妨碍试验进行，于是他转战另一个城市进行这场试验。柯克伦注意到医学界同僚们似乎要求他遵守更高的道德标准，而他们自己的道德标准却没那么高，于是在报告早期结果时，他顽皮地搞了个恶作剧，他给这些人展示的证据是家庭护理病房的试验分支导致了更高的死亡率，尽管在统计数据上尚不显著，但发展趋势却让人担忧。

“‘阿奇，’他们嚷起来，‘我们一直认为你这么做很不道德。你必须立即停止试验……’”柯克伦回忆道，“我给他们时间让他们趁机发表意见。”然后柯克伦才展示出了真相：他颠倒了试验数据。显示更危险迹象的是冠心病监护治疗病房，家庭护理病房则逐步显示出更安全的迹象。那些冠心病医生现在会强烈要求立即关闭自己的病房吗？“一片死寂，我觉得很不舒服，毕竟他们都是我医学界的同僚。”

对冠心病监护病人进行对照试验的想法让人感到不安，其中的原因不难解释。柯克伦有勇气弄清楚的是：**如果不进行对照试验就得进行无对照试验，而无对照试验更加糟糕，因为它们教给我们的东西少之又少，甚至让我们一无所获。**

在进行了维生素C和酵母酱试验之后，战争爆发，柯克伦随即到战俘医院当实习医生。一个深夜，人们把一名年轻的俄国士兵送进了他负责的病房。这名士兵病情危重，他不停地尖叫，柯克伦把他带到自己的房间，因为他不想让这个伤员吵醒病房里的其他人。起初他觉得自己无法减轻这名男子的痛苦，他认为是胸膜炎引起肺和肺腔的痛苦病变让伤员疼痛难忍。

> 我没有吗啡，只有无法止疼的阿司匹林。我感到很绝望。我几乎不会讲俄语，病房里也没人会讲俄语。最后我本能地坐在床上，把他抱在怀里，尖叫声几乎立即停止了。几个小时之后，他平静地在我怀里死去。让他尖叫的不是胸膜炎，而是孤独。这给我上了治疗垂死之人的很好一课。

阿奇·柯克伦坚持搜集有疗效的治疗证据，而不是听从体现“上帝情结”的权威人士的主张。这么做并不是因为他不在意，而是因为他非常在意。

## 随机试验大有裨益

在对外援助中采用随机试验的想法出现的时间，远比在医学中采用随机试验的想法要晚，当然有一个特殊的原因是对外援助的历史本身就不长。1949 年，世界银行才拨出了第一笔贷款，而且拨给了法国。但是在一群年轻研究员的努力下，国际发展领域的对照试验近年来得以蓬勃发展，后来，这群年轻人被冠上了随机试验学派的头衔。“如果我们不知道自己的行为是否有益，那我们比中世纪的医生和他们使用的水蛭强不到哪儿去。”说这番话的是一位重要的随机试验人员埃斯特·迪弗洛（Esther Duflo），“有的病人会好转，有的病人去世了。原因是水蛭，还是其他东西呢？我们不知道。”

20 世纪 90 年代末，肯尼亚进行了 3 个有趣的试验，这些试验让人们认识到为什么在推动贫困国家发展时，随机试验大有裨益。荷兰慈善组织国际儿童救援组织（International Christelijk Steunfonds，简称 ICS）为肯尼亚的布西亚（Busia）和特索（Teso）两地的政府拨款，开展学校援助项目。这个项目提供资金为 25 所学校购买英语、科学和数学的教科书。但是，这个救援组织不是简单地选取25所最值得投资的学校，或者说最有社会影响力的学校，相反，它采取了更明智的举动，邀请3位研究人员对项目进行指导，他们是哈佛大学的迈克尔·克雷默（Michael Kremer）、明尼苏达大学的保罗·格利维（Paul Glewwe）以及世界银行的西尔维·穆林（Sylvie Moulin）。他们3人从肯尼亚政府提供的100所值得投资的学校名单中随机挑选了25所学校。

所有的传统统计方法都间接表明：教科书能极大地提高孩子们的考试成绩。不过，就像詹姆斯·林德曾猜测坏血病发病的原因是缺乏啤酒一样，这样的结论也可能是数据搞的鬼。在有教科书的学校里，学生父母的经济条件可能会更好，老师也更有影响力，如果整理数据的人无视这些因素就得出学习成绩和教科书有关，这样的结论就可能站不住脚。

事实确实如此，格利维、克雷默和穆林分析了随机试验的数据，发现几乎没有证据表明教科书能帮孩子提高成绩，至少在这个环境中是这样。最聪明的孩子受益颇多，但是多数孩子都没有收获。可能因为这些教科书的目标是满足首都内罗毕那些条件得天独厚的孩子们的需要，而且它们都是英文书，而英语只是多数更贫穷的孩子们的第三语言。

多数援助组织根本不会这么细致地开展工作，相反，它们会强调一些表明教科书看上去很有前景的研究，然后印制大量的手册来解释它们发放了多少本教科书。国际儿童救援组织却不怕麻烦，希望知道教科书项目到底值不值得支持，结果却发现这个项目根本就没有价值。

国际儿童救援组织没有因此放弃试验，也没有印制大量手册解释为何放弃，相反，它又开展了一个试验，这一次它给老师们发放了带插图的活动挂图作为课堂教学的辅助材料。这些活动挂图涵盖了科学、健康、数学、地理、农业各科，这种方式比教科书更有前景：挂图用鲜明的图片为那些阅读能力不高或习惯用视觉方式获取信息的学生传授知识。如果采用标准统计方法，这些挂图会很有成效。国际儿童救援组织拿到了178所学校的名单，随机抽取了一半的学校发放挂图，但挂图项目也失败了。

国际儿童救援组织依然毫不气馁，它又拨款在肯尼亚教室进行了第三个试验。这一次，它出资为孩子们治疗蛔虫。谁也想不到用这种方法来提高教育质量，但是和挂图、教科书一样，这种方法也有点道理。蛔虫是导致营养不良、妨碍身体成长的寄生虫。孩子们尤其容易感染蛔虫，因为农村很少有公厕，孩子们经常光着脚在其他孩子大小便的地方玩耍。这一次，国际儿童救援组织分批在75所学校为孩子们治疗蛔虫。最早的25所学校的孩子们马上就得到了治疗，两年之后，该组织又为另外25所学校的孩子们治疗蛔虫病，再过两年轮到最后一组学校。这个项目大获成功，孩子们的身高增加了，再次感染蛔虫的几率减少了，旷课率也降低了1/4，而且治疗费用不高。

更妙的是，国际儿童救援组织不需要花太多钱就能严格进行这项驱蛔虫试验。由于资金不足，国际儿童救援组织无法为肯尼亚布西亚、特索地区的所有学校提供杀蛔虫药片，它需要逐步展开这个项目。只要确保这个逐步开展的项目是随机进行的，就能为迈克尔·克雷默及同事爱德华·米格尔（Edward Miguel）提供完美的数据，他们就能公平地判断这个驱蛔虫项目究竟是了不起的成功之举，还是像之前那些貌似行得通的项目一样让人失望。

然而，很多人和阿奇·柯克伦的医学界同僚一样，对这种事情持怀疑态度。国际儿童救援组织和那些随机试验在拿人做试验，在拿孩子做试验。这样做道德吗？毕竟，要是我们有理由相信某种政策或治疗方法大有裨益，难道我们不应该让所有人都因此受惠吗？要是我们没有理由相信某种政策、治疗方法或救济品有效，我们为什么还要硬把它塞进那些弱势人群的喉咙里呢？

来自哥伦比亚大学的卓有声望的发展问题经济学家杰弗里·萨克斯（Jeffrey Sachs），就高调宣布避免采用随机试验法。萨克斯是“千年村庄计划”（Millennium Development Villages）背后强有力的支持者，这是个小规模的试验计划，旨在从农业、健康、教育、可再生能源等各个方面，对散布在非洲的十几个社区约 4 万人进行援助，从而验证这种一系列复杂的援助干预是否有效。萨克斯认为这种活动很有必要，不仅因为穷人们有很多需求，还因为这个试验会产生“重要的增效作用”。

原则上讲，这种多层面援助方式的效果应该在随机的基础上进行检验，即有些人得到了全套的援助干预，而随机选取的没有接受援助的人与之形成对照组。但杰弗里·萨克斯决定不采取这种做法。对照组的人们要接受询问、评估，但他们却什么也得不到，萨克斯质疑这种做法是否道德。他在接受《纽约时报》采访时说：“到一个村子里去却不发给他们蚊帐，这让我感到很痛苦。”

随机试验不必总以那种痛苦的方式进行，对照组的人不一定什么也捞不到。医疗试验中最为常见的做法，就是把新药品和现有的最好治疗方法做对比。千年村庄计划也可以进行这样的随机试验，一个试验组得到全套的援助活动，对照组得到价值相当的援助替代物，这笔钱也相当可观，对照组的援助方式更为简单，最基本的合理做法就是把钱给村民、让他们想怎么花就怎么花，然后将两个试验组进行比较。

所有参加试验的人都会受益，全世界的人也都能看到，要想获得成效是简单地注入资金，还是像萨克斯声称的那样需要专业打造的多层次援助方式。一般人还真看不出这么做有什么麻烦，当然有些人除外，这些人和柯克伦拥有“上帝情结”的同僚们一样，自认为已经知道答案。

这些之所以重要，是因为“游戏水泵”问题依然存在：在推动贫困地区发展时，形象感人、逻辑合理的项目能对人们产生强大的刺激。就像英国《卫报》编辑马德琳·邦廷（Madeleine Bunting）指出的那样：“各地的各种示范村总是能感染捐款人，即使这些村庄条件粗陋至极，看上去也往往很不错。把东西收拾到一起，这个地方看起来就很像样。但事实上，最后却证明这些东西都不持久。”

我们不能想当然地认为复杂的援助项目必定会有成效，埃斯特·迪弗洛和爱德华·米格尔等评估专家也因此批评了千年村庄计划的评估方式。这种援助可能会卓有成效，也可能一无所获，但是不采用随机试验，很难知道到底怎么样。

ADAPT Why success always starts with failure

**试错法则**

用抛硬币的方法来确定新颖、规模宏大的援助项目会眷顾谁，这种方法让人于心不忍。但是，让人沉痛的真相是，与在相对富裕的背景中进行的西方临床试验不同，发展项目的随机试验正是在大批人被剥夺权利的背景下进行的。无论试验存不存在，多数人都得不到他们需要的帮助。事实上，正是因为缺乏发展援助，试验才能更加轻松地开展，并从而提供有益的信息。国际儿童救援组织一次为 25 所肯尼亚学校的孩子们提供驱蛔虫的药片，不是因为它想用这种方式展开试验，而是因为没有资金同时帮助所有人。这个试验只是从必须采取的方式中寻找价值。当然，如果国际儿童救援组织没有试验的意愿的话，一开始就不会给任何孩子发放驱蛔虫药片，那些资金可能就会被用来购买无用的教科书和挂图，强行送给越来越多的学校。

## 识别策略解开死结

确实有出于道德的考虑拒绝在国际援助时进行随机试验的例子，但是比起由于对有效方式知之甚少而拒绝贯彻的事例，这种事情还是少多了。随机试验方式还有另一个强有力的障碍：一些“根本难以确定的问题”的存在，或者如计量经济学家乔书亚·安格里斯特（Josh Angrist）所言，“这些问题都是些‘难定题’（fundamentally unidenlified question）”。“难定题”就是无法通过试验回答的问题。例如“二氧化碳排放对世界气候的影响”这一问题，我们可以根据现有的知识进行测量、计算和推断，但有一件事我们没法做，那就是进行一场对照试验。在二氧化碳排放影响环境前，我们不能确切地知道它会对环境造成什么影响，而且即使看到了影响，我们也不敢确定另外一种行为能否带来不同的影响。

有些发展问题专家认为，随机试验学派的方法有着致命的局限性，因为太多的发展问题是“难定题”。他们认为导致贫困的种种原因纠缠在一起难分难解，腐败、压迫女性、信用缺失、社会关系脱节等等，只能通过一系列复杂的援助解决发展问题。这个结打得太死，随机试验根本就解不开它。

总会有社会科学研究员站起来面对这样的问题，而由于研究员的足智多谋、斗志昂扬，很多曾经看起来难以确定的问题被顺利解决。解开死结的关键就是所谓的识别策略，即辨别导致某事的原因。如果一棵树上密密麻麻停满了乌鸦，这棵树树阴下的庄稼长势更好，原因是树阴还是鸟屎？[①]经济专业的统计学分支计量经济学每次都会问一个问题：你采用什么样的识别策略？

很多读者知道史蒂芬·列维特（Steven Levitt）的大名是因为他的《魔鬼经济学》（*Freakonomics*），但是相对于其他经济学家，让他享有盛名的是他非凡的识别策略。其中最知名的就是对犯罪率和堕胎合法性的研究，通过调查美国各州相关的历史变迁和州与州之间关系的变化，列维特综合了各种证据。但是，随机试验却是最清晰的识别策略，因为在设计试验时就已经考虑到了识别过程。现在随

① 这个例子来自埃德·里默（Ed Leamer）1983 年发表在《美国经济评论》（*Amenican Economic Review*）上的一篇文章：《让我们揭穿计量经济学的骗局》（*Let's Take the Con Out of Econometrics*）。

机试验学派进行的试验曾经也是看似根本行不通的。

腐败似乎是一个“难定题”。人人都认为腐败极大地阻碍着发展，但是因为一些明显的原因，很难精确地衡量公众资金或者援助资金最终怎样溜进了私人的腰包。这也是用间接方式来衡量腐败的原因，研究者需要询问到访的外国人是否认为存在腐败现象、是否有人向他们索要贿赂。2003 年，一位年轻的哈佛经济学家本杰明·奥尔肯（Benjamin Olken）组织了一个让人震惊的大胆试验，直接检验由世界银行和英国国际发展部出资兴建的一项大型工程到底被克扣了多少资金，这个项目是在印度尼西亚现有的公路网中增添 600 多条连接偏远村庄的公路。选择这个项目进行试验非常符合逻辑：公路项目尤其容易滋生腐败行为，这一点众所周知，而且在全球崛起的发展中国家中，印度尼西亚被认为是最腐败的国家之一。

奥尔肯雇用了一支专业测量人员和工程师队伍来检查道路的质量。他们采集道路样本，检测铺设道路材料的质量，估算当地的劳力和供应成本，把修建每条公路以及全部公路的估算成本交给奥尔肯。奥尔肯从世界银行那里得到了工程负责人提出的修路费用。通过比较两者之间的差别，客观地对腐败进行衡量。当然这只是一个大体的衡量，不过因为有 600 多条公路可以比较，奥尔肯相信过于悲观或者过于乐观的估算正好可以相互抵消。他还让这队人马估算了一些他已经知道真实成本的道路，以此检验这组工程人员估算成本的准确度。奥尔肯最终发现：一个典型的印度尼西亚乡村道路项目中，有超过 1/4 的资金去向不明。

奥尔肯还想找出是否有办法抑制这种地方腐败。他试验了两种主要方式：自上而下法和自下而上法。在自上而下方法中，村民们被告知他们的项目会有政府反贪污的检查人员进行审查，而且不会采用通常的 1/25 的审查比率。在自下而上的方法中，奥尔肯的团队组织了村民会议，会上邀请所有人畅谈自己对公路建设进程的看法。在一些采用自下而上方法的村庄中，村民们还有匿名的建议卡，多数村民会写下他们关心的事情。在公路建设前，哪些村庄采用自上而下的方法、哪些采用自下而上的方法是随机选择的。

结果可能让很多人感到吃惊，自下而上的方法几乎毫无用处，有没有建议卡差别不大。村民会议几乎没能采取有效的行动来制止腐败，可能是因为腐败分子很容易在村民不太在意的东西上做手脚，比如材料。而且腐败分子不会去触动村民们最在意的东西，比方说工资。而自上而下的方法却产生了引人注目的效果。这种方法差不多削减了 1/3 的开支，整个工程的效益因此提高了 8%~9% 。鉴于修路工程耗资巨大，这个比例确实成就斐然。奥尔肯取得了了不起的成就：他对两种貌似可行的反腐败方法进行了严谨、公平的大规模评估和检验。

奥尔肯的结果听起来可能出人意料：我们已经目睹了不少自下而上的方法打败自上而下的方法，后文中我们甚至要见到更多展现这一趋势的有力事例。但关键是：**这个世界非常复杂。在美国军队中起作用的方式在印度尼西亚农村未必有效。我们从中得出的经验就是要不断试验和适应，因为一次单独的成功在其他环境中也许可以复制，也许不可以复制。**

在另一个截然不同的环境中，同样独具匠心的识别政策也让腐败原形毕露。4 位随机试验学派研究员玛丽安娜·伯特兰（Marianne Bertrand）、西蒙·德加科沃（Simeon Djankov）、雷马·汉纳（Rema Hanna）、森德希尔·穆莱纳桑（Sendhil Mullainathan）在一些考驾照的印度人中做了试验：如果通过驾

驶考试，其中一些人会得到研究员提供的现金报酬，另一些人则会得到额外上驾驶课的补贴。被试参加了驾驶考试并且通过了，考试结束后，研究人员又让他们在另一个独立监考人的监督下进行了一次额外的驾驶考试。发现在第一场考试中得到驾驶课补贴的考生通过率虽然低，但是实际驾驶汽车的能力却更强。令人更加难以想象的是，那些能得到现金的考生竟然耍了手段让政府监考人给他们颁发了驾照，可他们根本就不会驾驶汽车。

再考虑一个古老的辩论话题：放债人是在剥削穷人还是在帮助穷人？这个问题似乎非常深奥，但是经济学家迪安·卡尔兰（Dean Karlan）和乔纳森·津曼（Jonathan Zinman）说服一家南非消费信贷公司随机向一半的申请人发放贷款，当然前提是即便不是为了试验，这些申请人也不太会被拒绝。两位经济学家通过研究得出了一个答案，与被拒绝发放贷款的那一半人相比，得到贷款的人生活境遇变得更好，虽然以西方的标准来看，他们的贷款利率还是相当高，因为实际年利率达到了 200%。卡尔兰和津曼采访了很多贷款人，找到了原因：很多人把这笔贷款用在了防止失业的一次性花销上，比方说购买一些时髦的新衣服或者修理家庭摩托车。

随机试验学派的尝试看起来似乎没有止境。迪弗洛和汉纳进行了一场试验，试图解决印度农村老师缺勤的问题，试验显示的解决方法是为学校赠送照相机，照相机上的时间标记不能被修改。每天，学生在课堂开始和结束时为老师照相。赠送相机的那一半学校，老师的缺勤率大幅下跌，学生的考试成绩有了显著提高。

另一个试验想知道斯里兰卡的小老板能得到的投资机会，尤其是那些因缺乏资金而错失的机会，到底有多好。似乎这个神秘莫测、难以捉摸的问题难以下手，但得出明确答案的方法却非常简单。研究人员找了 400 多家规模很小的店，例如修车行、小摊，随机给一些店 200 美元、另一些店 100 美元，其余的店什么也不给。他们得出的结论是：每月的投资率回报约为 6%，一年约为 90%。

一些随机试验人员共同在菲律宾建立了一家银行，采用发送提醒短信的方式帮助乡下农民增加存款。研究人员随机选取了拉贾斯坦邦的一些村民，请他们观赏了几场表演，其中有现场演奏、木偶表演，以及宣传妇女领导的政策口号。试验要探讨的问题是观看过这些表演后，村民们对妇女的态度是否发生变化。“如果有积极的效果，就意味着我们可以用这种方法来教化人们，”埃斯特·迪弗洛解释道，“如果没有效，也很有趣，因为那表明你得让他们切身体验妇女行动起来后会如何。”

还有很多同样具有激励性的例子，但都不如政治经济学家麦卡藤·汉弗莱斯（Macartan Humphreys）及同事在饱受战争之苦的国家组织的试验宏大。

利比里亚就饱受战争之苦，这个国家有个充满希望的名字[①]，却有一段不堪回首的历史。19 世纪上半叶，曾经的美国奴隶在非洲西部建立了利比里亚，现在这个国家在赤贫中苦苦挣扎。利比里亚人的收入是撒哈拉以南非洲诸国平均收入的 1/6，要知道这个平均收入已经够低了。利比里亚经历了两次极其残酷的内战，正在缓慢地恢复国内经济。海牙国际仲裁法庭审判通过叛乱得到领导权的前总统查尔斯·泰勒（Charles Taylor）时，前路军中尉之子玛扎（Marzah）指控他命令部下采取了种种令人发指的行动，例如“沾着盐和胡椒”吃掉敌人的器官、把怀孕的妇女开膛剖肚。冲突结束 5 年之后，1/4 的利比里亚人依然流离失所。在利比里亚北部的洛法县（Lofa County），足有 85% 的民众至少有一次逃离家园的经历，10% 的人口在内战中被杀或受伤，每 20 人中就有 1 个人参加过战斗，很多

① 利比亚的英文名是 Liberia，暗含“解放”之意。——译者注

人被迫违背自己的意愿与别人搏杀。

如何修复像洛法县这样被战争摧残得支离破碎的社区呢？一种方法在扶贫发展领域正日益盛行：以社区为主导的重建方式（community-driven reconstruction，简称 CDR）。据估计，在 2003 年上一次利比里亚内战结束时，仅世界银行就为 CDR 投入了 20 多亿美元的贷款。现在 CDR 备受追捧，被当成促进类似阿富汗地区发展的唯一方法。其思路很简单：首先让一个促发展慈善团体深入一个社区争取地方合作，然后给这个社区大量拨款，并附带一系列简单的条件，例如社区必须通过民主选举选出一个委员会，由委员会决定如何使用这笔资金。从理论上讲，这能确保当地人根据实情判断人们的需要并密切监视腐败现象。这不仅会促进当地经济的复兴，还能够通过激励人们参与社区事务的决策来重建社区精神。如果这些社区不能重新团结起来，它们就不会再得到拨款。这种方式鼓励机构自下而上，而不是自上而下地发展。

这个政策似乎讲得通而且顺应潮流，不过很多其他政策也似乎有理可循，但不是这么有效。那么，CDR 项目能否促进睦邻友好呢？它是不是很快就会被遗忘的扶贫促发展的短暂热潮呢？这个问题太过模糊，似乎根本找不到答案。但是麦卡藤·汉弗莱斯和同事詹姆斯·费伦（James Fearon）、杰里米·温斯坦（Jeremy Weinstein）设计了一个试验，得出了一个更精确的答案。

3 位研究人员与国际救援委员会（International Rescue Committee，简称 IRC）通力合作，国际救援委员会是一家重要的扶贫促发展慈善组织，它负责利比里亚的一系列社区重建项目，为这些项目提供资金的是英国援助机构英国国际发展部。3 位研究人员说服国际救援委员会把这笔拨款通过抽签的方式随机分配给几位当地的首领，他们代表的社区同样有资格获得拨款。如果有首领率先带领村民建立起由选举产生的人员组成的社区发展委员会，IRC 奖励他的拨款就会高达 1.7 万美元，这是利比里亚人均年收入的 100 倍。这个奖励太有刺激性了，虽然在富裕的国家，人均年收入 100 倍的项目规模在 200 万 ~500 万美元之间。

有了这些随机选择的获得拨款的社区，加上与之对比的对照组，费伦、汉弗莱斯和温斯坦还需要一种衡量这个项目是否有效的方式。他们聘用了一支由当地研究人员组成的队伍，完全脱离 IRC 的运作，开展了一个试验，这是个博弈论类型的试验，从前只有在麻省理工学院的试验室里才能进行。他们随机从每个村子选择了 24 个村民，整个洛法县总共选了 2 000 人。每个人都可以选择，要么自己拿走 5 美元，这相当于利比里亚的 100 元，大约是他们一个星期的收入，要么把这笔钱部分或者全部捐给社区，而他们每捐 1 美元，社区就相应得到 2 倍或者 5 倍的资金。每个人都会得到一个信封，他们可以把信封交给研究团队，谁也看不到里面到底有没有钱。这个试验是想检验人们的自我牺牲精神、为社区着想的意识和合作意识到底有多强。这种做法很有深意，因为测试援助成效的研究人员常会发现，村民们很快就学会了挑捐款人爱听的话说，但在这个试验中，要迎合研究人员就得花掉一个星期的收入，所以村民们要做的就不仅仅是投其所好那么简单了。

麦卡藤·汉弗莱斯是一个不拘小节的爱尔兰人，他拥有许多领域的学术文凭：在牛津大学经济学优秀硕士论文评选中拔得头筹，获得了哈佛大学政府管理学的博士学位，还有都柏林大学的历史学士学位以及里尔大学的政治学学士学位。我和他谈论这次试验时，他讲到 IRC 的虚心好学让他印象深刻。“越来越多的机构向你靠近，那是因为它们受到了来自捐赠者的压力，他们需要证明自己能胜任工作，”他向我解释，“而 IRC 是个例外，他们确实想改进自己的工作方式。”

汉弗莱斯也坦言，自己对 IRC 项目到底有多大效果心存疑虑，然而等待他的却是一个惊喜：社区重建项目切实改变了人们对待社区的方式。在没有接受 IRC 资金的社区里，依然体现出了令人感叹的社区精神：在这些贫穷的村民中，有超过 60% 的人放弃了自己得到的全部资金来让整个社区受益，尽管他们遭受了战争的蹂躏，依然不乏慷慨之举和团结意识；但是，在那些经历过建立选举委员会来支配 IRC 拨款的村子中，这一比例上升到超过 70%。这种合作意识的提高在数据上极为可观，也足以引起重视。对支持社区重建项目的人而言，这是个好消息，因为 IRC 的拨款似乎起效了。

现在，汉弗莱斯正在与 IRC 合作，在刚果民主共和国进行更加野心勃勃的试验。这个试验需要多支勇敢、敬业的当地研究人员组成的队伍去拜访刚果东部偏远的村庄，IRC 随机抽取了其中一些村庄参加另一个社区重建项目。首先，他们需要确定这些村庄的位置，这个任务可不简单，对于村庄的可能位置他们有 4 个各不相同而且大不一致的清单，有时村子在河边，他们需要搭个简易桥才能到达，有时村子坐落在沼泽的另一侧，沼泽的水深得能没过肩膀，他们需要花上一天的工夫才能费劲地渡过去。而且这些都要在一个被联合国资深官员马格丽特·瓦尔斯特伦（Margot Wallstrom）称为“世界强奸之都”的国度开展。在这里，一场战争导致 500 万人死亡，而且把所有邻国都卷了进来，直到 2003 年这场战争才宣告结束。

汉弗莱斯说：“其中有些是重点地区。”他这句话有点儿轻描淡写。在刚果有很多人被杀害，有时甚至就是在接收资金的村子里被杀害的。随着调查和实地试验的开展，这些也要做深入调查。但是，人们之所以兴奋，只不过是因为终于有人倾听他们的声音了。我们会听到这样的评论：“我们的孩子被劫持了，直升飞机在头顶上盘旋，但是我们这个圣诞节过得很好”。

这样的试验确实有着非常重要的意义，但在刚果的试验尤其令人惊异。即使不考虑在非洲腹地开展工作的种种困难，这也是一个规模庞大的对照试验。大约200万人生活在能得到援助资金的众多社区中，还有另外200万人生活在得不到援助资金的社区中。阿奇·柯克伦曾建议随机派遣学生到英国附近各城市的大学中比较两种医学流派的哲学观念，这个建议并不过分，但是很多与之类似的建议都被“一笑置之”。如果柯克伦能活到今天，随机试验学派开展的这些项目肯定会让他惊讶不已。

## 建造更好的反馈循环

在审视美国陆军在伊拉克的适应行为以及米切尔的喷火战斗机、卡佩奇令人瞩目的基因研究、哈里森制造的钟表这样至关重要的创新发展时，我们特别强调为新思路即“变异”的出现创造空间。但是适应也需要选择，需要剔除糟粕、保留精华。

复杂世界中永远存在“选择”问题，即找到“什么是有效的”这个问题的答案。最真实的莫过于扶贫发展领域，在这个领域中，很多怀抱美好初衷的捐赠者投入了大量金钱，但你能想象得出他们的视角与小虫视角有多大的差别。范·海尔蒙特向医生们提出挑战，让他们证明自己的技术切实可行，但之后的300年里医生们还是坚持使用放血法。援助发展事业事关更多人的生死，接受最终援助的人和最重要的捐赠人之间的反馈信息却极为有限。有很多试验和挑选成功案例的方式，随机试验是行之有效的有力工具之一[①]。

不过，采用随机试验只成功了一半。在知道哪种方法有效后，我们还需要确保这些方法能够被更广泛地加以推广。在其他生活领域里这不是问题：如果一家

① 随机不是创建对照试验的唯一方式，有时更好的方式不是随机而是系统地改变处理方式和对照组。我用“随机试验”代表所有详细操控的对照试验，这种说法不够严谨，希望那些爱钻研技术字眼的朋友能够多多包涵。

餐厅能提供更好的综合服务，菜品更多、价格更优、装饰更好、咖啡口味更佳，就会有更多的顾客慕名而来，他们不会选择另一家餐厅，而被抛弃的餐厅最终也不可避免地要学习对手的做法，否则它就要关门大吉，眼睁睁看着对手夺去自己的地盘。

但是在公共服务领域，事情就不那么简单了。英国前首相布莱尔的顾问，扶贫发展专家欧文·巴德（Owen Barder）指出：**市场能提供短期、有力的反馈循环，但是公共服务领域的反馈循环周期更长、内在关系更松散。**如果父母们不喜欢当地的学校，他们会向当地官员反映，或者直接贿赂校长。他们也可以让孩子转学到其他学校，但这种行为对学校的影响不像顾客对餐厅的影响那么大。

而在发展援助问题上，反馈循环的周期则更长，也更加脆弱。在学校问题上，为学校提供资金的纳税人和依赖学校的父母很可能是同一批人；但在发展援助问题上，纳税人和提供资金的慈善捐赠者很可能永远也见不到受益人。如果援助项目因为某种原因意外破产，原本的受益人也很难通过漫长的中间人链条向上反映，“游戏水泵”就是个典型的例子。只要能够获得一些利益，受益人就很少有理由加以反对，因为他们担心项目会完全中止，因为即使多数资金被浪费或者偷走也比没有强。欧文·巴德得出了结论，如果反战援助想要适应和进化，“我们不应该尝试设计一个更好的世界，而应该制造更好的反馈循环”。

斯德哥尔摩大学的发展经济学家雅各布·斯文森（Jakob Svensson）多年以来都在乌干达研究这种反馈循环。他和世界银行的里特瓦·雷尼卡（Ritva Reinikka）进行了一项极富影响的研究，他们调查了一个针对学校的现金拨款项目：乌干达政府向很多学校提供了一笔按学生人头发放的拨款，但是雷尼卡和斯文森发现，中央政府拨出的这笔钱有 80% 在拨给学生之前就不翼而飞，显然这笔钱被地方官员偷走了。

在窃取拨款的规模明确之后，乌干达政府用一个不同凡响的试验进行了回应：它开始在两家报纸上刊登每个月政府向每所学校拨出了多少资金。很快，情况有了改变。家长们掌握了应该下拨的资金数目，他们开始激烈地抱怨。6 年内，顺利下拨到学校的拨款比例从 20% 上升到了 80%。报纸攻势似乎在很大程度上发挥了作用。尽管雷尼卡和斯文森不能进行随机试验，他们还是能够证明：如果一些学生的父母有得到报纸的最佳渠道，那么这些学生所在学校的偷扣拨款幅度会大幅下降。

斯文森还和马蒂纳·比约克曼（Martina Björkman）进行了另一个随机试验，研究在乌干达诊所引入社区监控器的效果。就像本杰明·奥尔肯在印度尼西亚修路项目上进行的试验一样，比约克曼和斯文森用这种方式鼓励居民向当地社区报告这些诊所是否提供了应有的保健服务。他们试验的结果与奥尔肯试验的结果截然不同。在这种情况下，社区监控非常有效，很可能是因为有了监控器，大家就知道医生会不会来上班了；而奥尔肯试验中很难监控建筑材料是否被盗取。诊所变得更干净，旷工的医生和护士减少了，被偷的药品也减少了。最显著的改变是，在引进了社区监控的地区，接种疫苗率上升了 1/2，夭折的幼儿数量下降了 1/3，这样的效果引人注目。反馈确实重要，如果我们能够改进扶贫促发展领域的反馈循环，就能为发展援助提供更有力的刺激，让其不断提高、演变和适应。

## 探索“产品空间”

尽管外部援助问题既可以用随机试验进行检验，也可以在接受项目受益人的回馈信息后加以改进，但其中还隐藏着一个更大的问题。如今，中国、印度正经历着经济的飞速发展，韩国、日本、欧洲和北美这些已经工业化的国家和地区的经济也在继续发展，经济发展的进程似乎更加复杂，影响面也比最野心勃勃的外援项目涵盖的区域更广泛。

很多经济学家相信，如果一个国家前进的方向正确，步伐不必那么大。1755年，亚当·斯密曾经做过一个报告，宣布："一个国家要想摆脱落后，达到繁荣昌盛，除了和平稳定、税收宽松和司法宽容大度外，几乎别无所需：其余一切只需顺其自然即可。"换句话说，如果政府履行了基本的职责，其余的终将逐步出现，而对外援助只要加以恰当检验，就能发挥效应。

然而，适用于1755年的理论今天未必有效。想象一下，假设网络零售商亚马逊的总裁打算到一个国家新建分公司，他要提的问题将主要与经济背景有关：多少人有信用卡？多少人能上网？快递员工会经常盗取快件吗？人们有没有具体有效的街道地址？亚马逊的商业模式需要一系列恰当的经济模块作支撑，否则业务就无法开展。如果情况更加糟糕，缺失了几种经济模块，可能就不会有能直接提供这些模块的政治机制。若阻碍亚马逊向新市场进军的只是某种规定，亚马逊可能会向政府提出抗议，力求改进；但若是存在各种各样的问题，公司就很可能把计划搁置、另寻出路了。

如果面临问题的不仅是网络零售商，其他行业也有这种现象，一些贫困国家可能从此深陷困境，这些国家或许就失去了从贫穷逐渐向富裕发展的机会了。因此，政府或捐助人也许需要介入促进发展的过程、主动给予配合，用促进发展领域的行话说，就是需要他们的"大力推动"，要同时调整快递系统、银行体系和互联网基础设施，或者要保证私人公司也同时进行调整。如何用试错法协调好这个需要付出巨大努力的过程呢？

不过，我们有点儿言之过早了。在询问是否可以大力推动恰当的"试验"前，我们应该先问一问这么做是否有必要。很有可能无须政府帮助，这些经济模块也会逐步发展。那么，到底是否需要政府的大力推动呢？有人出人意料地给出了问题的答案，他是一名痴迷于关系本质的物理学家。

凯撒·伊达尔戈（César Hidalgo）从未研究过经济学，但是他对经济发展历程的了解甚至比多数经济学家还要深刻。这位物理学家乐知好学，他用电脑把关系网绘制成图，看起来就像是一件艺术品。

“虽然一切都相互联系这个观点已司空见惯，但是关联体系的结构和本质却鲜为人知。”伊达尔戈说。医疗记录、通话内容、迁徙，甚至线型虫的基因图都在他创作的“艺术品”中直观地表现出来。“这些都是为了方便科学作品出版而产生的衍生图表。”伊达尔戈补充说。而立之年的他留着长发、蓄着山羊胡，看上去是一个典型的物理学家，不过在其他方面，他却打破了人们对物理学家的一贯看法。伊达尔戈和经济学家里卡多·豪斯曼（Ricardo Hausmann）、贝利·科林格（Bailey Klinger）以及伟大的网络物理学家艾伯特–拉斯洛·巴拉巴西（Albert-László Barabási）[①]共同合作，开创了直观揭示经济发展进程的卓越方法。

为其打下基础的是美国国家经济研究局，它把每个国家的出口产品细分成775个截然不同的条目，例如“冷冻牛肉”和“带风扇的排气扇和抽油烟机”。出口产品是一种很有意义的衡量方式，因为能出口某种产品就意味着其他国家的人愿意购买这种产品。接着，里卡多·豪斯曼和贝利·科林格利用这些数据绘制了世界各国的产品空间图，估算产品之间的相似度。他们的思路就是，如果每个主要出口苹果的国家也同时出口梨、每个主要出口梨的国家也同时出口苹果，就可以证明苹果和梨是类似产品。据此推测，两个出口经济体都有肥沃的土壤、园艺师、冷冻食品加工厂以及码头。

① 艾伯特–拉斯洛·巴拉巴西的作品《爆发》和《链接》中文简体字版已由湛庐文化策划出版。——编者注

凯撒·伊达尔戈和艾伯特–拉斯洛·巴拉巴西加入了他们的研究，他们把豪斯曼和科林格的数据转化成不同产品之间的关系图，不是地理关系，而是抽象的经济空间关系。苹果和梨在产品空间图中看起来非常接近，因为很多国家同时出口这两种产品，很多国家两种产品都不出口。在产品地图中，石油产品和其他任何产品都相距甚远，因为一个国家是否出口石油几乎反映不出这个国家可能还出口什么其他产品。

凯撒·伊达尔戈负责把这种关系进行直观化展示。乍一看，他的产品空间图有点儿像杰克逊·波洛克（Jackson Pollock）的绘画，纵横交织的线条把遍布画面的大大小小的墨点连接在一起，一些同样颜色的墨点聚集在一起，似乎有画家拿着笔在那里抖了一下。这种集中在一起的墨点显示了产品空间中的较大的子集，比如纺织品、交通工具或者水果；而墨点本身则指更具体的产品。

研究人员感兴趣的不仅是产品空间本身，还有它揭示出的国家生产力。伊达尔戈运用了一种数学手段设计出了一个电脑程序，能把产品和出口产品的国家反复地圈出来，这样就可以从产品空间中推断出一个国家的生产能力。他称这种手段为反思手段。

伊达尔戈最初观察的是一些无处不在的产品：很多国家都出口这种产品，因此可以推断出这种产品制造起来并不复杂。有些国家只出口常见产品，比如袜子，可以推断出这些国家缺乏先进的生产力；还有一些国家出口其他国家很少生产的产品，如直升飞机零件或者记忆芯片，很可能这些国家具有更先进的生产力。这种反思手段因此赋予了产品空间新信息：简单经济体生产的往往是简单产品，先进经济体生产的往往是先进产品。听起来很像循环推理，但这是两码事：某一产品最初似乎是先进产品，比如金子，因为只有一些特别的国家才生产这类产品，但是经过对产品和经济体之间来回往复的数学计算，真相显现了出来：先进经济体和黄金生产国之间并没有关联。

伊达尔戈利用反思手段集中列出了一张显示哪种产品更简单、哪种产品更复杂的单子，他还对生产这些产品的经济体的先进程度进行了排名。经济的先进程度与收入密切相关，但也并非完全如此。有些国家具有更先进的生产能力但收入并不高，这就意味着他们还有“增长空间”。2000 年搜集的数据中就有个例子：韩国在世界最先进经济体中排名第 19 位，但是韩国的富裕程度却未达到这种先进地位应有的水平，因此还有增长空间。同样，中国和印度也有很大的增长空间。相反，一些相对富裕但很简单的经济体，它们的发展态势就不那么持久。有趣的是，这些国家中就有希腊以及迪拜所属的阿拉伯联合酋长国。

伊达尔戈绘制的关系分布图展现了研究人员以前未能观察到的经济体的发展趋势，提供了研究经济体发展的新角度。这个全球产品图突出了各个国家的出口产品，伊达尔戈通过这种方法把产品网络中所有的经济体呈现在人们眼前。富裕的国家经济体更强大、更具有多元化，生产出了大量的产品，这些产品特别接近关系复杂的网络核心。东亚的四小龙经济体看上去大不一样，它们近来发展迅猛，但是分布图显示，这些国家密集出口的产品主要与纺织业、电子产品制造业相关，在最富裕国家的出口产品领域它们不是很活跃，这个现实与天花乱坠的宣传恰恰相反。非洲国家生产的产品往往很分散，而且相互间没有太大的相似性，这应该是个大问题。

关系网分布图还显示：与整个关系网联系密切的产品往往能推动经济体的发展。哥伦比亚就是一个例子，这个国家出口的产品与整个关系网联系非常密切，这就意味着如果哥伦比亚能够获得和平、宽松的税收政策和社会公正，财富自然会随之而来，因为私营企业会有很多机会。与之形成对照的是南非，南非目前的很多出口产品，比如钻石，与关系网中其他产品不太一样，如果南非计划开发新的出口产品，就意味着它要在这个抽象的产品空间中跨出一大步。

而数据显示，这样大跨步的现象很少见。伊达尔戈点击着笔记本电脑屏幕上的一幅幅产品分布图，他认为经济体往往要以从一个聚集区扩散到另一个聚集区的方式逐步进化。对一些国家而言，要想在产品空间上实现必要的跨越，离不开政府的大力推动。

我们找到了一些政府的成功干涉推动产品在空间移动的例子。1982 年，智利政府支持民众深入了解鲑鱼捕捞，吸引最优秀的国际企业来到智利海域。在之后的 25 年里，智利的鲑鱼捕捞业规模增长了 10 倍，本土企业也有了长足的发展，智利成为除挪威外世界上最大的鲑鱼出口国。可能由于发展过快，2007 年，随着疾病的爆发，智利发展遭受重创，究其原因，标准不规范难辞其咎。台湾当局发现，之前一直用来种植甘蔗的农业用地也可以种植兰花。这是在巴西廉价蔗糖的冲击下被迫采取的一个对策。但比起欧盟和美国强加关税的举动，这一举动更为明智。他们建立了基础设施，开辟包装区、通电、铺路、建立展览大厅，甚至还创建了一个遗传实验室、邀请私人企业参与其中。如今，台湾地区已成为世界上最大的兰花出口地。

不过，确实也有难以解决的问题。伊达尔戈的研究经验是，必要时才需要政府的大力推动。智利捕捞鲑鱼的故事表明政府的推动也是有效的，但是更多的记录却证明，在腐败盛行、政府独裁的国家，政府为经济掌舵的做法往往是灾难性的，即便是富裕国家的民主政府也好不到哪里去。例如，丹麦曾经设立了一个由政府撑腰的投资资金，旨在支持令人振奋的新行业，但是资金价值很快就蒸发了 60%；英国设立的一个地方发展基金更是失败得一塌糊涂，最终竟然损失了 94%。而平均起来，英国此类地方基金的回报率是 –15%，欧洲则是 –0.4%。硅谷的风投资本家大可不必睡不着觉了。

问题似乎是政府喜欢支持不成器的公司，想想那些大银行或者汽车公司吧。接受政府资助的理想对象似乎总是那些规模庞大、难成大业的公司，这成了不断失败的完美模式。可能正是因为如此，**纵观历史，政策大力推动的举动经常很**

**愚蠢：政府这一推不是助其走上正轨，而是把它一把推下悬崖。**

要是从简单产品转换到复杂产品的距离过大、企业难以逾越，政策制定人应该怎么做呢？政府应该在某种程度上利用已有的资源、保持耐心，而不是匆忙地推出一些粗制滥造的累赘项目。这就意味着需要找到一种选择有效政策的新工具，一种能在更广泛的领域运用的工具，比随机试验学派进行试验的领域还要广泛。

## 吕贝克模式与特许权城市

吕贝克是德国北海岸的一个小城，但在 1158 年时，这里只不过是建立在海盗猖獗的海岸边的一个小城堡。地方统治者狮王亨利（Henry the Lion）征服了这里，占领了城堡，处决了当地的海盗头子，开始把吕贝克变成北欧最富裕的城镇。他的方法很简单：颁布一系列只适用于吕贝克的法规；给准市民授予“最尊贵的公民权利”特许状；赶走封建统治者，取而代之的是一个地方议会；城里还建了一个铸币厂，确保货币坚挺；禁止苛捐杂税，建立自由贸易区，让吕贝克的商人能与众多城市如明斯特、马格德堡、纽伦堡，甚至维也纳保持联络。亨利在整个欧洲放话，热烈欢迎精通贸易的人移民来到吕贝克。商人们响应召唤蜂拥而来，吕贝克变成了当时的贸易之都，相当于今天的香港或上海，这个突如其来的成功让人们大为震惊。圣罗马皇帝查理四世把吕贝克列入五大帝国荣耀之城之一，与罗马、比萨、威尼斯、佛罗伦萨并驾齐驱。

吕贝克的做法被广泛模仿。一个又一个波罗的海沿岸城市把亨利的特许状适当修改、留为己用，推动了一个繁荣时代的到来。吕贝克成为汉萨同盟（Hanseatic League）的中心，最终有 200 个城市加入了这个同盟，汉萨同盟历史悠久，一直延续到 17 世纪。进入 20 世纪后，吕贝克还保留了相当的独立性，1932 年，吕贝克城市上议院拒绝阿道夫·希特勒在城内开展宣传活动。为了报复，希特勒把吕贝克变成了汉堡管辖的郊区。

随着全世界城市化的飞速发展，也许又到了学习吕贝克城做法的时候了。正如记者塞巴斯蒂安·马拉比（Sebastian Mallaby）[①]指出的那样，亨利在吕贝克的政策有点儿像试图在“如今的刚果或伊拉克建立一个全新的芝加哥城”，而这正是经济学家保罗·罗默（Paul Romer）想做的事情。罗默是特许权城市运动的发起人，他认为世界需要一些全新的城市，它们拥有自己的基础设施，享有自己的民主政策、税收政策以及管理政策。像吕贝克一样，这些城市的管理政策应该旨在吸引具有雄心壮志的人们。在马拉比看来，吕贝克代表了中世纪时期“在混乱中创造秩序、在落后中促进繁荣”的模式。如今，保罗·罗默推崇的正是这种模式。

众多证据表明，当今社会特许权城市的做法卓有成效，比如马来西亚海岸上长期独立的成功城邦新加坡；中国南海之畔的香港；还有深圳，30 多年前只是一个小渔村，如今成为中国第一个经济特区，足以和香港媲美。除了东南亚的这些城市，迪拜也证明，无论在哪里都可以建立起一个成功的城市。除了靠近大海，这 4 个城市和吕贝克城的共同之处就是都采用了与周围地区截然不同的管理制度。

我们看到了独立城市或城邦能够生存下来，而且能在全球化经济背景下繁荣发展，我们知道在短时间内建立完善的基础设施完全行得通，还知道城市化对全球大有裨益，因为它推动紧凑生活、减小居住空间、提倡使用公共交通工具，而且无论如何城市化都已经开始。换句话说，从经济、建筑、环境、社会的角度看，建立拥有一定自治性的新城邦具有可行性。

但是，罗默暗示可以由外国来管理这些城市，从而把特许权城市理念发挥到

① 塞巴斯蒂安·马拉比的作品《富可敌国（经典版）》简体中文版已由湛庐文化策划，北京联合出版公司出版。——编者注

极致。他有一个最不切实际的想法：古巴、美国和加拿大一致同意将关塔那摩湾（Guantanamo Bay）交给加拿大，在这里建立一个加勒比海畔的香港。这样，古巴人就获得了通往 21 世纪资本主义的入口，美国人也解决了自身的公关问题，而加拿大人也会变得有钱有势。从经济角度看，这个想法似乎可行；但是从政治角度看，这个想法简直就是异想天开。

罗默向来自信满满：他是研究经济增长的杰出学者，地位举足轻重，但他却抛开研究工作改做网络企业家，赚了点小钱；后来，世界银行邀请他担任首席经济学家来宣传他的特许权城市主张，他却拒绝了。他那种极端的特许权城市的思路真有必要吗？罗默认为有必要：他坚定地认为，为不稳定政府输入信誉的一种方式就是外国管理，这种做法和民主选举的政治家有时将利率管理权让渡给中央银行的技术专家或把一些主权让给国际机构别无二致。

但这种看法可能过于强调信誉。毕竟，吕贝克是完全的内政事务：狮王亨利不需要与教皇、英格兰的亨利二世或者其他人签订什么条约，似乎他只对未来的市民们做出承诺就足够了。

特许权城市有着与众不同的要求，对此，狮王亨利在吕贝克拿捏得恰到好处：它允许大规模的变异和选择。之所以要有变异，是因为特许权城市的关税、法律、税收与本国其他地区大不相同，这根本与外国管理权毫无关系。

再以松岛新城为例，该城建在填海而成的岛屿之上，距离韩国首都首尔约 64 千米，大小和纽约中心城区曼哈顿差不多，是一座从零建起的现代大都会。韩国政府支持这个以营利为目标的新城项目，为项目提供资金、进行管理的是韩国的浦项制铁公司（POSCO）和美国房地产开发商盖尔国际（Gale），而浦项制铁公司可能是世界上最成功的钢铁企业。据称，这里将建设韩国最高的摩天大楼、一个由杰克·尼克劳斯（Jack Nicklaus）设计的高尔夫球场、灵感来自威尼斯水城多条运河的奢华公寓、全部由思科公司提供的数字化基础设施以及大量的绿地，计划建成的时间大约是2015年。

松岛新城真正让人感兴趣的地方，并不是这种从无到有的建城方式，以前已经证明这种方式将导致功能失调，人们真正感兴趣的是这座新城被包裹在一个独特法律和管理方式的“泡泡”中。这个自由经济区拥有比韩国其他地方更宽松的劳工法律以及对外国公司极具吸引力的规章制度，比如用英语整理办公文件的权利。基础设施只是打下了基础，城市为企业家搭建平台能力的高低将决定松岛新城的未来之路。韩国官员私下承认，要改革全国的管理政策，过程会异常艰难，而建设一个采用更简单管理制度的小城市则是一种相对简单的尝试。

深圳和松岛新城可以看成是规模巨大的臭鼬工厂项目：就像雷金纳德·米切尔、伯特·鲁坦和马里奥·卡佩奇要避免主流观点的影响来研发自己的创新产品一样，有时城市经济也需要避免本国根深蒂固政策的影响。这样，特许权城市就成了国家在相当可观的范围内进行适应的方式：这些试验的规模大到足以造成影响，小到同时只允许几十或者几百个此类试验同时进行。在发展问题上，政府的大力推动往往以失败告终，而单凭稳步前进又达不到目标，由此看来，特许权城市为发展困境问题提供了答案。

特许权的想法还有一个重要方面：它不仅是种变异，也是种选择。狮王亨利颁布了特许权，为所有希望来吕贝克的人敞开了大门。

21世纪的特许权城市也可能如此发展：政府建立新城市，看看自己的市民是不是真的想在新规则管理下生活和工作。这就形成了最终选择机制：如果城市的管理制度、机构和硬件设施规划得足以保证市民过上高品质的生活、摆脱犯罪困扰、有机会获得高收入，那么这个城市就能吸引到能够推动城市繁荣的人。

ADAPT Why success always starts with failure

**试错法则**

特许权城市无疑是一次大胆的飞跃，但是令人惊奇的是，它们满足了试错的种种条件：允许检验全新的方式；规模小到允许一些城市失败，即未能吸引到大批市民和商人；而且还有区分失败与成功的内在机制：让普通人用自己的实践证明其失败还是成功。

可悲的是，在之前 60 年扶贫促发展的首创活动中，这个思路却完全消失了。不过，把普通人的力量当作选择机制不应仅仅局限在特许权城市这个思路上，它还可以是一个最重大的全球问题，即气候变化的解决方案。

# 04

# 复杂性，进化打败规则

世界是不断进化的，进化中涌现出的东西比任何一个设计师想象的东西都要出色。如果规则设定不当，进化就能找到其中的漏洞，打破人们创立的规则。所以，有时规则不仅无用，还会帮倒忙。

在我看来，随着气候变化和其他问题的出现，我们会发现，像全球变暖以及燃料成本引起的问题将变得异常复杂。

——查尔斯王子

进化比人聪明。

——莱斯利·奥格尔

## 1859年，温室效应

在英国的鼎盛时期维多利亚时代，帝国理工学院有位能言善辩的讲师约翰·丁达尔（John Tyndall），这位蓄着浓密络腮胡的爱尔兰科学家擅长进行科学实验，他因采用最新型的科技仪器公开证明了多个科学原理而闻名于世。丁达尔的导师就是本生灯的发明者罗伯特·本生（Robert Bunsen）。1859 年，丁达尔在新试验中运用了一种真空泵——一根长长的黄铜管，一端插着岩盐，另一端则是一种叫热倍加器的灵敏温度计。

这个实验的目标是解决法国科学家约瑟夫·傅立叶（Joseph Fourier）30 年前提出的一个谜题。傅立叶计算出了有多少能量从太阳抵达了地球，以及有多少能量从地球辐射进了宇宙。地球越热，辐射出去的能量就越多，傅立叶原以为地球辐射会平衡从太阳吸收的能量，从而在表面形成约 15℃的温度。但现实让傅立叶大吃一惊，因为经过仔细计算，实际的能量平衡却显示地球的平均温度应该是零下 15℃。简言之，地球应该是个巨大的雪球。

丁达尔认为，这个谜题的答案应该是地球大气肯定像温室一样保存了热量，他决定检测一下大气的保温效果。他首先抽出了铜管中的空气，把热倍加器探入铜管中，如他所料，这个实验发现真空根本不吸收辐射热。接着，他加入了一些氧气和氮气的混合气体，这两种气体占据了地球大气的99%。这时，问题出现了，氧气和氮气也没有吸收多少辐射热，似乎大气层根本就起不了温室的作用。到底出了什么问题？

丁达尔一直对空气的纯度倍加关注。他做过一个净化空气的实验：把黏糊糊的甘油涂在容器的内壁上，几天后，空气中的杂质就黏在了甘油上，容器中流动的空气非常纯净，食物放入其中数月后也不会变质。他还设计了一种方法，通过观察一束明亮的光线穿过空气时的散射情况来检验空气中的杂质。但是，丁达尔这个试验中存在的问题恰恰在于空气的纯度，因为地球大气中除了氧气和氮气，还包含少许其他气体，比如0.03%的二氧化碳以及氩和其他稀有气体。丁达尔猜想，尽管这些杂质看似微不足道，也许正是它们造成了影响。于是，他在铜管中加入了微量的水蒸气、甲烷和二氧化碳，突然，辐射热被吸收了。

丁达尔惊喜万分，因为这个效应太明显了。尽管水蒸气和二氧化碳的含量微乎其微，铜管吸收的辐射热却是之前的数倍。他写道：“我们可以推断出，一丁点儿氧气和氮气与一丁点儿水蒸气相比，后者吸收辐射热的能力是前者的1.6万倍。”这个结果让人极为震惊，自然也引起了异议。

约翰·丁达尔发现了温室效应。

一个半世纪后，人们不再怀疑温室效应，如今争执的焦点变为应该在这方面投入多少注意力、采取多少行动。如上一章所言，第一个问题是难定题，我们不能像丁达尔一样通过一个实验室实验就简单解决。因为这个问题存在着诸多难点：大气层越温暖，形成的云彩就越多，反射的热量也越多；而大气变暖，皑皑的冰雪会融化，反射的热量又会随之减少；但北极冰原的消融又释放出强大的温室气体甲烷。有些因素会抑制温室效应，其他因素又可能加强温室效应，由于存在这种反馈循环，结果究竟如何根本无法确定。不过，温室效应似乎会产生一些灾难性的结果。

我们知道工业化前空气中的二氧化碳浓度为 280 毫克 / 升，占大气比例 0.028%，现在的浓度为 390 毫克 / 升，国际气候谈判代表们空口承诺，要把二氧化碳浓度控制在 450 毫克 / 升以下。但是，我们不知道二氧化碳浓度积累到哪种程度就会触发灾难。有些气候科学家认为 450 毫克 / 升的浓度还是太高了。也有极少数人在这个问题上表现出了乐观，麻省理工学院逆势而行的气象学家理查德 · 林德森（Richard Lindzen）预计，大气中的二氧化碳浓度超过 1 万毫克 / 升，依然不会有危险。大家最不确定的不是对不作为的争论，而是对如何行动的争论，招致灾难的正是这个不确定性。

本章提出了一个不同的问题：到底应该怎么做？我们未来的旅途中会遇到一个明显的矛盾：应对气候变化这一问题的复杂程度超出了我们的想象，但无法充分理解这种复杂性，会阻碍我们推行相对明确的解决方法。

## 复杂，还是简单？

这种表面的矛盾造就了众多热衷于气候变化问题的积极分子。几年前，我曾在一个环境政策权威云集的会议上发表了简短讲话，然后，一个气候变化积极分子截住我，说我的发言让他气愤难平，“怎么能说解决气候变化问题太过复杂呢？再简单不过了！”他斩钉截铁地说，然后开始滔滔不绝地列举数据：地球的人口数量、承载能力、北极融化的冰川。这些数据既说明他掌握了关于这个问题的知识，又说明他没搞懂其中的含义。他一心想要说服我相信气候变化至关重要，但他把问题的重要性和解决问题的简单性浑为一谈。

很多人在讨论气候变化的时候会犯同样的错误，分不清哪些是目标、哪些是政策。各国甲烷、二氧化碳等温室气体的排放到底该减少 15% 还是 20%？气候变化谈判专家尚未达成共识，积极分子则认为减排的力度还应该继续加大，很多科学家对此表示赞同。为 15%、50% 还是 80% 的减排目标争论不休，听起来似乎这个问题能人为控制，但事实上谁也无法左右这个问题。真正要弄明白的是怎样才能实现这些目标。即便实现小幅度地减少温室气体排放，也需要对经济进行大规模的重新调整，而人们每天都离不开经济。地球上有大约 70 亿人口，很多人每天会做出几十种可能影响温室气体排放的选择。要将温室气体排放削减到可观的水平，需要每天改变几十亿种选择、每小时改变几十亿种行为。“再简单不过了！”果真如此吗？

ADAPT Why success always starts with failure

**试错法则**

个人应该主动改变自己的行为，政府应该改变相关规则，答案无非就是这些。积极分子还经常把矛头指向大型企业。诚然，有些公司通过强有力的游说有效地阻止了政府应对气候变化的举措的施行，但是，这只是政策而不是公司的日常活动，应该搞清楚谁该对这些行为负主要责任。人们驾驶汽车不是因为埃克森美孚公司的劝告，而是因为发现汽车让生活更方便，而且我们投票否决了那些采取太多行动、妨碍我们享受这种方便的政客们。要有所改变，要么依靠我们选出的政府，要么依靠每一个人主动改变自己的生活方式。

个人主动改变生活方式就能拯救地球吗？这似乎还是一个简单的意志力问题：我们知道自己必须做什么，我们面临的挑战只是把它落实到行动上。至少，这听起来再简单不过了，那就让我们擦亮眼睛看个究竟吧。

## 新生环保主义者的一天

一部电影能够改变一个人的一生，这种故事不是每天都会发生，更不用说一部多数内容都是幻灯片的“电影”了，但这样的事情却发生在杰夫身上。杰夫是一个单纯的年轻人，26岁，单身，住在伦敦，在一家保险公司工作，12个小时前，他对气候变化还没什么兴趣。昨天晚上，杰夫对朋友的舍友朱迪一见钟情，也从此改变了自己对气候问题的看法。朱迪是一个环保主义者，当然她很漂亮，她给杰夫播放了阿尔·戈尔（Al Gore）的纪录片《难以忽视的真相》(*An Inconvenient Truth*)。晚上，杰夫断断续续地做了一夜的梦，他梦到自己和朱迪成了家，但是逐渐破碎的北极冰层夹杂在洪水中，排山倒海般砸向他们的家园，早上醒来，杰夫开始了全新的生活，他得到了重生，成了一个环保主义者。

杰夫还像往常一样准备往壶里添满水煮咖啡，但是他突然想到用水壶烧水很耗电，于是就喝了一杯凉牛奶作为替代。他还是像以前一样吃了两片吐司作早餐，但吐司没有烤，这样就省下了更多电。离开公寓时，他先把手机充电器的插头拔了下来，接着他拿起汽车钥匙，想了想，又转身朝公共汽车站走去。公共汽车停靠在公司附近的车站，他走下车，但此时早上没喝成的咖啡让他心烦意乱，于是他冲进星巴克买了一杯卡布奇诺。午饭时，他向餐馆老板仔细询问了各种食材的来源，然后点了一个用当地牛肉制成的芝士汉堡。下午空闲时他上了会儿网，定了一本介绍丰田普锐斯汽车的小册子，预约工人来安装屋顶风车并给出报价。忙碌了一天的杰夫筋疲力尽，离开公司时已心不在焉，电脑还处在待机状态，他就朝着公共汽车站走去了。

公共汽车姗姗来迟，回到家后，杰夫又开车去了趟超市，其实超市离得并不远，去超市时他特地带上了自己的塑料购物袋。他买了一包节能灯泡、一盒无磷洗衣粉，回家后他得把第二天要穿的工作服放到洗衣机里洗干净并烘干。他挑选了一些当地产的有机羊羔肉、土豆和西红柿，还买了一瓶葡萄酒，不是从地球的另一边智利运来的那种，准备晚餐的时候喝。吃过晚饭，他没用洗碗机而是自己动手洗碗，这样就节省了更多电。他打算装上新买的节能灯泡，但是想到好好的电灯泡丢到垃圾桶里太浪费，于是他就把新灯泡放进抽屉，等旧灯泡用坏后再换。那天晚上，杰夫如愿以偿地做了个好梦，他梦到朱迪幸福的微笑，梦到她坐在自己新买的普锐斯的副驾驶座上，微风从敞开的天窗吹进来，吹拂着她的秀发。

毫无疑问，你也猜到了，在杰夫所谓的环保生活中，他并不像自己想得那样为环境保护做出了贡献。

我们先从牛奶说起。生产牛奶需要一个关键的“生产设备”：奶牛。奶牛会排放出大量的甲烷，多数甲烷是从牛的嘴巴，而不是另一头排放出来的，这么说可能让人觉得舒服些。甲烷是比二氧化碳还要强大的温室气体：奶牛每产出 250 毫升牛奶，就要喷出 7.5 升甲烷，约 5 克重，相当于 100 克二氧化碳的功效[①]。再加上生产牛奶的所有其他投入：喂牛的饲料、运输、巴氏杀菌，杰夫喝的 250 毫升牛奶产生了大约 300 克二氧化碳。而不用壶烧水，他只少排放了 25 克的二氧化碳。用牛奶代替咖啡的“环保选择”，让早餐饮品的温室气体排放增加了 12 倍。乳制品非常不环保，所以杰夫不应该不烤土司片、只涂黄油，而应该只烤面包片、不涂黄油。

由于牛肉也和乳制品一样依赖制造甲烷的“设备”，毫无疑问，杰夫选芝士汉堡的做法也不合适，因为制造一个 113 克重的汉堡要排放 2 500 克二氧化碳。而他晚餐吃的羊排也好不到哪里去：羊也制造甲烷。杰夫本应该选鸡排，鸡排放的二氧化碳只有前者的一半，选鱼的话就更好了，尤其是那些爱在水面附近游弋的鱼类，如鲱鱼、鲭鱼、牙鳕鱼等，这些鱼和鳕鱼、金枪鱼不一样，它们分布广，

① 政策专家们估测甲烷的功效比二氧化碳强 20 倍，我借用了这个数值。不过，这很复杂。有些科学家，比如美国航空航天局戈达德太空研究所（NASA Goddard Institute）的德鲁·辛戴尔（Drew Shindell）认为，甲烷比估测的危害力还要大，但是它们在几年之内就会分解，成为二氧化碳和水蒸气。因此，温室气体的危害性还要考虑计算时间的长度。

产量高。如果真为地球环境着想，杰夫最好的选择就是吃一顿全素的早餐，不过阿尔·戈尔和一张漂亮的脸蛋也不足以让杰夫认同这个好主意。

杰夫费尽心思专门购买当地产的有机食品，这确实有点作用，但是也没多大效果。选购有机食品能让芝士汉堡和羊排产生的二氧化碳量下降 5% ~ 15%；购买当地产品能缩短食品运输里程，但是这种做法也达不到预期目的。长途运输确实需要耗费能量，不过产生的影响却不像你想象得那般大。多数食品是通过轮船运输的，即使通过飞机运输，食品也不需要宽大的座椅、充足的活动空间、免费的香槟，食品运输里程这个词因与飞行里程呼应而具有误导性，它会让人联想到奢华的商务舱而不是高效堆放的集装箱，而且这些食品很可能是在更加适宜的气候中生产出来的。

杰夫选了英国产而不是新西兰产的羔羊肉，这个举动也可能释放出更多的二氧化碳，一支学术研究团队称前者差不多是后者的 4 倍，当然他们是新西兰人。他们得出的数字可能有待商榷，但其根本看法却毋庸置疑：在英国生产羔羊肉要比在新西兰消耗更多的化石燃料，新西兰的食草期更长、拥有更丰沛的水电资源，足以抵消运输带来的二氧化碳排放。杰夫显然受到了误导，所以选了产自英国而非西班牙的西红柿，事实上西班牙光照充足，适宜种植西红柿，而英国的西红柿需要在加热的温室中种植，这就完全抵消了从西班牙远途运输过程中排放的二氧化碳。再看他的另一个选择：放弃智利产的葡萄酒，而从智利把葡萄酒运到英国，只比在英国酿造葡萄酒增加了 5% 的温室气体排放。

杰夫颇为自得的是自带塑料袋去超市购物，但是制造一个塑料袋造成的碳排放只占袋子中所盛物品的碳排放的约千分之一。比起他纵容自己开车去超市的举动，这点补偿更是算不了什么，即使开上了他梦寐以求的新普锐斯，每千米排放的二氧化碳也多于 90 克。这个数字还是保守估计，因为得假定不堵车才能得出这个数字，而在伦敦不堵车的情况少之又少。不管喜欢普锐斯车型的人怎么想，事实上普锐斯作为有形的交通工具，在交通拥堵时它因阻碍其他汽车前进间接造成的碳排放，要远远大于其自身的碳排放量。

不过，我们至少要表扬一下杰夫，他去上班时乘坐了公交车。但也别表扬过了头，城市的规模摆在这里，尽管人们热衷于公共交通，但一般伦敦一辆普通公交车上只有 13 个乘客。平均而言，一辆小汽车会乘坐 1.6 人，根据这个上座率，小汽车平均每千米排放的二氧化碳量其实要比那种上座率低的公交车少。有人会说这不相干，因为公交车无论如何都要上路，因此杰夫对温室气体排放的贡献几乎接近于零。按照这个逻辑，杰夫尽可以毫无愧疚地享受长途飞行，因为飞机无论如何还是要飞的。问题在于，杰夫购买长途机票的举动会影响航空公司的决定，它们会根据上座率决定这条航线以后开通多少航班。除非公交路线丝毫不受乘客需求影响，得承认这也有可能，这样同样的观点才适用于乘坐公交车这种做法。

当然，杰夫计划自己开车，而不是和那 0.6 个乘客一起，所以乘坐公交车他每千米大约能减少 60 克二氧化碳排放，也就是坐 5 千米公交车上班能减少 300 克碳排放。不幸的是，后来他开着锅盖煮土豆，这种做法增加了碳排放，可谓前功尽弃。

杰夫买节能灯泡的选择很正确，但是留到以后再换的做法却错了。旧灯泡耗电的速度惊人，马上把它们扔进垃圾箱会更环保。他不应该瞧不起洗碗机，洗碗机比传统手洗的碳排放更少，有证据证明，洗碗机的效率比手洗高出好几倍。无磷洗衣粉对保护附近湖泊而言是好事，但是要为气候变化着想，最好的做法是把衣物用低温水洗，然后挂到晾衣绳上自然晒干，而不是用滚筒烘干机——前者排放的二氧化碳是 600 克，后者则高达 3 300 克。

如果刚刚的这些举动都不能打动朱迪，杰夫的风车计划是不是能挽救他想象中的浪漫爱情？不可能。在城市中，小型屋顶风车平均能发 8 瓦电，也就是说杰夫要用 12 个风车才能满足一个 100 瓦的电灯泡的用电需求。这样一个玩具式的风车每天只能让杰夫减少 120 克的二氧化碳排放。他漫不经心地让电脑处在待机状态就离开了办公室，因此多排放的二氧化碳量是安装风车节省排放量的 5 倍。那些最执着的环保主义者也经常让电脑处在待机状态，今天早上，在我和妻子共用的办公室中，我就看到妻子忘记关上电脑。杰夫离家前拔下手机充电器这个做法呢？这样做能省半瓦电，是电脑待机耗电量的 1%，这点电风车就能搞定。拔下插头每天能减少 6 克二氧化碳排放，这个数目非常小。

总而言之，尽管杰夫用心良苦，改变一贯做法、尽量避免增加温室气体排放，但他的很多决定还是不能如他所愿减少排放，有些甚至起到了相反的作用。再简单不过了吗？除非你把毕生精力都投入到碳排放的研究中去，而且即使这样也未必有用，尤安 · 默里（Euan Murray）可以为此担保。

## 一杯卡布奇诺的碳足迹

尤安 · 默里为碳信托基金（The Carbon Trust）工作，这是英国政府设立的一个机构，旨在帮助企业减少碳排放。默里负责研究碳足迹，即产品在生产、运输、消费和处理的过程中排放出多少二氧化碳。我刚才用来估算杰夫一天碳排放量的方法正是默里毕生的事业，他面对的公司客户多种多样，从银行到百事公司都是他的客户。这个红头发、蓝眼睛的苏格兰年轻人代表着气候变化运动的现代面貌，他穿着一件袖口带链扣的整洁衬衫，自信、坦率，谈起碳排放细节来如数家珍，根本不用术语虚张声势。默里自小生活在苏格兰南部的绵羊牧场上，这让他对计算碳足迹这一烦琐任务有着切实的看法。“要是我问爷爷‘羊的碳足迹是多少’，他会觉得我疯了，”默里进一步解释说，“不过他会告诉我放养密度是多少、用的是什么饲料，他回答的是这些问题，因为这是他事业的一部分。”碳足迹涉及的就是这些具体内容。

我特地询问了默里对杰夫进办公室前禁不住买一杯卡布奇诺提神这个举动的看法。毫无疑问，卡布奇诺和托马斯·思韦茨的多士炉一样复杂：因为冲制卡布奇诺不仅需要极为复杂的设备——蒸馏咖啡机，还需要奶牛、咖啡豆、硬纸杯、塑料盖等。要估算卡布奇诺的碳足迹，就得估算所有这些相关因素的碳足迹，你应该明白为什么我需要专家的帮助了。

但是，默里只能帮我分析到一定的程度。碳足迹的估算是一件耗费大量时间的工作，粗略地看看一个产品的组成，就会发现需要研究碳足迹的对象有几千种，还记得埃里克·本豪柯曾估计现代经济体提供了大约100亿种截然不同的商品吗？星巴克自称提供的饮料多达8.7万种。碳信托基金还没接受过计算卡布奇诺的碳足迹的委托，所以默里只能根据已有的数据进行大体的估测。

“运输的碳排放不会很多。事实上，这方面的碳排放可以视为零，因为一艘船能装很多方糖和咖啡豆。”他一边计算可能的碳排放，一边信手在纸上涂写，“糖和咖啡不需要投入大量能源或其他物质。”默里花了几分钟粗略地列举出冲一杯卡布奇诺大概要产生哪些温室气体排放，最后得出了一个结论，“据我估测，在卡布奇诺的碳足迹中，比重最大的是牛奶的碳足迹”。

默里的依据是一块吉百利牛奶巧克力，碳信托基金已经对这种产品的碳足迹进行了全面计算。牛奶在巧克力块中只占了1/3，但是即便把咖啡豆和糖的运输和加工、巧克力在工厂的加工过程、最终成品的运输等所有成本都考虑在内，巧克力碳足迹中的2/3还是来自牛奶。而牛奶几乎是卡布奇诺唯一的材料。如果默里要像面对公司客户一样全面回答我的问题，他就需要处理相关耗材的大量精确数据，并解决一些棘手的哲学问题：杰夫坐公交上班的路上顺便买咖啡而不是专门开车去买咖啡，我们就该感谢星巴克吗？可能不会。咖啡馆服务生上班的交通该不该计算在内？种植咖啡的农民去咖啡园的往返交通该不该算进去呢？如果咖啡馆装了双层玻璃我们是否该降低其碳足迹？一杯微不足道的卡布奇诺就能说明

“再简单不过了”这个观点大错特错。

杰夫现在知道了牛奶的碳足迹，他是不是该改要一杯双份浓缩咖啡呢？过滤的纯咖啡是不是就比可怕的豆奶拿铁要好呢？即使杰夫清醒，一刻不停地寻找保护地球的最佳方式，即使他一直保持和尤安·默里的联系，他还是难免会犯错误。在评估他自以为环保的一天里哪里出了问题时，我不得不从一些连专家们也无法达成一致意见的发现中进行选择。我还看到一些数据，这些数字表明由于堵车，每天开车上下班排放的二氧化碳量比我提到的还要高出数倍，即使开的是普锐斯。《香蕉有多坏》（*How Bad Are Bananas?*）一书的作者迈克·伯纳斯-李（Mike Berbers-Lee）告诉我香蕉是低碳食品；而《为什么我们不拯救这个星球》（*Why Aren't We Saving the Planet?*）的作者杰夫·毕帝（Geoff Beattie）却告诉我，香蕉是碳排放量很高的产品。我还看到很多研究表明，如果养殖方式正确，肉类可能不会像现在一样对气候变化造成那么大的影响。你尽可以捧着一大摞研究材料绞尽脑汁地思考这个问题，却依然得不出什么可靠的结论。

杰夫应该怎么做呢？我向一些环保人士寻求建议，有人甚至认为要减少因去星巴克而对气候造成的影响，最好的做法就是戒掉咖啡。爱喝咖啡的杰夫不会喜欢这个建议，那些不像杰夫一样关心地球的人更不会为其所动，而这些人正是大多数。最近有个调查个人在对抗气候变化问题上应采取什么行动的民意调查，37% 的人说“无能为力”，其他人多数只是提到了换节能灯泡或者回收垃圾。即便人们能戒掉卡布奇诺，也不可能戒掉所有的消费品，随之而来的就是要消费什么的问题。简单地劝诫世人通过改变日常行为来拯救地球，这种做法本质上就具有局限性。

## 一个奇妙的碳计算程序

我们梦想能有种高科技的解决方案来指引杰夫走出泥沼，即发明一种智能手机程序，能辨认出他居住的城市里 100 多亿种商品和服务中的任意一种，并能计算出每种商品或服务意味着要排放多少二氧化碳或者甲烷。杰夫只需掏出手机拍个照片或者扫一下条形码，马上就能收到一个报告，说明这种饼干、浓咖啡或芝士汉堡会对气候造成多大的危害。

也许有一天这会成为现实。但想象一下吧，这种数据处理工作将会多么庞杂：也许杰夫在手机程序的帮助下不会再犯一些更愚蠢的错误，但是对那些要为手机提供正确数据的人来说，这个任务却困难重重。如果像尤安·默里所说，牛奶的来源对牛奶的碳足迹至关重要，星巴克就需要在网上列出自己牛奶供应商的数据，不用说还要列出供货卡车的运输里程、电费账单、供应商和其他很多信息。用户手机上还应该装一个简单的碳排放计算器才能发挥作用，但能计算任何一种产品碳足迹的手机程序就像是天方夜谭。

即便建立起一个规模庞大的数据库也不能解决问题。只有真正热衷环保的人才会不怕麻烦扫描所有的东西，也只有环保主义者才会主动密切关注结果。那些对气候变化认为“无能为力”的 37% 的受访者，或仅能尽到微薄之力的绝大多数人，往往会轻易忽略智能手机屏幕上闪现的相关信息。

不过，有一种办法可能会让空想变为现实，为掏钱购买的人提供即时信息，而且根本不需要扫描仪或地球上全部产品的中央数据库。它是如何发挥作用的呢?

想象一下，世界主要化石燃料出产国的政府一致同意对当地开采或挖掘的化石燃料征收每吨 50 美元的碳税，相当于每吨二氧化碳约 14 美元。折合一下，每桶石油大约多加 5 美元，每吨煤炭增加近 40 美元[①]。

① 我并非在这里宣扬多高的碳税，我只是为了解释这种原理。每吨碳 50 美元碳税与合理碳价的现实估算大致相仿，尽管估算的范围更广泛。

这个决定可能看似与计算碳排放的手机程序没有半点联系，但事实上却关系密切。碳税与市场价格体系相连，这一体系发挥着大型模拟云计算机的功能，能把资源配置到最具价值的地方。50 美元的碳税会让汽油价格每 3 升涨价约 12 美分，既能在一定程度上督促人们少驾驶汽车，也能有效地刺激人们购买节能汽车；碳税会提高电价，用煤发电价格会增加 1 美分，用天然气发电则增加 0.75 美分，能在一定程度上鼓励人们节约用电，购买房屋隔热材料，敦促电力公司多建设天然气发电站而不是火力发电站，或者切实激励它们投资核能和可再生资源。

这仅仅只是开始。由于各种能源价格提高，平均能源价格上涨，能源消耗量大的产品的价格也会相应提高。从西班牙运输西红柿的能源成本增加，西班牙产的西红柿价格会上涨；而英国产西红柿价格的上涨幅度会更大，因为加热温室的成本会更高。

不需要什么宏伟的规划，这一切自然就会发生。卡车司机制定运费时如果无视上涨的柴油价格，就只能关门大吉；同样，种植西红柿的人如果想自己承担温室保温的成本、不提高菜价，也将难逃厄运。也就是说，如果一个农民把他不需要温室就种植出来的当地西红柿拿到市场上售卖，就会发现碳税让他有优势来对抗那些能源消耗量大的对手。而杰夫去超市买西红柿时，也不必用智能手机扫描条形码，只需看看价格就行了。哪种西红柿的碳排放量大，哪种西红柿的价格就高。不管杰夫怎么看待气候变化，他最愿意考虑的都是价格。

这样一来，碳税的作用就相当于重新创造出一个奇妙的碳计算程序，并赋予它力量。不需要什么集中数据库，世界上每一种产品的价格都会根据生产该产品所耗能源造成的碳排放量进行相应的调整，这样就激励着每个组织或个人想尽办法尽量减少碳足迹，无论是电力公司还是杰夫本人。

尽管推行碳税的建议已经提出了很多年，但这个理念在政界的影响仍有待加强。实施碳税的国家并不多，而且局限在有限的行业中；欧盟的碳排放总量管制和交易制度与碳税的效果相似，但这一制度面临很多起步阶段的困难，而且没有涵盖更广阔的经济领域；印度有煤炭税，不过数目很小。尚未有大国引进涵盖全部经济领域的高额碳税，相关的国际谈判仍在艰难进行中。

我们暂且不谈碳税，来看看很多政府更愿意接受的另一种做法：制定自上而下的规章制度，减少二氧化碳排放。

## 《默顿条例》出人意料的结果

2003 年，伦敦默顿区规划官员阿德里安·休伊特（Adrian Hewitt）和几个同事制定了《默顿条例》（*Merton Rule*），然后说服区议会通过了这个条例。条例规定：超出一定规模的房地产开发项目，必须包含能满足该建筑能源消耗的 10% 的能源生成设备，否则开发商的建筑项目将无法获批。这个听起来很合理的条例很快流行起来，几年之内，就有 100 多个地方议会批准了这个条例。时任伦敦市长肯·利文斯通（Ken Livingstone）还引入了《默顿条例加强条款》（*Merton Plus*），将标准提高到了 20%。英国政府也大力推广这个条例，阿德里安·休伊特在市政规划领域内可谓炙手可热，默顿区议会还因引领环境保护的潮流获得了多个奖项。

这个条例风靡一时的原因显而易见。多数人认为应该大力支持再生能源行业的发展，这个条例用简单、直观的方法鼓励再生能源的发展。它鼓励开发商安装太阳能板这样醒目、时髦的新科技产品，而不是隔热材料这样乏味的东西。而且这种做法似乎不需要什么成本，政府在这个条例中一分钱也不用出。某个地方议会在协商好相关的财政投入为“零”后，才引进了这个条例，他们可能只关心议会的财政投入而不在意其他人的财政投入。开发商付出的成本也微乎其微，因为在竞争市场上，他们会把多数成本转移到楼盘的最后买家身上，而楼盘的最后买家在买房子或租房子时要花费大量资金，根本就不会注意到因为这个条例而增加的额外支出。

不过《默顿条例》也并非尽善尽美。最明显的一个缺陷就是安装再生能源设备并不意味着一定会使用这些设备。开发商往往会选择一种简单的再生能源设备，双燃料锅炉，这种锅炉既可以烧天然气又可以烧木屑颗粒。安装这种设备既不需要对开发商的设计进行大规模的改动，又符合了《默顿条例》的规定。当然，烧天然气更简单、经济，安装这种锅炉后根本不用费劲儿烧木屑。再生能源设备产能为 10%，产生的再生能源为 0。《默顿条例加强条款》要求 20% 的产能，这个目标太高了，几乎没有什么生物质能燃料设备能达到这个目标，更难以避免类似的结果出现。

在当局的大力监管下，也许可以通过某种制度强制人们使用再生能源设备，但这也不是个好主意。我咨询过罗杰 – 普瑞斯顿合伙人工程公司（Roger Preston & Partners）的常务董事杰弗里·帕尔默（Geoffrey Palmer），他热衷于环保事业。帕尔默在负责翻修伦敦滑铁卢车站旁的大型办公楼伊丽莎白大厦时就遭遇了《默顿条例》带来的困扰。“我们设计了很多方案，”帕尔默叹了口气，“但最终还得用那个生物质能燃料的方案。”鉴于大厦的规模和条例规定，帕尔默的团队设计了一个生物质能燃料锅炉，这个锅炉配备的燃料仓和一个边长 25 米的泳池一样大，但里面即使装满燃料也只能用 14 天。帕尔默算了算，需要用两辆 30 ~ 40 吨载重的大卡车，满载木片、木屑颗粒以及宜家的边角料，穿越伦敦市中心，抵达伊丽莎白大厦，再掉头把它们卸到货物装卸区，这样忙上整整一个星期，才能把这个燃料仓装满。这种刻板强制执行政策的例子可能是我们最不想看到的。

再生能源设备损坏后，楼盘的主人也不愿耗费巨资进行修理。最优秀的设备也有需要修理的时候，由于再生能源技术还不成熟，设备很容易出问题。“要是在屋顶上安装太阳能电池板，五年保修期后用坏了，”杰弗里·帕尔默说，“你就不会再花钱安装。”

《默顿条例》还有一些其他问题。条例要求再生能源产能来自建筑本身，因此错失了很多机会。建在附近小山上的大型风轮机效率很高，与历经20亿年的浓缩能源煤炭或石油相比也毫不逊色；而建在屋顶上受到四面八方建筑物遮挡的小型风轮机发的电仅够给你的手机充电。杰弗里·帕尔默现在正在为改建中的伦敦地标巴特西发电厂（Battersea Power Station）设计一套生物质能燃料系统，由于发电厂坐落在泰晤士河畔，用驳船运送木片极为便利，它提供的再生能源不仅能满足自身的需要，还有可能满足附近其他楼盘的需要。但是，《默顿条例》不允许进行这种独特的地方性试验。

我们一再看到地方环境的重要性：它往往让图纸上看起来很不错的规划荒诞不经，或者让一些貌似离奇的想法在现实中可以大展身手。《默顿条例》没有考虑到根据具体的环境选择具体的方案。拿郊区新建的一家大型超市来说，要是放到其他地方它可能很不环保，但是这里有一个宽敞平坦的屋顶，非常适合安装太阳能板，还能装一个大规模的风车，停车场底下也蕴藏着巨大的潜力，可以安装地源热泵。对这样一个地方而言，10%的再生能源产能简直就是小儿科。而像伊丽莎白大厦这样高耸的办公大楼本身就很节能，因为每一层地板都能为上面的楼层提供热量。如果像伊丽莎白大厦那样恰巧坐落在地铁站旁边的话，这就又是一种优势，能鼓励员工乘坐公共交通工具上下班。对伊丽莎白大厦自身再生能源产能的要求与方方正正的大超市一致，这样做合理吗？

很显然，这种做法有很多不合理的地方。《默顿条例》和业余的环保主义者杰夫一样笨手笨脚，甚至比杰夫还要笨拙：至少杰夫可能会随着时间的流逝从错误中吸取教训，但是政府制度由于其本性使然，往往对可能的改进方案无动于衷。

《默顿条例》绝不是唯一的例子。审视一下各个国家的各种政策，你会发现环保制度都在犯着同样的错误。有时规则不仅无用，还会帮倒忙；有时这些规则远没达到应有的效果。

一个著名的例子就是美国在 1975 年引进的一套《企业平均燃料效能标准》（*Corporate Arerage Fuel Efficiency*，简称 CAFE 标准），这套体系的目的是提高美国汽车的燃料效能。但是《企业平均燃料效能标准》也面临同样的困扰，这套体系单独制定了对轻型载重卡车的宽松标准。当时，轻型载重卡车只是一个很小的门类，其中多数都是运输货物的货车。然而汽车生产商意识到，可以制造一种按标准看像是轻型卡车的小汽车，从而避开一些繁琐的规定。结果，《企业平均燃料效能标准》推动了一种全新类型汽车的出现，即 SUV，这种汽车的车型和载重更大，而且在 1988—2003 年，美国的新车产量也在逐步下降。

《企业平均燃料效能标准》还具有《默顿条例》的其他缺点。它无法刺激汽车制造商制造出超越这个标准的汽车，一旦汽车达到这个标准，生产商们就不再继续改进发动机、生产更高效的汽车，而是调整目标，制造更大、更快的汽车。除了乙醇汽车，生产商们还制造出了一类新型汽车，理论上讲这种汽车可以烧甲烷，但现实中几乎用不到甲烷，我们不由得联想到符合《默顿条例》的双燃料锅炉，它设计的功能也被闲置。最重要的是，即使这套标准能促生新型的高效汽车，它也不会鼓励开车人多驾驶这类汽车。

还有一个类似的例子就是欧盟的《再生能源指导条例》（*Renewable Energy Directive*），它也导致了意外的结果。这个指导条例要求欧盟成员国必须确保 10% 的交通能源来自再生能源。原则上讲，这个条例应该是鼓励使用由风车和太阳能板提供电力的电动汽车。但事实上，最便宜、最简单的选择就是给传统汽车或稍作修改的汽车灌上像生物柴油或乙醇这样的液体燃料。结果一目了然：为了生产乙醇，之前用来种植粮食的耕地已经改种玉米。

与此同时，乙醇汽车在对抗气候变化中的贡献也很不稳定。用甘蔗制造乙醇时可以利用像甲烷这类对环境有害的副产品，从而切实减少排放；而用玉米制造乙醇其实还不如用汽油环保；用雨林里的棕榈树制造棕榈油生物柴油排放的二氧化碳，是常用汽油排放的 20 多倍。制造生物燃料的影响是好是坏取决于作物如何种植和加工。欧盟的规定还没有涉及这一点，想要把种种因素都考虑在内，它得下大功夫把这些复杂因素一一理顺。倡导这 3 个环保制度的部门各不相同，它们分别是美国国会、欧盟委员会、默顿区议会，这 3 个环保制度针对的问题也各不相同，但它们都有着类似的缺点。因此，有个关键环节能够解释为什么这些规定很难正确实施，但这个环节到底是什么呢？

## 经济斗牛犬

回想一下前言。卡尔 · 西姆斯制作了一个动画，利用电脑进化出了一些奇妙的生物。进化的过程让人惊叹：西姆斯下了一个命令——抢到绿色方块，各种各样的变化由此产生；西姆斯再次发出指令——游泳，会游泳的生物出现了，有些生物似曾相识，有些生物游泳的方式就像是外星人。生物化学家莱斯利 · 奥格尔（Leslie Orgel）有句话广为流传：**进化比人聪明**。意思是进化过程中出现的问题，总会有人类设计师想象不到的解决方案。

奥格尔的格言有个不可逆转的必然结论：**如果问题没能正确陈述，进化就很可能找到让人始料未及的漏洞**。当然，在生物进化过程中，不需要人来错误陈述目标，能够传递到下一代的基因自然会取胜。但在卡尔 · 西姆斯的虚拟进化中，设定标准判断哪种成功可以进一步复制的是西姆斯，有时结果会事与愿违。动画中有个现象发人深思：出现在这个动画中的是一个进化到能在陆地上快速移动的生物。这个生物的躯体是一块粗糙的厚片，松松地连着两个块状物，它只是简单地绕着圈儿滚个不停，“头”不动，但两条“腿”不停地交叉又分开，划出运动的圈子。这个虚拟生物看上去像是被淘汰的生物，但它才是获胜者，因为它实现了卡尔·西姆斯设定的目标：在水平面上快速移动。

ADAPT Why success always starts with failure

**试错法则**

**在前言中，我们发现经济本身也是一个进化过程，在采用试错法的去中心化进程中，涌现出数量众多的巧妙盈利策略。正如莱斯利·奥格尔那句话暗示的一样，进化中涌现出的东西比任何一个设计师想象的东西都要出色。但奥格尔那句话还预示着一个阴暗面的存在，如果经济游戏的规则设定不当，经济进化也能找到其中的漏洞，这就是为什么貌似合理的环保制度带来了相反的结果：人们砍伐热带雨林生产棕榈油，装满了木屑颗粒的卡车勇闯交通拥堵的伦敦市中心，SUV 车型的崛起。进化比人聪明，经济进化往往能打败人们为指导经济发展而创立的规则。**

这些不幸后果的代表当属英国斗牛犬。这种狗有着丘吉尔般下垂的脸颊，是最具魅力、备受宠爱的一种纯种狗。斗牛犬长着典型的塌鼻子、罗圈腿，皱巴巴的狗脸看起来就像是一床被揉皱了的天鹅绒毯子。斗牛犬的这些特点不是偶然形成的，而是一个多世纪以来精心培育的产物。人们特意选择最塌的鼻子、最弯的罗圈腿、最皱的皮肤、最垂的下颌才培育出这个品种。让人感叹的是，这种精心打造的外形让这种纯种狗遭遇了众多问题。因为身体构造的原因，很多斗牛犬不借助外力就无法交配，交配时要么选择人工授精，要么安排三四个人按住两只狗，或者选择专用支架，制造商吹嘘说，用这样的支架仅需一个人，就能让斗牛犬进行交配，不过一个人还是要对付两只狗。而且即使斗牛犬怀孕，往往还需要剖宫产才能生下狗宝宝，因为它们的头大、产道小。和多数狗不一样，斗牛犬不能通过伸出舌头大喘气来调节自身体温，所以会有中暑的危险。眼睛四周好玩的皱褶也让它们的泪腺容易被感染。由于呼吸的鼻腔被压缩，斗牛犬经常需要通过喉咙呼吸，因此喉咙也经常受伤。进化及其违背常理的后果，比斗牛犬培育员更聪明。

卡尔·西姆斯和斗牛犬培育员改变游戏规则后让畸形生物蓬勃成长，政府也和他们一样。20 世纪 70 年代，新西兰兴起了一个奇异的新兴产业：电视组装业，新西兰人先找到日本生产商，委托他们把生产的电视机零部件集中到一起、细致分类、附加详细说明，然后运输到新西兰组装。日本人被烦坏了，所以配套部件比电视机成品的价格还要贵。这是因为政府要求电视机在当地生产，而对于力量薄弱的新西兰经济体而言，这个要求耗资巨大，让人望而却步，于是当地的企业家就想出了这种最省钱的做法。经济进化比新西兰政府更聪明，它制造出了一个蔚为奇观的“经济斗牛犬”。

奥格尔法则的阴暗面意味着，当我们贸然对某个解决方法做出结论时，很可能会发现一些不愿面对的结果，例如内置再生能源设备的建筑，依赖生物燃料的汽车。《默顿条例》《企业平均燃料效能标准》以及其他环保制度制造出了一批“经济斗牛犬”，这些建筑或汽车虽然符合规定，却把资金浪费在了永远也用不到的技术上，还错过了寻找其他方式减少二氧化碳排放的机会。

## 政策倾斜

尽管这些例子都很打击人，但从另一个方面看，它们还是有令人振奋之处。立法者大笔一挥，就能把比整机成本还高的电视机部件不远万里运送到新西兰、让满载木屑颗粒的卡车毅然驶入交通拥堵的伦敦市中心、还以保护地球的名义砍伐热带雨林，这一切恰恰说明人们在不得不适应新规则时发挥的“聪明才智”多么超乎想象。**更明智的规则会让奥格尔法则于人们有利，用机智巧妙之法、于机缘巧合之中、从最出人意料的资源里找到环境问题的解决方法。**

我们在《默顿条例》中也遇到过漏洞问题的根源，即规则条文和规则精神的根本区别。普拉尚特·瓦兹（Prashant Vaze）端着一杯抚慰人心的咖啡向我强调了这个观点，我喝浓咖啡，他喝豆奶卡布奇诺，瓦兹是一位崇尚环保的经济学家，是《节约的环保主义者》（*The Economical Environmentalist*）一书的作者。他滔滔不绝地阐述了他对行为经济学家理查德·泰勒以及博学多识的法学家凯斯·桑斯坦（Cass Sunstein）提倡的“助推”概念的看法。瓦兹认为应该采用能产生微妙影响的手段，来针对那些不假思索的直接行动，同时还要有意识地保留个人选择的权利。例如，用白炽灯泡照明非常费电，但有些弱视的人以及皮肤对某种光源过敏的人愿意使用这种灯泡，因此可以把白炽灯泡从货架上拿开，有需要的时候再拿出来。一般人往往不会非要买白炽灯泡，而确实想买白炽灯泡的人也能不费劲儿就买到它。

这种助推的想法本身很聪明，但要将其形成立法却不那么简单。瓦兹一边畅谈泰勒和桑斯坦经典的助推理论，一边漫不经心地朝着身后的咖啡柜台挥了挥手：政府可以规定餐厅把有益于健康的沙拉摆到醒目的地方，把高热量的甜品藏到不好找的地方。

唯一的问题是，餐厅根本就不卖沙拉。

泰勒和桑斯坦提到的多数典型例子都是私下的、主动的创新行为，这些人往往既能履行条款内容，又能贯彻条款精神，这绝非巧合。为了鼓励健康饮食，餐厅刻意把沙拉摆到醒目位置，这个助推行为可能会起到很好的作用，但如果我们试图把它引入立法，会带来什么样的结果呢？立法者也许会命令所有的餐厅必须提供沙拉，可要求火车站站台的饮料吧也提供沙拉就有点犯傻。立法者也可以换种要求，如果餐厅提供沙拉，就必须把沙拉摆放到醒目的地方。但如果很少有人点沙拉，餐厅要靠蛋糕和甜点赚钱呢？在这种情况下，这种助推行为可能会让餐厅赔钱。餐厅面临的选择就是要么把沙拉摆到醒目的地方，要么根本不卖沙拉，可能很多餐厅就会选择不卖健康的沙拉，这又是一条“经济斗牛犬”。

笨拙的助推方式虽比笨拙地猛推一把或笨拙地全面禁止要好，但它总归还是笨拙的。自从“助推”这个词火了之后，这个词自身的定义也开始不严谨起来。最近我去英国财政部拜访，发现那里的官员们正大肆鼓吹助推“选择干预”（choice editing）。“你们说的‘选择干预’是不是‘禁止’的意思啊？”我问。他们不好意思地给出了肯定的答复。

这件事让人回想起碳税，或者更确切地说是碳价的主张，因为提高碳排放密集型商品的价格既可以通过税收，也可以通过交易许可证体系，因为比起是否制定碳价而言，采用碳许可证还是碳税的区别可谓微乎其微。

制定碳价的举动也是在试图利用奥格尔法则，把重心放在我们心目中的终极目标上：用最小的代价减少排放到大气中的温室气体。换句话说，制定碳价要利用一个非凡的去中心化云计算机，它能为几十亿旨在减少碳排放的个人实验提供反馈信息。

当然，事情不会那么简单。制定碳价的建议凸显出许多问题。幸运的是，由于这个思路已经活跃了一段时间，那些死抠政策的人有大把的时间想出答案。最重要的问题似乎成了：“谁来为碳价买单？”答案出乎意料：“谁买单都没关系”。我们来做一个粗略的估算，如果碳价是排放 1 千克二氧化碳收 5 美分，而且假设里面也包含了甲烷的排放，那么这个碳价能让汉堡的价格上涨 12 美分。加上碳税后，消费者要花更多的钱，生产商挣的钱却变少了。但让人惊奇的是，这并不意味着你是养牛农民、快餐连锁店或个人消费者才会遭受损失，大家都把一部分钱交给了政府。

关于监管碳价的细节还有更多的法律问题，但是目前为止最具挑战性的问题是能否在国际上达成相关协议。我们必须达成这种国际协议，因为二氧化碳是全球污染物。如果某个国家严控二氧化碳、甲烷的排放而其他国家都不遵守协议，这种单个的行为根本就没有任何意义。但是，这种协议也并不意味着要使出浑身解数，在新世纪里为每一个国家分配污染额度。即使世界各国达成的只是非正式的协议，即各国都承诺征收与他国碳税大致相当的碳税，也会大有裨益。

ADAPT Why success always starts with failure

**试错法则**

**即使把碳价扩大到化石燃料之外，反映类似畜牧业、水泥制造业的甲烷或二氧化碳排放问题，碳价本身还是不能解决气候问题。经历过 20 世纪 70 年代的能源危机后，我们知道高昂的能源价格会促使各行各业纷纷涌现各种节能专利：从热交换器到太阳能板，种类繁多。但正如我们在第 2 章看到的那样，创新体系可能要需要一些激励因素，碳价的刺激远远不够。为低碳技术颁发创新奖金也会刺激人们进行大量试验，每种试验都旨在从某种程度上解决气候变化问题。**

关键在于没有人知道实施有效碳价的经济会是什么样子。通过奥格尔法则我们可以知道，如果采用“温室气体价格昂贵”这个新规定造成政策倾斜，经济进化就能产生减少温室气体排放的方式。可能最有把握的途径就是让汽车更高效，在建筑上安装更多的隔热材料以及被动采暖和制冷系统，投入使用类似核能、水力发电等新技术，甚至采用防止火电厂排放二氧化碳的碳捕捉技术。除此之外，还会有些什么变化呢？没人知道。全球供应链可能会被重新配置，也可能几十亿人会搬迁到气候及地理条件允许节能生活方式的地方居住。

或许拯救世界的方法会从更多意料不到的资源中涌现出来。如果能找到某种方法，减少牛、羊排出的甲烷气体，那么这将是一个重大的进步，要知道它们排出的甲烷占温室气体排放总量的1/10。澳大利亚科学家已经发现袋鼠不排放甲烷，他们甚至在想办法把袋鼠肠道中的细菌植入牛肚子中。这可能是条死胡同，可能不是。但是，给温室气体定下合适的价格会激励人们探索各种方式减少排放，即使让牛像袋鼠一样打嗝，这样的简单做法也无可厚非。

制定碳价会效果不凡，因为它以全球性目标：减少温室气体排放为己任。杰夫这样的人了解自己所处的环境、知道孰轻孰重；公司明白自己的成本；企业家和工程师拥有数不清的点子，只待适合商业的环境出现便开花结果；各国政府虽然对这些不太在行，但是它们确实有着促进社会发展的长远眼光和义务。在复杂的经济形势下，各国政府没必要挑拣拯救地球的具体方式，而是应该做出政策上的倾斜，鼓励人们心系地球、做出自己的决定。

# 05

# 松耦合，试错需要空间

难以避免的失败是成功的创新必须要付出的代价，但在紧耦合体系中，一次失败会危及其余部分。所以，要尽可能把高风险的体系进行简化、松耦合，确保失败事件的独立性。

ADAPT

Why success always starts with failure

我们深陷混沌之中不能自拔，在一台精密机器的控制下摸索前进，但是对这台机器的工作原理我们一无所知。

——凯恩斯

只要动动脑筋，傻瓜都能做出更大、更复杂、更暴力的东西。但做出相反的东西则需要一点天分和巨大的勇气。

——爱因斯坦

## 从阿尔法钻井灾难到金融市场崩溃

1988 年 7 月 6 日上午，在英国北海地区规模最大、历史最悠久的石油天然气钻井平台阿尔法钻井平台（Piper Alpha）上，维修工拆下一个备用压缩泵检查它的安全阀。检修工作持续了一整天，工人们把管道密封起来，填写了一张报停单，说明这个压缩泵暂时不能使用。一位工程师把报停单放在了控制中心，但是当时太忙了，报停单没能及时往下传达。当天晚上，主压缩泵突然出现问题，由于事态紧迫，钻井平台上的工人启动了拆卸了一半的备用压缩泵，他们不知道维修的事情，更不知道备用压缩泵不能使用的原因。紧接着发生的就是天然气泄露、起火并爆炸。

爆炸本身就很严重，再加上其他几个工作疏忽，事态进一步恶化。一般来说，阿尔法钻井平台这样的天然气钻井平台应该安装防爆墙，但由于最初设计阿尔法钻井平台是为了钻探易燃烧但很少发生爆炸的石油，所以没有安装防爆墙。虽然后来对钻井平台的布局进行了改进，但控制中心还是离安全隐患区太近，爆炸瞬间摧毁了控制中心。灭火泵也出了问题，设置这些灭火泵是为了抽取大量海水灭火，但此时它们却无法自动启动，这是为了防止潜水员被吸进灭火泵入口而特别设立的安全措施。控制中心本应该首先断开这套安全设施，但是控制中心已经被爆炸摧毁。这也意味着疏散工作无法得到保障，于是平台上的工人们撤退到了居住区。

附近的两个钻井依然向烈火熊熊的阿尔法钻井输送石油和天然气。这两个钻井上的操作员看到了阿尔法钻井的灾难，但让人纠结的是他们没有权力决定切断昂贵的生产线。由于输送管线中积聚了大量的高压天然气，即便立即切断输送管道也可能于事无补。天然气爆炸了，腾空而起的火球足有埃菲尔铁塔那么高，一下子吞噬了钻井平台。这次大爆炸还夺去了附近一条小船上两位救援人员的生命，他们救起的落水工人也没能幸免。高温烤裂了其他管线，火越烧越旺，另一艘灭火救援船被迫驶离现场，谁也没法靠近钻井。在离第一次爆炸不到两个小时的时间里，整个居住区从融化的钻井平台上跌入大海。这场灾难夺去了 167 人的生命，生还者只有 59 人，其中不少人是从 10 层楼高的钻台上跳进了冰冷刺骨的海水里才侥幸逃脱。钻井又燃烧了 3 个多星期，才像衰落的花朵般枯萎了。

工业安全专家深入调查了导致阿尔法钻井平台灾难的原因，试图从中吸取教训，预防类似灾难的重演。但是人们却没从阿尔法钻井平台灾难引发的金融市场崩盘中吸取教训。这场金融灾难又称伦敦超额赔款市场灾难（LMX Spiral），它几乎摧毁了为阿尔法钻井平台承保的伦敦劳合社（Lloyd’s）保险组织。

承保人经常会签订一种合同，合同中约定一位承保人同意用自己的保险涵盖另一位承保人特别索赔的额外损失。这些再保险合同有着完善的商业逻辑，历史悠久。但是在伦敦劳合社保险市场上，不同的保险财团互相拿风险做交易，再保险人开始为其他承保人的全部损失而不是某一索赔的损失上保险。事实证明这个微妙的区别极为重要。再保险合同把损失从一个保险财团转移到另一个财团，接着再转移到第三个财团，还可能又从第三个财团转移回第一个财团。这些保险财团最终会发现，在经过一系列中间人后，他们成了自己的再保险人。

这种恶性循环一层层加强，阿尔法钻井平台被摧毁后，保险业的这个恶性循环发挥了“威力”。砸到劳合社的多家保险财团头上的第一笔赔款账单大约有 10 亿美元，这是历史上数额最大的赔款之一。接着引发了许多再保险索赔，一个又一个的再保险索赔环环相扣。最初的 10 亿美元损失带来的最终索赔额高达 160 亿美元。有些倒霉的保险财团发现，它们竟然反复为阿尔法平台上了保险。20 多年过去了，这个恶性循环中的一些环节还在发挥着影响。

听上去是不是有些耳熟？2007 年次贷危机刚刚开始时，多数人还没意识到问题的严重程度，此时经济学家约翰·凯伊（John Kay）就指出了这次危机与伦敦超额赔款市场灾难的类似之处。和次贷危机一样，金融机构和管理者说服自己，把风险分担给那些最能应对风险的新型复杂金融工具以期稀释风险。历史数据表明捆绑在一起的再保险合同非常安全。和次贷危机一样，直到局势一发不可收拾，参与者才发现他们之前辨识不清的风险的真实面目。事实证明，在以上两种情况中，金融创新技术都是代价高昂的失败品。

到目前为止，本书一直在探讨失败既不可缺少，又大有裨益，进步来自大量的试验，其中的很多试验会失败，要想从失败中学习，就必须对失败更加包容。但是，金融危机又表明，对银行系统而言，包容失败是种危险策略。但要是因为错误可能带来灾难性的后果，我们就坚决不给自己犯错的权力，这么做结果又会如何呢？

抱着防范未来金融危机的愿望，我对伦敦超额赔款市场灾难进行了研究，这时我意识到自己忽视了一个隐藏很深但至关重要的类似事件，即阿尔法平台被摧毁这一恐怖灾难本身，让我们洞悉更多金融事故的是它，而不是随后的金融崩溃。如果想学会应对几乎没有试错空间的体系，我们应该首先从天然气钻井、化工厂、核电站入手。

## 既复杂又紧耦合

对多数银行家或者银行监管机构而言，银行和核反应堆之间看似没有多大关系。但对研究三里岛核事故、阿尔法钻井平台事故以及挑战者号航天飞机事故的人们而言，两者之间却有着明显的联系。这些研究人员有男有女，有工程师、心理学家甚至还包括社会学家。詹姆斯·里森（James Reason）是一位心理学家，他毕生都在研究人类在航天、医学、运输和工业领域的重大错误，他特别喜欢拿巴林银行（Barings Bank）的破产事件做案例研究。巴林银行是伦敦历史最悠久的商业银行，1995 年，这家有着 300 多年历史的银行破产了。由于一名叫尼克·李森（Nick Leeson）的雇员未经授权动用银行的资金进行投机活动，结果损失惨重。他单枪匹马摧毁了整个巴林银行，巴林银行监管上的巨大缺陷成全了他的"壮举"。

"我常常与银行家谈论风险和事故，他们认为我多嘴多舌，"詹姆斯·里森告诉我，"后来他们才知道了什么叫真正的风险，然后听到了尼克·李森这个名字。"

还有一位影响力与其相当的灾难研究专家，耶鲁大学荣誉退休的社会学教授查尔斯·佩罗（Charles Perrow）。他也坚信银行家和银行监管机构本来有能力，也应该关注安全工程学和安全心理学领域的一些理念。在三里岛核事故发生后，佩罗出版了一本书，特意命名为《常态意外》（*Normal Accidents*），当时切尔诺贝利（Chernobyl）核电站事故还没发生。这本书探讨了灾难的动态形式，认为在某种体系内，灾难不可避免，或者说灾难是"常态"的。

对佩罗而言，这种危险的组合是一种既复杂又紧耦合的体系。这种密切联系的过程有个标志性的特点：一旦启动就很难或者不可能停止。多米诺骨牌的排列不是很复杂，却也是个紧耦合体；炉子中鼓起来的烤面包也是如此。虽然哈佛大学不是个紧耦合体，但它却很复杂：美国学生签证政策的一点变化、政府新颁布的资助研究计划，或者经济学、物理学、人类学领域出现畅销书，又或者一场内部学术争论，这些都会引发一系列难以预料的反应，但是任何一种行为都不会迅速失去控制、造成恶性循环，并最终摧毁整所大学。

到目前为止，本书已经探讨过一些像哈佛大学一样复杂但松耦合的体系。这种体系异常复杂，意味着失败乃寻常之事，成功的艺术就是要经历富有成果的失败。

如果是一个既复杂又紧耦合的体系呢？复杂意味着会有很多种出错的方式；紧耦合则意味着始料未及的结果会迅速扩散，以至于不可能针对失败做出调整或尝试其他方法。在阿尔法钻井平台上，最初的爆炸原本无法摧毁整个平台，但是它摧毁了控制中心，既无法疏散工人，也无法操控保护潜水员安全的装置，而且这种装置让抽水灭火的水泵不能自动启动。尽管钻井上的工人基本关闭了往平台上运送石油和天然气的管道，但由于大量的管线遭到破坏，天然气和石油继续泄漏，让灾难愈演愈烈。这些相互作用都让人措手不及，第一个错误发生后其他错误接踵而来，根本就没有反应的时间。

对詹姆斯·里森和查尔斯·佩罗这样的专家而言，研究这些灾难不仅仅是为了找到灾难的真相，还因为这些研究能给人们提供重要的教训，让人们看到紧耦合的复杂体系中潜伏的意外陷阱，让人们了解相应的心理因素和结构因素，避免再次落入陷阱。在人类的发明中，几乎没有比银行系统更为复杂并紧耦合的体系了。查尔斯·佩罗认为它“比我研究过的所有核电站都要复杂”。所以，如果银行家及监管机构切实关注工业安全专家那些毫无浪漫色彩的深刻见解，他们又能学到什么呢？

## 为什么安全体系会反咬一口

2008 年金融危机引来了一片尖酸刻薄的互相指责之声，若说达成了什么一致意见，那就是应该把金融体系建设得更加安全。必须用某种方式引入一些规则，防止银行业再次崩溃。

为了让复杂的体系更加安全，比较直接的方法就是采取一些安全措施。在安全工程学领域，詹姆斯·里森因提出了应对事故的瑞士奶酪模式而声名远扬。他把一系列安全体系想象成一摞瑞士多孔干奶酪片，正如每一片奶酪都有孔洞一样，每种安全策略都有缺陷；但是当把足够多的奶酪片一层层叠到一起时，这些孔洞肯定不会连接到一起。因此有人认为，只要把金融体系中的安全策略像叠瑞士奶酪片一样一个个叠加到一起，就可以高枕无忧了。不幸的是，事情并非想象的那么简单。里森这样的安全专家很清楚，每个增添的安全措施也可能意外地出现差错。

1638 年，伽利略谈到的一个例子就体现了这一原则。当时的泥瓦匠会把石柱放倒水平堆放，再用两堆石头架起石柱两端让它离开地面。由于自身的重量，石柱经常会从中间折断。“解决方案”就是在中间再加一堆石头来增强支撑力，但是这种做法根本不管用。因为两端的支撑点会稍微下沉，而石柱就像跷跷板一样依靠中间的支撑点，最后仍旧从中折断，再把两端也折断。

阿尔法钻井平台灾难也是一个例子。维修活动和旨在防止工程师疲劳加班的规定相冲突，导致了灾难的发生；而防止潜水员被吸入灭火抽水泵的安全设施让灾难进一步升级。1966 年，底特律附近的费米（Fermi）核反应堆发生部分熔毁，6.5 万人的生命危在旦夕。核电厂被关闭，几个星期后反应堆压力外壳冷却下来，人们终于找到了罪魁祸首：反应堆中心翻涌的冷却剂冲开了一点锆防辐射层，面积约压扁的啤酒罐大小，它阻碍了冷却剂的流通。这个防辐射层是根据美国核能管理委员会（Nuclear Regulatory Commission）的明确规定，为了确保安全才在最后一刻安装上的。

这些例子中的问题在于安全体系带来了新的出错方式，工程师称之为新的失败模式。金融危机中存在的正是这一问题：不是由于缺乏安全体系，而是因为安全体系的存在才让事态进一步恶化。

再看一下信用违约掉期（credit default swap，简称 CDS），在金融危机中起了主要作用的就是它。信用违约掉期合约是一种保险，主要用来防范无法偿还的贷款。1994 年，摩根大通集团和欧洲复兴开发银行签订了第一份这样的合约。摩根大通付给欧洲复兴开发银行一笔费用，作为交换，欧洲复兴开发银行担保一旦石油巨头埃克森公司拖欠 48 亿美元的贷款，它就负责赔偿损失，而埃克森拖欠 48 亿美元贷款这种事情几乎难以想象。狭义上看，这笔交易很合理：欧洲复兴开发银行拥有大量的闲置资金，想要寻找一些低风险的收入，而摩根大通的资金用途多多，但根据银行管理规定，公司必须留出 10 亿美元以防埃克森公司的贷款发生变故。这份信用违约掉期合约把风险转嫁给了欧洲复兴开发银行，也解放了摩根大通的资金。监管机构明确批准了这个合约，他们认为这是控制风险的安全之举。

这些违约掉期合约会带来两个方面的问题。首先，一些投机行上了保险，银行因此信心十足地增持其股份。监管机构批准了这些合约，负责评估这些风险的信用评级机构也没有提出异议。详细记载危机过程的约翰·兰切斯特（John Lanchester）诙谐地说：“就好像人们把发明安全带看成是可以趁机醉酒驾驶一样。”确实如此，有证据表明，安全带和安全气囊的确刺激着驾驶员采取更危险的举动，心理学家称之为风险补偿。最重要的是，信用违约掉期合约制造了一个安全边际，让银行更愿意铤而走险。和安全带和危险驾驶这个比喻中出现的结果一样，无辜的旁观者成了受害者。

和伽利略提到的石柱、费米反应堆的锆防辐射层一样，违约掉期合约用非常微妙的方式助长了危机，因为它引入了导致事物出错的全新、意外的方式。违约掉期合约既让金融体系更加复杂，又让体系内部的耦合更加紧密。原本不相关的机构最终也被卷了进来，谁也预料不到的新因果关系链不断涌现。

债券保险行业也是个很好的例子①。银行创造出复杂的住房抵押关联债券，然后让所谓的单线担保公司和美国国际集团（AIG）这样的大型普通保险公司提供信用违约掉期保险。这种做法似乎对双方而言都很明智：对保险公司而言，这种做法有利可图，而且看起来万无一失；而对投资者而言，他们也大可放心，因为有坚如磐石的保险公司在背后做保障。

不过，就像我们看到的伦敦超额赔款市场灾难一样，即使有保险这样堪称典范的安全体系保驾护航，也会出现意想不到的风险。潜伏的危险来自信用评级，这是由信用评级机构设计出来评估债券风险的一种措施。如果承保方为某一债券投保，这种债券自然就继承了承保人的信用评级。像 AIG 这样的保险公司信用评级很高，所以如果它为某一债权投保，即使债券本身的风险很大，也会获得很好的信用评级。

不幸的是，这个过程反过来也能行得通。如果一家保险公司错误地为太多高风险债券投了保险，它简直就像是为破产敞开了大门，保险公司也难以保全原本优秀的信用评级。随着自身的信用评级被调低，它投保的所有债券的信用评级都会相应下调，这正是 AIG 和很多单线担保公司的命运。如果大量债券同时被降级，按照法律要求，银行就要被迫同时出售这些债券，因为根据一些貌似合理的规定，银行不得持有太多的高风险债券。不用说金融专家，连一般人也能看明白，正是安全体系和安全监管的组合造就了导致债券价格大跌的因素。

这样一来，银行虽然能避开金融危机的主要源头，比如次级房贷市场，但还是最终被推到了破产的境地。银行会悄无声息地持有由中级风险债券组成的合理

① 债券是一种可交易的贷款：如果购买债券，你就有权得到贷款还款（loan repayment），这笔钱也许来自一家公司，也许来自政府，也许来自其他更复杂的金融流程。

的金融产品，保险公司为这些债券上了保险。但是由于为次级房贷产品投保，保险公司惹火上身，银行持有的金融组合产品的信用等级也随之下调，不是因为产品本身的质量问题，而是因为其承保人惹上了麻烦。按照法律规定，银行必须变卖资产，与此同时，其他银行也在变卖资产。就像是一位登山运动员的安全带和一队鲁莽的登山队员连在一起，他小心翼翼地翻越一座悬崖后突然发现，自己被安全带拖进了深渊。保险公司及其信用违约掉期合约起的就是这种安全带的作用。

信用违约掉期合约不仅不能降低风险，反而成功地放大了风险，风险膨胀的程度让人难以置信。其他的金融安全体系也与此类似，例如臭名昭著的债务担保证券（collateralised debt obligation，简称 CDO），它将高风险次级房贷的资金流量重新包装，以分割风险、让风险更易辨别，被分割的部分有些风险很大，有些则非常安全。但此举却把一些风险放大到超乎想象的程度，次级房贷让损失变成了两倍，而重新包装的金融流程又让损失成平方增长，变成预期损失的 4 倍、16 倍、256 倍甚至 6.5 万倍（这些数字仅用来进行说明情况，不是很精准，但能形象地描述债务担保证券）。在这两种情况下，安全体系让投资人和银行掉以轻心，但更重要的是，它们把小问题转变成了大灾难。如果有人咨询工业安全专家，他们可能会听到这样的警告：这种出人意料的结果其实很正常。

当然，设计更合理的安全措施可能会发挥不同的作用，但是一次次的工业灾难表明：打造安全措施不像看起来那么简单，安全措施往往会“反咬一口”。看来化解工业灾难或金融灾难都不能像鲁布·戈德堡（Rube Goldberg）的设计一样，用复杂的手段解决简单的问题，那么到底该采用什么方法呢?

## 设计出值得信赖的体系

1979 年的三里岛核电危机差点酿成美国核电历史上最大的灾难。事故是这样发生的：工程师在清理堵塞的过滤器时，不小心让一杯水漏进了错误的系统。

这次漏水事件本身没什么危害，却触发了一个自动安保设施，它关闭了主泵机，水无法在热交换器、蒸汽轮机和冷却塔之间流动，因此反应堆需要用其他方式降温。接下来发生的事情堪称查尔斯·佩罗系统事故的经典案例，本来不难解决的错误滚雪球般越积越严重。

操作人员本应该启动两个备用泵，把冷水注入反应堆压力外壳，但是在两根管道保养后，阀门都错误地被关闭起来。报警灯本应该提醒操作人员阀门被关闭，但是吊在报警灯开关上的警示纸牌遮住了报警灯。反应堆温度越来越高，一个安全阀就像高压锅的安全阀一样随之自动弹开。到压力下降到最佳水平时，这个安全阀本应该自动关闭，但是它却紧紧卡住无法关闭，导致反应堆的压力下降到了危险的水平。

如果当时操作员注意到安全阀被卡住无法自动关闭，就可以把管道更深处的阀门关上。但是根据中控台的显示，阀门似乎已经正常关闭。其实中控台显示的只是向阀门发送的关闭信号已正常发出，而不是阀门已被正常关闭。就在大家费尽心思搞清楚问题出在哪里时，监管人想到可能安全阀还开着。于是他安排一名工程师去检查气温仪表读数，而这名工程师却报告一切正常，因为他看的仪表不对。

这是个严重错误，但是鉴于当时的情况，这也是可以理解的。现场到处是混乱的讨论声，还夹杂着一百多个警报器发出的刺耳的报警声；中控台更是让人眼花缭乱：上面布置了约 750 盏灯，每一盏都标着一个字母码，有些和对应的开关离得很近，有些则离得很远，有些在上面，有些在下面。红灯表示阀门开启或设备运转，绿灯表示阀门关闭或设备停止。但因为有些灯一直是绿的，有些灯通常都是红的，即使是接受过培训的熟练操作员，也不可能快速检查那么多闪烁的红绿灯，迅速找到问题所在。

早上 6：20，另一批值班人员进行了重新的判断，这才意识到温度过高的冷却剂已经从压力过低的反应堆中持续往外流淌了两个小时。这批刚接班的操作员成功地控制了局势，虽然未能阻止 12.1 万升高度污染性的冷却剂溢出，但还是避免了核电站的全面崩溃。如果有更好的仪表来显示运行状况，这个事故本应更快得到控制。

我访问了国际原子能机构核设施安全部的主任菲利普·雅梅（Philippe Jamet），请他谈谈三里岛事故中的教训。他回答说："审视事故发生的过程，你会看到核电厂的工作人员束手无策。"

雅梅说，三里岛事故后，大家更加关注如何用简单易懂的方式向操作员说明其职责，确保操作员在试图启动熄火的反应堆堆芯时，不受 100 多个报警器和 1 000 多个明灭的指示灯的干扰。

欣克利角 B（Hinkley Point B）核电站的教训更为明显。欣克利角 B 核电站坐落在英格兰西南部，俯瞰布里斯托湾，这座核电站已经达到了使用年限。核电站旧址过去是学生的参观基地，但是为了防范恐怖分子，这里被设置了重重关卡，四周也建起了围栏。在蒙蒙细雨中，我参观了核电站旧址。透过雨幕，隐约可见旧址中心矗立着一幢庞大又敦实的灰色建筑，两个核反应堆就安装在里面。不远处有一座低矮的办公楼，看上去和城郊工业园区里随处可见的办公楼没什么区别。办公楼中央摆放着模拟装置，堪称欣克利角 B 控制室的完美复制品。这台模拟装置很有 20 世纪 70 年代的感觉：结实的大型金属控制台、繁多的塑料开关。和真实的控制室一样，这台装置还增加了很多现代化的宽屏监视器，专门显示计算机处理的反应堆信息。屏幕后面是一台功能强大的计算机，用来激发核反应堆，按照程序指令进行各种复杂工作。

"这些年做了很大的改进，"模拟装置解说员史蒂夫·米奇尔（Steve Mitchelhill）

带我参观了这里，他解释道，“有些东西看起来像装饰，其实不然，这些都是为了减少人为因素的影响。”当然，这里的“人为因素”指的是核电站操作员的失误。米奇尔特地展示了20世纪90年代中期引进的一个具有迷惑性的创新装置：一种彩色的涂层，能在操作员惊慌失措或疏忽大意时帮他理解开关和指示灯的关系。这个小点子可能会帮助操作员在几分钟内化解三里岛事故。

金融监管机构似乎没有总结出这么明确的经验。发生在三里岛的错误有着让人百思不得其解的特点，同样的错误也困扰着金融危机中的决策。2008年9月的第二个星期，金融界也出现了类似三里岛事故的危机时刻。所有人的目光都集中到麻烦缠身的雷曼兄弟公司身上，密切关注雷曼公司的还有当时纽约联邦储备银行的主席蒂莫西·盖特纳（Timothy Geithner），他负责监管银行系统。盖特纳刚从大西洋彼岸飞回美国，AIG公司的董事长罗伯特·维伦斯坦德（Robert Willumstad）就要求与他会面。据记者安德鲁·罗斯·索尔金（Andrew Ross Sorkin）[①]的报道，盖特纳让维伦斯坦德等了半个小时，因为他正在和雷曼兄弟公司通电话。会面时，维伦斯坦德询问AIG能否像投资银行一样，使用联邦储备银行的借贷工具。

维伦斯坦德还递交给盖特纳一份简报，承认AIG拥有价值2.7万亿美元的岌岌可危的金融合同，其中超过1/3是与12家最重要的金融机构签订的信用违约掉期交易。这意味着一旦AIG垮掉，就会拖垮全球的金融体系，AIG比雷曼兄弟公司的威胁更大、更让人震惊。但是盖特纳并没有察觉其中的危险，毕竟AIG是家保险公司，负责监管它的是财政部而不是盖特纳掌管的纽约联邦储备银行。或许是长途飞行让盖特纳疲惫不堪，或许是他没时间研究维伦斯坦德的简报，或许是这份简报太拐弯抹角，总之盖特纳把AIG的问题推到一边，转而继续关注雷曼兄弟公司的问题。

① 想了解更多金融危机中金融机构发生的故事，以及华尔街精英们的故事，推荐阅读由安德鲁·罗斯·索尔金所著、由湛庐文化策划出版的《大而不倒》（经典版）。——编者注

整个周末，政府官员和最重要的投资银行家们都在为拯救雷曼兄弟公司进行紧张而忙乱的谈判。直到星期天晚上，一个投资银行家接到了财政部官员打来的电话，询问是否要组织一个团队展开类似讨论，先来拯救 AIG，此时大家才回过神来。听到这个令人震惊的消息，他说："等一下，等一下……你星期天晚上才打电话，我们为雷曼的事熬了一个周末就是这个结果？我们花了 48 小时原来搞错了对象？"和三里岛事件一样，在突如其来的嘈杂喧嚣中，复杂金融体系的管理者显然也找不到最关键的信息。

ADAPT Why success always starts with failure

**试错法则**

**"我们总是责怪操作员，认为这是'控制错误'。"耶鲁社会学家查尔斯·佩罗如此评论。但是，就像看错了指示灯的核电站操作员一样，蒂莫西·盖特纳并非因为愚钝才抓错了重点，而是因为提供给他的信息既混乱又不充足。斥责盖特纳、雷曼兄弟或 AIG 的管理者可能会赢得称赞，但是佩罗这样的安全专家明白，更富有成效的做法是设计出更优秀的体系，而不是期望出现更优秀的管理者。**

无论任务本身多么艰巨，都有可能设计出值得信赖的体系，最有名的例子就是空中交通管理。是不是也可以为金融监管机构设计一个类似空中交通管理的模式，让它们看到金融机构何时面临冲撞的危险呢？目前，金融监管机构根本不知道是否还隐藏着另一个 AIG，也找不到寻找潜在危险的系统方法。它们需要更多的信息，而且最重要的是，向它们传递信息时要用一种容易理解的方式，就像雷达屏幕上移动的光点那样一目了然。

负责维持金融稳定的英格兰银行执行董事安德鲁·霍尔丹（Andrew Haldane）

希望，有一天金融监管机构能利用检查电网运行状况的现代技术，绘制一张标示金融体系内压力大小的热点图（heat map）。这种热点图会利用合适的软件对正确数据进行准确的分析，一些关键的联系、压力过大的节点以及意外的相互影响都会在图上重点标示。监管机构再也不用目不转睛地盯着一个个孤立的电子数据表或一张张让人迷惑的幻灯片，只要看看这张清晰、直观的金融关系图，金融体系中的风险就能一目了然。如果这张热点图还能每天、每小时进行更新，甚至能即时更新，那就更理想了。

“我们离那一天还有十万八千里呢！”霍尔丹毫不犹豫地承认。2010 年 7 月，奥巴马总统签署了《多德 - 弗兰克改革法案》（*Dodd-Frank Reform Act*），建立了一个全新的金融研究办公室，他似乎有意绘制这样一幅热点图。从理论上讲，这种技术应该用来揭示那些公司是否具有系统重要性，即是否属于“大而不倒”机构，以及随着时间的流逝，这种系统重要性会有什么变化。虽然新的《巴塞尔协议 III》探讨了适用于这些具有系统重要性的机构的规则，但目前看来，系统重要性的定义并不比艺术、文学或色情的定义清晰多少。从那之后，蒂莫西 · 盖特纳这类重要人物就不会为 AIG 这样的机构竟然如此重要而深感意外了。

尽管这种系统热点图魅力不凡，单靠它还是不可能解决所有问题，就像唐纳德 · 拉姆斯菲尔德的信息控制策略无法解决作战问题一样。维护金融体系安全的前提是为监管机构提供准确的系统信息以及更多的东西。就像在战场上一样，没有计算机能概括金融前线的突发状况。

## 雷曼倒闭与应急计划

2008 年 9 月，一个星期六的晚上，当蒂莫西 · 盖特纳和大批顶尖投资银行家还在纽约为错误的目标耗费大量时间时，托尼 · 洛马斯（Tony Lomas）正和家人在一家中国餐馆悠闲地享用晚餐。手机铃声突然响起，打电话的是代理雷曼兄弟公司英国事务的资深律师，他请洛马斯第二天一早带领一队擅长处理无力偿还债务问题的专家到雷曼公司位于伦敦金丝雀码头（Canary Wharf）的办公室。洛马斯已经知道雷曼兄弟公司有麻烦了。过去一个星期，雷曼公司的股票价值跌去了3/4还多。纽约正在协调某项拯救协议，但雷曼公司欧洲的董事们需要一个后备方案。这一点非常明智，因为纽约协议失败后雷曼兄弟公司迅速垮台，留下各个国家的子公司孤军奋战。准备后备方案必须要请英国最能处理大规模无力偿还债务问题的权威托尼·洛马斯。

雷曼兄弟倒闭的速度让洛马斯和普华永道见多识广的会计师也深感吃惊。公司往往不会突然陷入无力偿还债务的困境，因为在宣布破产前的几个星期，公司通常会组织一些相关的管理者进行处置。不过，金融服务行业破产的本质就是突然发生。没有人愿意和看起来存在信用危机的银行打交道，所以投资银行慢慢走向破产境地这回事儿根本就不存在。投资银行要么迅速破产，要么根本不会破产。雷曼兄弟突然走到终点，马上受到影响的就是会计师，他们的正常生活被打乱了。普华永道的一名会计师在星期天午饭时和家人匆匆告别，之后的整整一个星期都没离开金丝雀码头。他停在暂时停车区的汽车缴纳了一笔巨额停车费，对市政管理贡献了微薄之力。但普华永道在雷曼欧洲分公司破产事务上第一年就赚了1.2亿英镑管理费，而这一年美国和欧洲政府收取的管理费用总数约5亿美元。

洛马斯迅速接管了金丝雀码头31层的雷曼办公区，这个办公区原来是公司主管就餐的地方，墙上悬挂着几幅昂贵的艺术品。在这些艺术品旁边被贴上了很多字迹潦草的手写标志，用来指引那些突然冒出来的普华永道精算师们。灾难突如其来。星期天晚上，行政人员得知纽约办公室在星期五晚上把雷曼欧洲账户上所有的现金一扫而光，虽然以往每周都会这样，但是这一次，拨回这笔钱的机会实在是渺茫。这样一来，星期一早上公司就无法交易，而且即便交易也是违反法律的。雷曼还与几千家公司有着无数未结清的业务。星期一早晨 5 点之后，在董事会现场，法官签署了由普华永道团队接管雷曼欧洲分公司的协议，正式承认公司破产。协议签署的时间是早上 7：56，4 分钟后伦敦股票交易市场开盘，此刻协议的墨迹还未干透。

为了弄清楚雷曼的运作方式，普华永道的工作团队颇费周折。展现在他们面前的是一个错综复杂的合法银行结构图表，充斥着避税之道和上百个附属的法人实体，与它相比，戈尔迪之结[①]简直是小儿科。这支团队并非缺乏经验，因为擅长玩弄金融手段，最终落得声名狼藉的安然公司欧洲分公司的重组就是在他们的监督下进行的，但是安然公司的合同根本不及雷曼的复杂。洛马斯被迫指派人员对雷曼高管进行“盯梢”，整天跟在他们身后来了解他们究竟在做什么。

混乱的程度让人难以置信。作为经纪人，雷曼欧洲公司代表客户持有超过 400 亿美元的现金、股票和其他资产。但现在这笔钱被冻结了，很多客户也面临破产的风险。伦敦股票交易市场上足有 1/8 的交易由雷曼公司负责，而最近 3 天的交易全都没有结清。很显然，这是特殊时期。在这个动荡程度史无前例的市场上，这些未结清的交易仍处在风雨飘摇之中。雷曼为自己面临的很多风险采取了保护措施，利用一些金融衍生品交易防止过度波动。但是从星期一起它就开始接到很多取消邮件，很显然，破产使很多交易失效。雷曼兄弟公司垮掉时，还有 100 万份衍生合同属于开口合同。

只有雷曼的经纪人才知道如何处理这些交易，只有说服其中一些人暂时留下来，才能在不损失更多钱的情况下把这些开口闭合。让雷曼的债主大为光火的是，洛马斯竟然变戏法般地搞出了 1 亿美元的贷款，为经纪人慷慨地发放红利。而且事到如今，他们还不能单独去做这件事：如果任何来自其他公司的经纪人意识到打电话的是想方设法减负的雷曼公司，就可以趁机利用这种被迫进行的交易大捞

① “戈尔迪之结”常被喻作缠绕不已、难以厘清的问题。——译者注

一把。于是洛马斯不动声色地雇用了其他银行的多支团队，悄悄地代替雷曼做这个工作。雷曼本身就是一家大型银行，根本没有自己的银行账户，这一点可谓雪上加霜。它不能在其他银行开户，因为这些银行都是雷曼的债主，它们可以合法地把雷曼的全部存款据为己有。洛马斯不得不寻求英格兰银行的帮助，在针线大街上的老妇人[①]那里直接开了几十个不同的外汇账户。

这也只是紧急补救措施，清理残骸需要漫长的时间。在雷曼兄弟倒闭 1 年多之后，英国法庭才开始接受雷曼的客户、金融监管机构和普华永道提供的证词，决定如何保障客户利益、用最恰当的方法处理雷曼公司几十亿美元的资金池。应该把钱给谁？给多少？什么时候给？普华永道的律师向法庭解释，如果采用正当的法律途径，有不少于 4 种方案。这次庭审持续了好几个星期。洛马斯计划把雷曼债主大体分成 3 类，根据情况具体处理，不必和所有债主一对一交涉，这样就能加快破产审理过程，但他是否有权执行这个计划还需要一系列的法庭判决。法庭最终拒绝了他的请求。

会计师慢慢发现，雷曼银行耍了一个合法的会计手段：Repo 105，系统性地隐藏起了自身的财务困境，这使得雷曼大量堆积的债务、风险资产看上去规模更小、更安全。在这种环境中，Repo 105 是否合法也成了法律诉讼的主题：2010 年 11 月，纽约州律师起诉雷曼公司的审计公司安永会计事务所，控告其是雷曼大规模会计假账的帮凶。要是这个案子一直没有爆发，从技术层面看，很可能雷曼公司的金融指示灯还会被认为精确无误，其实它就像三里岛的那盏指示灯一样，极具误导性，因为它只是表明已经向阀门发出了关闭指令，而不是已经关闭了阀门。

在雷曼兄弟倒闭一周年之际，托尼·洛马斯接受了《金融时报》的采访，他说有望在 2011 年，也就是破产程序启动约 3 年后，解决主要问题。

---

① 英格兰银行的别称。——译者注

怎么做会更好呢？洛马斯做出了如下解释："如果那个星期天我们来到雷曼，看到一本手册上写着'应急计划：如果公司要在法庭上寻求保护，该计划将发挥作用'。这样会不会更简单呢？在安然公司，我们花了两周时间制定这样的计划。虽然时间还是不够长，但却给了我们迅速采取最佳行动的机会。在雷曼，我们没有时间做这些。"

洛马斯发现操作过程复杂难解，而他面临的只是雷曼兄弟公司的欧洲分部，这仅仅是整个银行体系的一个分支，雷曼银行也只是全球金融机器的一部分。不过我们知道，复杂性只有在紧耦合的体系内才是问题。我们之所以关注要花多长时间才能厘清雷曼兄弟的问题，不是因为这些银行家和银行股东值得我们特别保护，而是因为在这个过程中，其他公司的几百亿美元也被埋葬进了这家银行。如果这个问题能得到解决，类似雷曼兄弟的另一家银行也就尽可以放心地破产了。这意味着要把一个紧耦合的体系变成一个内部联系更松散、更灵活的体系。

## 多米诺骨牌和僵尸银行

奇异的多米诺骨牌可谓紧耦合体系的终极范例。晚间新闻结束时你经常能看到多米诺骨牌表演：某人为了打破纪录，费尽心思搭起成千上万块多米诺骨牌，最后轻轻一弹，顷刻间所有的骨牌一一被推倒。和银行不一样，多米诺骨牌不能倒得太快。一次试图打破纪录的活动搭起了 8 000 块多米诺骨牌，不料来拍摄壮观场景的摄像师的口袋里掉出一支笔，把活动搞砸了。还有些纪录受到了飞蛾、蚂蚱的干扰。

也许应该排除昆虫和拍摄人员的干扰，在严格控制的环境中进行多米诺骨牌表演，此举能降低多米诺体系的复杂性，意味着紧耦合的特点不再构成太大的问题。不过，更实际的做法显然是降低整个体系的耦合度。现在专业多米诺选手会使用直到最后一刻才将其撤走的安全设置，确保一旦发生意外，骨牌也不会全部被推倒。2005 年，100 名志愿者在荷兰展览馆花了两个月时间搭起了 4 155 476 块骨牌，一只麻雀飞进来撞倒了一块骨牌。由于有安全设施，只有 23 000 块骨牌倒下。一个多米诺迷用气枪打下这只倒霉的麻雀，可这一举动却激起了动物保护主义者的义愤，他们试图冲进展览中心，替可怜的麻雀完成未竟的“事业”。

由于金融体系中没法根除捣乱的麻雀，也许“黑天鹅”这个词更合适，所以也需要类似的安全设施。如果能降低系统的耦合程度，这样一家银行深陷困境时不会把别人也拖下水，那么即便错误不断，金融系统也会更加安全。

银行自己倒下后会“推倒”更多的公司，它和多米诺骨牌有两个相似点：最明显的地方就在于银行的破产具有传染性，银行倒闭时客户的钱也会被牵连进去；最灾难性的场景就是，无论普通储户还是大型公司都会发现自己的支票被拒付退回：不是因为他们没钱了，而是因为银行没钱了。

还有就是僵尸银行，它们虽未破产，却在半死不活的状态下勉强生存，并对其他公司构成严重威胁。所有的银行都有资产（比如抵押贷款）和负债（比如储蓄账户），如果资产小于负债，从法律上讲银行就破产了。银行还有防范破产的缓冲器，叫作“资本”。银行的这笔钱来自股东，如果银行有了麻烦，这些股东也会排队来索要赔偿。

如果资产勉强高于负债，银行就处在破产边缘。为了免遭厄运，银行可能采用这种半死不活的僵尸形式。我们都抱有幻想，希望银行从股东那里寻求更多资本来扩大资本缓冲器，让银行继续充满信心地运营，从而避免破产的结局。但是多数股东都不愿意继续注入资本，因为多数好处都被银行的债主捞去了。记住：要先给债主偿债，再给股东分红。如果银行濒临破产，注入资本的主要作用就是保证债主得到全额赔付，有余钱时才能发给股东。

因此僵尸银行只能另谋他路。它们不是要扩大资本缓冲器，相反，它们会尽量缩减规模，收回贷款用来还债，不愿给新公司或买房人发放贷款，这个过程就是从经济总体中吸取资金。

僵尸银行和具有传染性的破产银行都会推倒更多的多米诺骨牌。难怪政府要用保证银行负债、强制为银行注入大量资本的方式应对金融危机。这样做能防止危机对经济体造成更严重的影响，但是也要付出相应的代价，因为这种做法不仅强迫纳税人花费巨资，而且承担更大的风险，还会向银行债主传达危险的信息：愿意借给谁钱就借给谁，愿借多少就借多少，因为纳税人会保证让你得到报酬。这样一来，纳税人而非资本缓冲器就被推到危机中心，缓冲金融体系遭受的冲击。**降低金融体系的紧耦合程度意味着建立起类似多米诺骨牌中安全装置的安全措施，一旦与雷曼兄弟类似的银行出了问题，它可以安全倒闭，不伤及无辜。**

## 对机构成功松耦合

**第一种降低机构耦合度的方式就是确保银行拥有充足的资本。**这不仅能降低单家银行破产的概率，还能降低破产蔓延的概率。银行不会主动抽出大笔资金做缓冲，监管机构不得不强迫它们采取措施，这种举动也要付出代价。资本是昂贵的，所以资本要求越充足，贷款和保险的费用就越高。俗话说好事过了头反倒会坏事，资本也不例外，但金融危机却表明银行根本就没捞到好处。

**第二种降低机构耦合度的方式涉及一种名字古怪的 CoCo 债券（CoCo bonds），这是可转换债券的简称。**CoCo 债券是负债，所以正常情况下此类债券的持有人会像一般银行的债权人那样，优先于股东得到利息报偿。但是 CoCo 债券有点像安全气囊，如果银行受挫，它就会突然转变成缓冲器，从债券变为资本。事实上，只要有一定的触发因素，持有 CoCo 债券的债权人就会发现，他们现在持有的是刚刚转型的银行股份，这就意味着他们和其他股东面临着同样的风险。

没有人会因此欢欣雀跃；原来的股东会发现自己拥有的公司份额更小，收益也更少；CoCo 债券持有人会发现他们面临不愿面对的风险。但关键是 CoCo 债券是提前约定的应急规划：一旦银行濒临变为僵尸银行的边缘，就会触发 CoCo 债券的相关条款。普通债券持有人会更安全，因为比起 CoCo 债券持有人，他们享有优先考虑权；普通股东得到的回报也比银行只需动用普通资本而不是应急资本时更高。正常情况下，CoCo 债券持有人的回报比其他债券持有人要高，因为他们起着保险的作用。

听起来挺不错。但要记住，安全气囊能预防伤害，也能导致伤害。和其他保险类型的规划一样，CoCo 债券能转移金融体系的风险，我们亲眼目睹过这种做法会导致什么样的后果。20 世纪 90 年代，CoCo 债券在日本赢得了“死亡漩涡债券”的“美誉”，很多人觉得它很不可靠。只要一家银行陷入困境、触发 CoCo 债券的条款，其他银行持有的债权就突然转变成了普通股，它们被迫把这些债券亏本出售，因此自身也陷入了困境。应该禁止银行间互相持有 CoCo 债券，并由个人或退休基金持有这些债券，因为面临短期问题时退休基金更加坚挺。

**第三种降低机构耦合度的方式，就是在银行倒闭时找到应对破产的更好方式。**我们回想一下托尼·洛马斯的遗憾：雷曼兄弟银行没有针对破产的应急计划。监管机构能够也应该坚持让重要金融公司准备这样的应急计划，每个季度都要提交文件以备检查。应急计划中应该包含拆分公司预计需要的时间，因为监管机构在设定公司的最低资本要求时会参考这一信息。如果为了避税而使投资银行的运作异常复杂，破产可能会需要几年的时间。既然如此，就让资本缓冲垫保持充盈。简便易操作的明确应急计划会减少对银行破产的干扰，还允许银行准备更少的资本作缓冲垫。由于资本很昂贵，这就会鼓励银行简化操作，甚至设立不影响其稳定性的子公司。目前，政策在向有利于大银行扩大发展的方向倾斜，复杂性往往能带来税收上的优势，但是规模大的银行似乎面临更大的信用风险。

雷曼兄弟银行破产一年之后，法庭还在探索处理雷曼账务的第 4 种合法的可行方式，这实在太荒诞了。监管机构应该有针对这种模棱两可的情况迅速作出裁决的权力。当然，面对几十亿美元，公平很重要。但是，银行破产时最糟糕的决定可能就是不及时做决定。对银行名目繁多的索赔足以把经济实体搞垮，这简直就是一出现代版的贾丹斯指控贾丹斯案[①]。

监管机构还要有能够接管银行或其他金融机构并迅速重组这些机构的权力。正如托尼·洛马斯发现的那样，国际银行倒闭时会分裂成国内银行，所以还需要国际对这种权力达成一致意见。但从技术上讲，这比想象的要简单。

游戏理论家杰里米·布洛（Jeremy Bulow）和保罗·克伦佩雷尔[②]发明了一种重组复杂组织甚至银行的简单方法，这一方法得到了花旗集团首席经济学家威廉姆·比特（Willem Buiter）的认可，而花旗集团堪称世界上最复杂的银行。这种方法非常巧妙，起初它似乎像是逻辑诡辩：布洛和克伦佩雷尔建议监管机构可以强行将垂死挣扎的银行分解成运营良好的“桥银行”（bridge bank）和运营不佳的“残渣银行”（rump bank）。桥银行得到所有资产，以及最神圣的负债，比如普通人留在存款账户里的存款，如果是投资银行的话，就是其他公司存在里面的现金；残渣银行没有资产，剩余的债务都归它。这样，桥银行的各项功能非常健全，它有良好的资金缓冲，能够继续借款、贷款、正常交易。当然，残渣银行就成了空架子。

这不是在抢劫残渣银行的债权人吗？别着急，奇妙的手法在后头呢：残渣银行拥有桥银行。所以，残渣银行完蛋时，债权人会发现自己还能挽回些资产，其中一部分就包括健全运作的桥银行的股份。这些股份能让他们比试图从原来银行的断壁残垣中挽回损失获得更大收益，而与此同时，桥银行也会继续支持经济的

① 狄更斯《荒凉山庄》（*Black House*）中的遗产纠葛，这个案件拖延的时间太长以至于诉讼费用耗尽了全部遗产，亲属们一分钱也没得到。

② 读过《卧底经济学》的人可能会回想起克伦佩雷尔，他是 3G 牌照拍卖的主要设计者之一。

正常运转。

如果你被这个想法惊呆了，肯定会觉得在不注入新资金、不诉诸没收资产的情况下，没人能像魔法帽子变兔子一样从麻烦缠身的银行中凭空造出一家健康的桥银行，但这个想法不是行不通。

经济学家约翰·凯伊还有一个更激进可能也更安全的想法，叫作狭义银行（narrow banking）。凯伊建议将现代银行的“赌场”功能和“实用”功能分开。实用银行要保证自动取款机能吐出现金、信用卡能使用、普通人在将钱存进银行时不必担心存款会有风险。赌场银行则包含银行更具投机性的一面：为公司收购融资、投资抵押债券或用信贷衍生工具赚钱。狭义银行能够提供银行系统的所有实用功能，和赌场功能毫不沾边。狭义银行这种想法是为了保证提供实用性功能的银行不会同时进行投机活动。

真相当然更加棘手。把所有具有风险性的银行活动都与投机活动联系起来的做法很不公平。在第 2 章中我们也看到了，新想法需要具有投机性的资金来源，而且很多好的想法惨遭失败。把钱投到可能会取得惊人效果的事物上，这个过程总有点赌博的意味，所以，如果没有类似风险投资这样的“赌场”活动，世界会更贫穷，也不像现在这么富有创新精神。要区别实用性活动和“赌场”活动也不是那么简单：一些具有“赌场”风格的活动其实非常明智，甚至连风险对冲也有一些保守举动。如果我打赌邻居的房子会被烧掉，别人会感到震惊，但如果我打赌我自己的房子会被烧掉，这就是保险。保险不仅是明智的，在很多国家还是强制的。同样，一家银行的某项金融业务是具有赌博性质还是合理的风险管理，在很大程度上取决于这家银行还在从事什么其他业务。

然而，狭义银行的想法也具有可行性。凯伊认为，狭义银行应该取得某种许可证，而要取得这种许可证，银行必须向监管机构保证银行存款有大量资本做坚实的后盾，严格控制它们的“赌场”活动，仅为其实用功能服务，不为自己谋利润。狭义银行应该成为法律认可的、唯一能称为“银行”的机构，只允许这些银行接受小公司和消费者的存款，只允许这些银行使用银行间支付系统（这些系统把钱从一个银行账户转到另一个银行账户，是自动取款网络的基础），有资格享受纳税人提供的存款保障的也是这些银行。

听起来这样做似乎监管过多，但是约翰·凯伊指出，在某些方面这种举措并不是多管闲事。尽心尽力的监管机构的主要职责，就是了解某家银行是否有资格获得狭义银行许可证，这项任务更为简单，它们不必含含糊糊、勉勉强强地监管整个金融系统。其他金融公司则可以拿股东的钱去冒险，甚至可以拥有自己的狭义银行，如果赌场银行总公司有了麻烦，狭义银行能够整体从麻烦中脱身，安置到更安全的地方，不会对存款人造成困扰，也不会用掉纳税人的钱，就像电力公司破产后，电站虽然易主但会继续运营一样。

这些让我们想起了彼得·帕金斯基的第二条原则：允许失败存在。一般来说，进行大量的小型试验、变异和选择，意味着只有一部分试验能够经得住考验。但是在紧耦合体系中，一个试验的失败会危及其余部分。对机构成功松耦合的重要性就在这里。

“希思罗机场的债务清算人准备大展身手时，我们就别想让飞机在伦敦上空盘旋了。”约翰·凯伊如是说。这句话正是托尼·洛马斯的团队试图整顿混乱局面时，雷曼兄弟银行交易的真实写照，凯伊想为以后寻找一种更明智的问题解决体系，他想得很对。他的方法和当前盛行的监管观念形成了鲜明的对比，现在的监管观念在无意中鼓励银行向更大、更复杂的方向演变，还助长了资产负债表外融资欺骗行为。我不确定凯伊的答案是否正确，但是常态意外理论表明他确实提出了正确的问题。

## 疏漏、违规和错误

研究灾难事件的学者詹姆斯·里森把尼克·李森和巴林银行的倒闭当作帮助工程师预防事故的案例，他详细区分了3种不同的差错：疏漏、违规和错误。最直接的就是疏漏，因为笨拙或者缺乏注意力，做了根本没想做的事情。2005年，一个年轻的日本经纪人试图用60万元的价格卖出一只股票，结果他却以1元的价格抛出了60万只股票。经纪人把这种疏漏称为“胖手指错误”（fat finger errors），这一个疏漏的代价是2亿英镑。

再来看违规，它指有人故意做错事。安然公司采用的掩人耳目的会计手段以及伯纳德·麦道夫（Bernard Madoff）的骗局都是违规，它们的金融诱因都大于产业诱因。

最具潜在危害性的是错误。错误就是你有好的出发点，但结果却出乎意料，因为你对世界的构思模式不正确。阿尔法钻井平台的管理人员启动了一个拆卸开的压缩泵，从这个角度看他们犯了一个错误。他们的目的是启动压缩泵，也遵循了正确的步骤，问题在于他们对压缩泵是完好无缺的推断是错误的。精英们对债务担保证券的精密推断也是个错误，设计这种证券的精英们对潜在风险分布的看法不正确，而债务担保的结构把这个错误放大到了极限。

面临灾难性的后果时，我们的典型做法就是花大量精力去区分违规和错误；违规意味着有人应该缴罚款、被解雇或者蹲监狱；错误则仅仅是大家义愤填膺一番而已。但错误和违规两者的共同点和区别差不多同样重要：一般来说，它们都不像疏漏那样容易识别，因此它们导致了更多里森教授所说的潜在错误（latent error）。

潜在错误被毫无察觉地隐藏起来，静静等待最糟糕一刻的到来：维修工人意外地关上了备用冷却压缩泵的阀门，修理标示牌挡住了警报灯。从本质上讲，这些安全设施只有在紧急情况下才会用到，安全设施越多，潜在错误就越不可能被发现，直到我们无法承受的那一刻，它才会突然涌出来。潜在错误常常微不足道，如果战斗没有打响，就根本不可能找到它。借用詹姆斯·里森提到的那个奶酪比喻，一片片奶酪上的洞渐渐重合在一起，成为一条通道，没有人注意到灾难的风险愈积愈大。

金融体系尤其容易受到潜在错误的侵袭。体系内在的复杂性是一部分原因，体系内刺激违规的动机更强烈也是一部分原因。飞行员、医生、核电站操作员都是人，他们会犯错误，有时还会抄近道。不过，我们一般都希望他们诚心诚意地努力避免意外的发生。因为在金融体系内，别有用心地扭曲规则会让一些人收获颇丰，但是其带来的系统后果会在他们中饱私囊很久后才突然出现。

但即便是在金融体系内，人们也能在造成损失前发现并改正潜在错误。问题在于到底怎么做。奠定金融监管基础的假设是，如果银行正在犯潜在错误，无论是因为故意违反规则，还是因为无意而犯下的错误，那么查账员和金融监管机构就能发现这种风险。毕竟，这是他们的本职工作。但是他们能做到吗？3 位经济学家试图回答这个问题，他们对公司欺诈行为进行了透彻的研究。当然，不是所有潜在的问题都涉及欺诈，但是揭发欺诈的能力能很好地表明发现其他潜在错误的能力。

亚历山大·戴克（Alexander Dyck）、阿黛尔·莫尔斯（Adair Morse）、路易吉·津加莱斯（Luigi Zingales）仔细研究了 1996—2004 年间美国公司 216 桩重大欺诈行为指控案。这些样本中没有微不足道的小案子，都是众所周知的大丑闻，比如世界通信公司（WorldCom）和安然公司的假账丑闻。

戴克、莫尔斯和津加莱斯的发现完全颠覆了传统认识。在这些被揭发的欺诈行为中，仅仅有 1/6 是查账员和金融监管机构发现的。那么，注意到公司欺诈行为的到底是谁呢？发现一些严重欺诈行为的是记者，而美国联邦航空管理局（Federal Aviation Administration）之类的非金融监管机构发现的欺诈行为是证券交易委员会（Securities and Exchange Commission）的两倍。很明显，比起查账员的例行查账，非金融监管机构与某家公司日常运作的接触更可能揭露不法勾当。

这表明最有可能发现欺诈行为或机构内任何潜在危险的是机构一线的员工，他们最了解问题是什么。戴克、莫尔斯和津加莱斯随后的研究发现，这些员工确实比其他人更能揭发欺诈行为。

但是，只有勇敢的雇员才会这么做。欺诈行为和其他潜在错误经常在危急时刻才会被发现，因为检举人口吐真言后自己也会吃尽苦头。

## 奖励检举人的仗义执言

保罗·穆尔（Paul Moore）采访了英国最大的房贷银行苏格兰哈里法克斯银行（HBOS）的 140 名一线员工，他说："就像是打开了高压锅的锅盖——嘭！太壮观了！" 2002—2005 年，穆尔担任 HBOS 监管风险部门的主任，主要工作就是确保银行集团不会进行太多的风险活动。他发现 HBOS 的员工面临着风险无论多大都要售卖抵押贷款、实现目标的压力，并因此忧心忡忡。有人向穆尔抱怨说，一位经理采用了"现金和卷心菜"方案，如果员工能完成一周的销售任务，就会得到现金奖励，如果没有完成任务则会在众目睽睽下得到一个卷心菜。另一个人说："我们要是规规矩矩地销售，永远也完不成任务。"拖垮次级抵押贷款市场的当然就是这种风险：HBOS 员工因为有完成任务的压力，于是把钱借给那些无法还款的人们。穆尔把这些现象归结到一起，向 HBOS 董事会提交了一份强有力的总结报告。

穆尔说 HBOS 董事会主席及查账委员会感谢他揭露了这些严重问题。很快，当时的总裁詹姆斯·克罗斯比（James Crosby）就召见了他。用穆尔的话说，克罗斯比“就像拍死一只苍蝇”一样，把穆尔对 HBOS 经营风险的担忧一笔抹杀，然后解雇了穆尔。穆尔走出 HBOS，站在公司门前的大街上，泪水夺眶而出。而克罗斯比的描述则截然不同：公司对保罗·穆尔担心的问题进行了全面调查，发现它们毫无价值。

保罗·穆尔的命运似乎有些极端，但与市场分析员雷·德克斯（Ray Dirks）的命运相比却“相形失色”。德克斯讨厌墨守陈规，至少按照 1973 年纽约金融家的标准来看是这样。他矮矮胖胖、戴着眼镜、不修边幅，对当时华尔街注重仪表的风气不屑一顾，他更愿意住在格林威治村[①]的一处复式公寓里，公寓的装饰极为简单，里面只有一个旋转楼梯、两部电话和他偶然结识的女友。德克斯很离经叛道，那个时代的很多分析员都是应声筒，但德克斯却是个刚正不阿的分析员，他大胆地揭露他经手分析的那些公司的负面消息，但是他从美国权益基金公司（Equity Funding Corporation）那里得到的坏消息却让人异常震惊。

权益基金公司的一个资深员工辞职了，他觉得德克斯值得信赖，就向他讲述了一个令人难以置信的故事：权益基金公司多年来依赖自己的专用电脑体系操作着一个巨大的骗局，他们利用专用电脑体系设计出一些子虚乌有的人寿保单，把它们卖给其他保险公司。10 年来，权益基金公司的人寿保单中有一半是虚假保单。公司还出售这些虚假保单的未来收益流，即用今天的现金和未来现金的保证做交换。保单到期后，只需再捏造更多的假保单来筹集资金。

---

① 格林威治村是纽约的一个区，是艺术家、作家的聚居地。—— 译者注

德克斯惊呆了，随着调查的深入，他警惕起来：他开始听到有关权益基金公司与黑手党有瓜葛的风言风语；有一次他拜访了位于洛杉矶的权益基金公司，却接到老板的电话，老板说由于他宣扬权益基金公司可能存在欺诈行为，可能会被控告诽谤；两天后，权益基金公司之前的查账员劝告德克斯，为了自身的安全最好出去躲起来。德克斯的疑虑与日俱增，他把一切告诉了《华尔街日报》、权益基金公司的查账员以及证券交易委员会，但他提前把自己的担忧告诉了客户。

权益基金公司倒闭后，雷·德克斯的付出很快就得到了“回报”：证券交易委员会控告他进行内幕交易，这项指控至少会让他从此结束自己的职业生涯。德克斯为这个案子奋争了 10 年，最终美国最高法庭宣判他无罪。

证券交易委员会似乎没有吸取教训：前基金经理哈里·马科波洛斯（Harry Markopolos）提交了一份档案，这份档案中有伯纳德·麦道夫正在进行大规模诈骗活动的证据，但是没人理睬他，至少他没有被指控诽谤。有些检举人确实别有用心；有些人则是愤懑不平、愿意制造麻烦的前员工。马科波洛斯先生就是麦道夫先生的死对头；无论抱怨有没有价值，保罗·穆尔确实有很多理由对 HBOS 心怀不满。孰是孰非很难判断，但是当几十亿财富岌岌可危时，漫不经心地打发掉检举人就太不明智了。

后来，很多检举人说后悔说出真相，在戴克、莫尔斯、津加莱斯的研究中，揭露欺诈行为的人中有超过 4/5 说他们不得不辞职、被开除或者被迫降职。如果我们纯粹依靠员工的公益精神来揭发欺诈行为、批评不计后果的销售行为、指出数学建模不可靠的地方、揭露维修保养不良的现实或其他潜在的风险，我们就是冒着巨大风险，把为整个社会谋福利的重担压在这些个人身上。似乎多数人宁愿得饶人处其饶人，个中原因不难理解。

只有积极进取的人才能坚持下去，但他们坚持不懈的品质却未必能获得别人的认可。雷·德克斯非常固执，向来与人意见不同，这些特点有助于他口吐真言，但也把他与众人孤立起来。保罗·穆尔似乎受到了宗教信念的驱使：他谈到“犯了原罪”、“非常非常深刻地反省”、“不断地祈祷”。但是这种宗教虔诚在风险经理身上极为罕见，这种宗教信念能坚定他不惧恫吓的决心，同时也削弱了他的可信性。恫吓确实存在：穆尔回忆到一个同事曾隔着桌子咄咄逼人地警告他：“别跟我对着干”。尽管穆尔哆哆嗦嗦地说：“我绝对不会告诉他们真相的。”他还是坚定地揭发了真相。

有没有办法鼓励检举人在发现酝酿中的金融事故或工业事故时仗义执言呢？办法还是有的。戴克、莫尔斯、津加莱斯的研究中就显现了这样的迹象。他们关注过卫生保健领域，这个领域的多数收益都要依赖纳税人。正因为如此，检举人能够得到减免税收的奖励。这笔钱的数目十分鼓舞人心，研究显示这些检举人平均能得到大约 5 000 万美元的奖励。不出所料，这种类似中头彩的奖励“哄劝”着更多的员工大胆爆料。在卫生保健领域，这类事情发生的频率比其他领域高 3 倍。

还有一个例子，美国国税局最近提高了举报可疑逃税人的赏金，“告密”的金额提高了 6 倍。要知道现在处在风险中的资金数额也大幅提高到动辄就几十亿美元。

还有些检举人发现了潜在错误的蛛丝马迹，奖励他们非常困难。但是这个问题值得考虑，因为在金融危机中，很多人显然发觉到各银行内部及金融机构内部问题的迹象，但是他们都没有看到坦言相告有什么好处。

4 年前，摩尔站在 HBOS 大楼前的街道上流泪，4 年后，这家拥有 300 年荣耀历史的苏格兰银行在破产的边缘徘徊。公司不得不接二连三地接受紧急救援：先是被迫将自己卖给了对手劳埃德 TSB 银行，紧接着合并后的集团接受了英国政府总数达170亿英镑的援助。谁也想象不到这家庞大的机构竟然落魄到如此境地，英国金融监管机构英国金融服务局（Financial Services Authority，简称FSA）尤其感到吃惊。当时FSA的副主席是谁呢？正是解雇保罗·穆尔的詹姆斯·克罗斯比爵士。

## 确保失败事件的独立性

金融危机带来的创伤如此巨大，以至于有人不禁得出结论：应该通过监管清除所有的银行业风险，取缔花样繁多的金融工具，强迫银行持有巨额资本做缓冲。但是，这种结论既认为人们理应享受银行带来的各种好处，又同时对这种好处的形成构成了威胁。因为清除金融领域的错误会扼杀新想法的诞生，其实就是把我们了解的银行业往绝路上推。

须知失去后才会怀念。20世纪60年代，我岳父想尽办法要申请一笔房产抵押贷款，可他没有成功。他是名牙医，因此银行认为贷款风险太大。当时，不动产集中在一小群富有的地主手里，他们能够在没有竞争的情况下用很低的价格购买房产，然后出租给大众。外来移民以及有色人种往往最不可能得到贷款并自己购买住房。请不要忘记，尽管后来我们走到了轻轻松松就能获得住房抵押贷款这个极端，但这种做法最开始的方向并没有错。和其他领域一样，金融领域的一些创新难免会失败；和其他领域一样，这些难以避免的失败就是成功的创新要付出的代价：只有经历这些失败才能取得成功。约翰·凯伊提出狭义银行这一建议的目的是重建银行业，让金融体系继续冒险、发展不对整个体系构成威胁的可贵的新产品，这才是他希望采用的方式。

这也是我们从工业安全中总结出的主要经验。我们可以优先考虑找一些表明事态进展的可靠指标，它们让监管机构既能预测到系统问题，又能在危机发生时不至于稀里糊涂无所作为。我们可以通过奖励，或者至少可以保护那些坦言相告的人们，来更快地发现潜在错误、扭转局势。我们也可以更系统地关注潜在错误：核电业现在建立了一种体系来记录险兆事件，同时把信息传播给可能潜伏着同样危险的其他核电厂。但最重要的是，我们应该关注金融体系中的松耦合关系，确保失败事件的独立性。

2008 年的那几天生死攸关，美国政府放任雷曼兄弟银行倒台、力挺 AIG，后来很多人得出了截然相反的两个结论：要么认为政府本该让 AIG 和雷曼一样自生自灭，要么认为政府应该对雷曼同样伸出援手。但真正的教训是：让雷曼和 AIG 在不伤及整个金融体系的情况下自生自灭是最好的选择。让银行大而不倒，这其中包含的情绪无可辩驳，但是这种表述方式却不正确，正如多米诺骨牌表明的那样：一块骨牌因为太大而不能倒下这种说法很荒唐。我们也需要在金融体系内建立类似的安全装置，从而保证倒掉的某块多米诺骨牌不会推倒更多的骨牌。

ADAPT Why success always starts with failure

**试错法则**

在探讨如何防范未来金融危机时，最重要的是要谨记：一种体系中有两个因素会让无法避免的失败更可能带来灾难性后果，这两个因素就是复杂性和紧耦合。工业安全专家认为，降低不同过程的耦合度、减少体系的复杂性本身，就是最具价值的目标。金融监管机构也应该认识到这一点。

## “深海地平线”钻井事故的6个教训

2010 年 4 月 20 日，夜幕降临后，墨西哥湾海面的钻井平台上，迈克·威廉姆斯（Mike Williams）还在工作间工作。这个钻井平台是工程学上的一个创举，有一个 120 米 ×76 米的甲板，还保有世界上深水钻井的最高纪录：约 10 668 米深，超过珠穆朗玛峰的高度。钻井队刚刚结束了钻探工作，密封了马康多（Macondo）油井，那天他们还招待了来自钻井运营商瑞士越洋钻探公司（Transocean）及油井所有者英国石油公司（BP Amoco，简称 BP）的管理人员，共同庆祝钻井连续运转 7 年无显著事故。但随之而来的事故大大超出了“显著事故”的程度：即将发生的事故是美国历史上最严重的环境灾难。这个钻井的名字叫深海地平线。

钻井的发动机突然疯狂运转，威廉姆斯开始觉得不对头。但他万万没有想到，易燃爆的甲烷气体正在距离水面 1.6 千米深的海底汩汩涌出。甲烷被吸进了钻井发动机，迫使它们极速运行。警报响起，电灯崩碎了，威廉姆斯桌上的电脑显示器瞬间爆炸，把他从桌子边震飞。接着是一次更大的爆炸，爆炸炸掉了 8 厘米厚的防火钢门，爆炸的冲击波把他从房间一头甩到另一头。他爬向紧急出口，又一扇被炸掉的门把他顶到房间的另一头。头破血流的威廉姆斯最终还是来到了钻井甲板上，却发现工作人员已经撤离，他们根本没意识到他和其他几个工作人员仍被留在井架上。威廉姆斯默念了妻子和小女儿的名字，祷告了一句，纵身跳下了深海地平线的甲板。和阿尔法钻井灾难的那些幸存者一样，他从 10 层楼的高度跳进大海。迈克 · 威廉姆斯大难不死，但其他 11 名队友不幸遇难。

谁要为深海地平线爆炸及随后大量的原油泄漏负具体责任？这些问题将留给法庭处理，法庭同时要处理的还有几十亿美元的账单。大约 500 万桶石油倾泻进距离路易斯安纳州仅仅 65 公里的墨西哥湾。究竟出了什么问题？

逃脱不了干系的有钻井的运营商瑞士越洋钻探公司、负责用水泥密封油井的承包商哈利伯顿公司（Halliburton）、认可这些钻探计划的监管机构，当然还有英国石油公司，马康多油井就在它的名下，它全面负责这个项目。在金钱利益的强烈驱使下，每一方都指责其他人存在过错。但是，在一片混乱中，透过披露的一些细节，我们再次看到一个熟悉的模式。

**第一个教训是安全系统经常会失败。**救起迈克·威廉姆斯的船只折回去，准备从烈火熊熊的井架边拖走救生筏，此时却发现救生筏被安全绳拴在井架上。井架运营商越洋钻探公司明文规定员工不得携带刀具，结果这艘船以及救生筏被两个相互影响的安全保障措施“绑”到了灼热的石油井架上。不过，最终安全绳还是断开了，船上的人员顺利得救。再看一下一个叫液气分离器（mud-gas separator）的安全设备：油井漏油时，泥浆和气体崩溅到钻井的甲板上，工作人员将包含气体的大股泥浆引向液气分离器，这台机器马上就被淹没了，分离出的大量易爆气体弥漫在井架周围。如果没有这种设备，工作人员只需简单地将泥浆流引到井架一侧，最糟糕的事故也许就能避免。

**第二个教训是潜在错误具有致命性。**英国石油公司亲自对事故进行了调查，得出的结论是 8 个不同的防御线都被攻破了。套用詹姆斯·里森的话，就是 8 片瑞士奶酪上的洞连成了一个通道。不过也不必觉得惊讶，在这样的灾难中，几乎总是有大量的防御线遭到破坏。最显著的故障应该出在防喷器（blowout preventer）身上，防喷器是为在突发事故中封住油井而铺设在海底的设备，由一系列阀门和液压油缸组成。国会意见听证会中也提到了防喷器，防喷器当时的状况非常不妙：其中一个自动触发器没电了，另一个触发器的一个元件出了故障。液压机液体从防喷器中漏了出来，这意味着自动潜水器启动了彻底失去封井功能的防喷器。听起来不可思议，但其实类似防喷器这样的故障保护设备经常得不到应有的按时检修，因为在理想化的世界里永远都用不到它们：深海地平线钻井的防喷器安装在海面以下 1.6 千米深的海底，在极端恶劣的环境中运转，事故之前最近的一次检查还是 5 年前。

**第三个教训是如果检举人有勇气大胆揭发，事故可能可以避免。**事实上油井几个星期以来都很不稳定，英国石油公司的工程师几个月来也一直表示关切，他们觉得油井的具体设计可能不能胜任目前的工作。事故发生 3 个月前，马康多油井的管理人员就报告了防喷器存在的问题。而早在事故发生几年前，瑞士越洋钻探公司的安全记录就已经变坏了：公司表现出合并后的压力的迹象。英国石油公司有明确的政策，用白纸黑字保护那些揭露安全隐患的员工。可在现实中，尽管公司有政策，但工作和生活在近海石油开采井架上的团体成员联系密切，“鼓励”了我们在第 1 章遇到的那种因循守旧的思维方式。和银行一样，石油公司也需要找到鼓励员工大胆爆料的方式。

**第四个教训是井架系统的耦合过于紧密。**一个失败会恶化形成另一个失败。钻井架的设计有预防小规模井喷和大规模井喷的功能：钻井架上装着液气分离器来预防小规模井喷，它还控制着防喷器。但是，当最需要钻井架堵住漏油的危急时刻，钻井架本身却被一系列爆炸炸得四分五裂。人们无法在甲板上启动防喷器，因为第一次爆炸就破坏了电源线，这和阿尔法钻井事故惊人的相似。更安全的设计应该解除防喷器与钻井架控制室的联系。

**第五个教训是如果有应急计划的话可能会有用。**让英国石油公司和其他大型石油公司一样无地自容的是，它发现自己针对大规模井喷的应急计划竟然包括保护当地海象数量的措施。这种措施毫无必要：墨西哥湾石油井喷时，海象一般会用待在北极圈内的方式来保护自己。这里有个明显的暗示：英国石油公司和其他石油公司似乎把别人现成的应急计划据为己用，很显然，这个应急计划最初是为阿拉斯加或北海的钻井架制定的。

**第六个教训是常态意外理论：意外总会发生，我们必须为结果做好准备。**美国政府同意开展马康多钻井项目是因为觉得风险不大，不太可能带来麻烦。也许风险确实不大，但是事故发生的几率永远不会为零。

随着经济发展由复杂化，奠定经济基础的技术设备和把各个经济领域联系在一起的金融体系也会变得愈加复杂。深海地平线把深海钻探技术推进到了极致，三里岛核电站就建立在核电技术不断创新的时代，信用衍生工具市场蓬勃发展的同时也在探索金融功能的界限。**面对既复杂又紧密耦合的体系，仅靠试错法是不行的，因为错误的代价太高了。**

人们本能的回答是消灭错误，可这简直是痴人说梦。可行的做法是尽可能把这些高风险的体系进行简化、松耦合，鼓励检举人找出“蠢蠢欲动”的潜在错误，并且为最坏的情况做好准备，当然想到这点确实让人难过。石油工程师和金融工程师似乎不得不一遍又一遍地吸取很多教训。

# 06

# 机构试错，为失败而生

公司的本质应该是允许失败存在的安全空间。企业要发展，就要鼓励员工进行试验、创新、适应，要让他们心中有数，即使冒险失败，受损的也只是抽象的法人实体而不是他们自己。

意志坚强的人类终于在 20 世纪初被改造成了温顺的员工。

——加里 · 哈默尔

你的首次尝试会不得要领。做好安排和设计吧。

——Firefox 设计师阿萨 · 拉斯金

## 孔雀鱼与梭子鲷

20 世纪 70 年代，约翰·恩德勒（John Endler）着手研究委内瑞拉和特立尼达岛河流中的孔雀鱼，他注意到一个有趣的模式：瀑布下方水塘里的孔雀鱼往往色彩单调，但上游更远处水塘里的孔雀鱼却色彩艳丽。是什么原因导致这种差别呢？恩德勒猜测：孔雀鱼能逆流而上穿越瀑布，而噬食孔雀鱼的梭子鲷却做不到，所以上游的水塘里没有梭子鲷。色彩斑斓的孔雀鱼可谓生活在伊甸园之中，一道瀑布让它们远离梭子鲷的侵扰，为了吸引发情期的孔雀鱼，它们进化出了异常绚丽的色彩；色彩单调的孔雀鱼要在危险的环境中生存，所以身上进化出天然的保护色。恩德勒决定在严格的受控环境中检验这个假设。

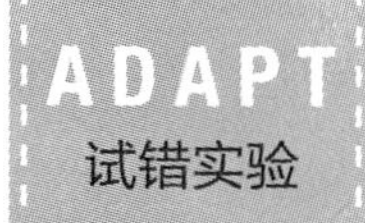


恩德勒在巨大的温室中设置了 10 个水池，养上了孔雀鱼。一些水池底铺着鹅卵石，其他水池底铺着更细的沙砾。恩德勒从两类池子中各挑出一个池子放入危险的梭子鲷，其他池子中有的放入较温和的食肉鱼类，有的不放。在 14 个月里，孔雀鱼经过 10 代繁殖，鱼群适应了周围的环境。在危险的水池中，色彩最单调的孔雀鱼生存了下来并成功繁殖，而且孔雀鱼身上的保护色也与水池底部的色彩产生了对应关系：铺鹅卵石的水池中孔雀鱼身上的图案较大，铺沙砾的水池中孔雀鱼身上的图案较小。在较安全的水池中，斑点艳丽的孔雀鱼繁殖得更多，似乎雌孔雀鱼更青睐长着鲜艳波点的雄孔雀鱼。

恩德勒教授的孔雀鱼试验是现代生物进化的经典案例，这个试验形象地说明了种群如何适应新问题，比如出现了梭子鲷。这种适应不仅迅速，而且还受环境影响，孔雀鱼要想逃脱梭子鲷的捕食，就要依赖水池底部铺设的材料。这是一个去中心化的过程，因为没有哪条孔雀鱼策划并主导了这个过程。驱动这一过程的正是失败：一些孔雀鱼被吃掉了，而存活下来的其他孔雀鱼则繁殖出更多成功适应环境的孔雀鱼。

如果这些适应原则能直接指导人们取得商业成就、获得个人的发展，那我的写作重点就成了敦促人们运用这些原则，每天只需工作一小时就能功成名就或创立下一个苹果公司、谷歌公司，要是真有那么简单就好了。

适应未必都是主动而为，也可能是被动接受。也许我们认为自己是掌控局势的恩德勒教授，但是事实上我们却是那些被局势左右的孔雀鱼。孔雀鱼不是在一条条地主动适应环境，而是一些孔雀鱼逃脱了被吃掉的命运，另一些孔雀鱼则没那么幸运。本书之前一直从约翰·恩德勒的角度看待问题，我们看到政策制定人、组织领导者建立了各种体系来释放或压抑适应行为；认识到碳税的实施会提高生态效率；创新奖金能刺激新点子的诞生；见证了唐纳德·拉姆斯菲尔德对美军的思想控制如何阻碍美军在伊拉克的适应进程；看到政府对大而不倒的银行进行财政援助实际上鼓励着银行进一步扩大规模。不过，在最后两个章节，我们要从孔雀鱼的角度看问题，探讨适应原则如何适用于公司政策和个人生活这两个领域。

梭子鲷渐渐逼近，一条长着漂亮波点花纹的孔雀鱼即将成为它的腹中美餐，这条孔雀鱼即便知道自己的牺牲能换来长着卵石斑纹的“侄子”兴旺繁殖，也不会觉得欣慰。同样，苦苦挣扎中的企业家即便意识到自己创业的失败是创造性破坏的一部分、会促进财富增长，也不可能感到慰藉。

所以，我们首先要承认一个关键差别：个人和群体不一样，可以不需要适应就获得成功。在试错过程中进化出卵石花纹天然保护色的是孔雀鱼鱼群，单条孔雀鱼做不到这一点，每一条孔雀鱼要么是生来就有适应环境的肤色，要么不是。同样，这本书中的很多英雄，如雷金纳德·米切尔、马里奥·卡佩奇、H. R. 麦克马斯特，他们之所以让人佩服，不是因为他们在主动适应环境，而是因为他们在面临从众的巨大压力时，有勇气继续试验新观点。在商业领域，如果你在恰当的时刻、恰当的地方碰巧找到了正确的策略，不需要努力适应就能生意兴隆。比如亚马逊网，这家公司没有自觉地试探通往成功的道路，相反，公司的创立者们都没有发现并抓住互联网零售业新机遇的运气或眼光。

而我们和亚马逊网、卵石花纹的孔雀鱼以及米切尔、卡佩奇这样的天才不一样，我们不会一举成功。幸运的是，我们有一些孔雀鱼不具有的能力：逐渐适应的能力。孔雀鱼只有一次获得肤色的机会，如果生来花色不对，它要么死在梭子鲷的口中，要么无法吸引雌鱼。而我们的失败举动很少有致命性。尽管具有多种局限，我们还是能按部就班地逐步试验或者同时进行多个试验：我们可以先试试卵石花纹，如果不行再试试波点花纹，或者同时试验两种花色。

ADAPT Why success always starts with failure

**试错法则**

在商业领域和个人生活中运用适应原则有 3 个重要步骤，本质上就是帕金斯基三原则。第一，试验新事物，就要估计到必定有失败。第二，允许失败存在，为失败创造安全空间，或不急不躁稳步前进。就像我们在银行和城市的发展过程中看到的那样，这么做是为了找到试验的正确的“度”：既要重要到造成影响，又不能像赌博那样一着不慎、全盘皆输。第三，确保失败时自己能够有所察觉，否则就永远无法接受教训。在生活中进行适应调整时，最难做到的就是最后一条。

本章将首先探讨公司怎样才能像孔雀鱼群而不是单独的孔雀鱼那样试验各种方法，然后采纳有效方法。我们已经看到了一个这样的例子：建立臭鼬工厂，打造创新领域的加拉帕格斯岛。但是，还有一些其他的方法和组织，它们积极采用与帕金斯基原则类似的原则：鼓励多元化、逐渐试验、从错误中学习，同样大获成功。它们展现的都不是商业成功的不二法门，而是可行的思路。

## “没有秘密”的政策

请看这样一家蓬勃发展的公司，暂且叫它差异机器（Difference Machine）。这家公司打理着几个分部，每个分部都由七八个小型团队组成，公司的去中心化模式不仅体现在这些方面。而且在这些专门的团队中，团队成员有很大的自主权，能自主决定提供给顾客具有什么特色的产品、制定什么价位、采用何种营销推广方式。这些决定既不需要上传到总部，也不需要反映给分部主管，基层员工就可以拍板，这样就能在小范围内试验新方法、因地制宜进行调整。

此外，这些团队还打破陈规、进行自我筛选：团队招募的新员工要经过 4 个星期的试用期，转正需要征得 2/3 成员的同意，而且据说优秀团队的标志是团队成员敢公然反对队长的建议，把不能胜任的新成员踢出队伍。分部办公室和总部高管都采用这种选拔方式。

差别机器公司还提倡相应的进步理念，用商业道德来指引这个去中心化、热衷于试验的机构。这一公司使命与员工权利至上的激进模式结合在一起，似乎公司不怎么看重赚钱这一根本要务。其实并非如此，很多年前公司总裁就在博客上写道：“如果不能获得丰厚利润，我们根本无法完成使命。”事实上，员工都很清楚自己的职责所在。很多员工拥有员工优先认股权，各分部对利润的重视更加直接：分部每 4 个星期就把各团队当月的盈利与上个月作对比，若增长达到一定程度，每个团队成员都能拿到一笔奖金。公司用“没有秘密”的全透明政策来推动健康竞争：员工能查到公司的很多财务数据，每个团队都了解其他团队的业绩，这种机制能够让不良想法无处遁形，从而防患于未然，同时也能让好想法在整个公司横向传播。

这种把权力和责任下放给一线员工的激进做法富有成效：在《财富》杂志评选出的100家最适宜工作的公司中出现了它的身影；2009年，公司的销售额是80亿美元，上市后公司的营业额每隔3年就翻一番；公司的市场价值与员工数足有其10倍的竞争对手不相上下。

这个堪称模范的创新公司究竟来自哪个行业呢？我们可能以为它要么是一家目空一切的软件公司新秀，要么是研究基因学这种宏大课题的环保技术公司，再不然就是规模庞大的国际外包公司。事实上，“差异机器”并非谷歌的另一个别称，它来自世界商业领域最无聊的一个分支：超市。说起这个行业，大家往往会联想到工作没出路、员工无权利、中心办公室下达全部指令、电脑和会员卡调控一切。其实“差异机器”就是美国全食超市，这是一家高端杂货连锁超市，以有机商品为特色，商品种类繁多，加里·哈默尔的《管理大未来》(*The Future of Management*)一书对它的管理方式做了详细描述。

当然，这种商业模式也不是超市业唯一的成功方法，一些采用集中化管理的超市效益也很好，如美国的沃尔玛、英国的乐购。虽然它们依然在试验，但是它们成功地对试验进行了集中控制、让试验自动开展。全食超市的例子只是证明，即使在这个早已经过严密整编的行业中，以员工为主导的激进管理模式也能出奇制胜，这种模式似乎不仅仅适用于理想的新兴硅谷公司。

全食超市并非独树一帜。英国一个毫不起眼的品牌廷普森(Timpson)也运用到了前面谈到的几乎所有管理方面的创新思路。廷普森有几百家分店，主要经营配钥匙、修鞋、修表、雕刻等小型零散业务，英国的很多重要商业街上都能看到它的分店。廷普森也和全食超市一样，采取“没有秘密”的政策，公司经常给全体员工发放小册子，解释公司现在从事的业务及银行的存款额。和全食超市一样，各家分店的员工负责决定货架上摆放什么商品、交易是否成交、是否提拔员工，公司董事长约翰·廷普森称之为“自下而上的管理”（upside-down management）。如果一个男孩想到店里给祖母雕刻一个小东西，但按正常价格算他的钱根本不够，店员就有权决定是否少要点钱；如果接到顾客投诉，最基层的商店助理也有权花500英镑解决问题。廷普森公司总部没有大型的投诉中心，它根本就不需要这种机构。分店会根据团队的业绩给员工们颁发绩效奖金。廷普森先生走访分店时，对店里的情况已经胸有成竹。其实廷普森先生经常来访，因为每个星期他有4天时间什么事也不干，专门到店里和员工们聊天。

廷普森买下一家商店时，首先要做的就是把店里的电子支付终端搬走，用老式的收银机取而代之。“电子支付终端让总部的人运营公司，”廷普森解释为何采取这种做法，“我不想让他们来操控公司。”电子支付终端赋予了总部权力，但是却难以灵活应变、满足顾客的需要。约翰·廷普森举了一个例子，酒店酒吧有半价饮料畅饮时间，但是因为他喝到一半加单时，优惠时间已经结束，酒吧电脑控制的销售系统拒绝接受半价的账单，所以他就买不了半价的饮品。员工受职权限制只能说：“这样我没法结账。”顾客当然会很恼火。想到这些廷普森先生就很生气。

约翰·廷普森、全食超市的约翰·麦基（John Mackey）总结的经验和H. R. 麦克马斯特在伊拉克总结的经验不谋而合：**世界上最好的电脑也代替不了亲临现场、了解情况、根据反馈迹象马上做出调整的做法。**借用哈耶克的名言，就是“了解时间和地点这些具体形势”。保持集中控制与去中心化试验的平衡要靠具体环境：在核电站，我们要工程师相互留心，但是不希望他们即兴发挥出操控反应堆的新方式；同时，我们也不能在眼看AIG这样拥有12万名员工的大企业被仅有100名员工的部门搞垮时坐视不管。

总之，正如第 1 章提到的那样，越来越多的公司开始去中心化、扁平管理等级结构、为更多的基层员工发放绩效奖金，它们之所以采取这些举措，是因为因地制宜的人获得的回报越来越多。麦克马斯特对“通过电脑屏幕就能把握形势”的观点大加批评，约翰·廷普森的表述可能不那么尖锐，但这两个肩负不同职责、截然不同的人物得出的结论却不谋而合。

## 共同监督、防微杜渐

“我们只有两条规定，”约翰·廷普森说，“第一，像模像样。系上领带，准时上班，友善待客。第二，收钱。”第二条规定很有意思：有了这么大的自主权，难保员工不从公司里偷钱。这还不是全部问题：如果机构赋予成员完全的自主权，如何确保成员不是仅仅追求个人的利益，而是尊重机构的整体利益呢？

在某种程度上，要依靠对员工的信任。廷普森公司的培训手册上描述了 20 种最简单的侵吞公司资产的方式，让大家明白公司深知采用这种运营方式的风险，但同时也表明，公司无论如何都信任自己的员工，因为很多人对获得他人信任的反应是变得更值得信赖。在某种程度上，还要得益于公司对业绩的强烈关注：廷普森公司和全食超市都密切关注员工业绩并经常予以奖励。但这些体系之所以有效，最主要的原因在于员工相互留心，有决不纵容偷懒、欺骗行为的巨大动力。

“这让我们更加关注员工本身，因为采用这种经营方式必须得有合适的人选。”约翰·廷普森说。他强调业绩不佳者不仅会给公司带来损失，还会连累同事，“要是这个人对工作不感兴趣，为了上班而上班，我们不会需要他，和他共事的其他员工也不会需要他”。廷普森公司的员工中有一半是通过朋友引荐加入公司的，换句话说，廷普森公司让自己的员工来招募“合适人选”。还记得吗？在全食超市中，团队新成员有 4 个星期的试用期，试用期结束后他们需要赢得 2/3 同事的信任。

全食超市和廷普森公司都运用了共同监督（peer-monitoring）体系。这种做法很有道理：如果权力被下放到机构一线，那么一线就既是区分好、坏想法的地方，也是区分某人是否是合适人选的地方。这就是穆罕默德·尤努斯提倡的小虫视角。这种做法和上一章提到的检举人有异曲同工之妙：发觉苗头不对的正是长期在某个岗位或者某个分部工作的人。问题在于如何鼓励他们在看到问题时大胆指正。廷普森公司和全食超市如此看重团队业绩，每个月甚至每个星期都对业绩进行考核、宣传和奖励，其用意何在，不难揣测。当然，共同监督也不是任何时候都起作用，共同监督的团体也可能变得一味谋求私利，甚至彻底转变成腐败团体，所以难怪约翰·廷普森多数工作时间都在廷普森各个分店走访。但是，这种方法能细致地防微杜渐，公司总部监督的方式根本无法与之相比。

共同监督的形式可以多种多样。廷普森公司和全食超市的做法是确保人人尽职尽责，谷歌也广泛采用这种方式。在谷歌，共同监督就是保持一种智力挑战的氛围。谷歌时任董事长埃里克·施密特（Eric Schmidt）把自己的职责定位为调解争执，促使别人做决定，而不是自己说了算。反正公司也没因为他是老板就对他额外照顾：到谷歌上班的第一天，施密特就发现一位工程师坐在自己指定的那间办公室里，原来办公室里摆着两张办公桌，这位工程师看上了其中一张办公桌，遂据为己有，施密特则乖乖地选了另一张桌子。

在研发出戈尔斯特面料（Gore-Tex）的戈尔公司（W. L. Gore），员工负责选举总裁：董事会在戈尔的“合伙人”中进行民意调查，找出他们愿意追随的领导者，这个人可以是公司中的任何人。大家选了特里·凯利（Terri Kelly），她立刻就走马上任。戈尔的“合伙人”还自己选择同事和项目，发号施令的是工作本身，而不是领导机构。一名戈尔“合伙人”说：“你要是对别人颐指气使，他们就再也不会为你工作了。”用约翰·廷普森的话来说，这就是“自下而上的管理”，显然，这种管理方式不仅局限于繁华的商业街。

虚拟世界也与共同监督密切相关：例如，谷歌用搜索算法衡量一个网站与其他网站相比的受欢迎程度，Ebay 需要买家和卖家相互为对方的信用评级，维基百科中任何人都可以编辑其他人的文章，还有成功打造出火狐和 Apache 的开放源码运动，其中的重要基本原则都是共同监督。不过，和廷普森的例子一样，这种方式也不仅局限在前沿的众包技术领域。

在参观欣克利角 B 核电站时，我也看到了共同监督的典型例子。负责检查辛克利两座大型改进型气冷反应堆安全状况的是彼得·希金森（Peter Higginson），这位慈祥的科学家来自什罗普郡（Shropshire），他向我简要介绍了辛克利的安全文化。辛克利的安全文化让人赞叹，它同样离不开共同监督：所有的重要举动都要经过另一个同事的仔细检查，比如扳动反应堆控制室中的一个开关；无论是接待员、保安还是宣传员，每位员工都要参加核安全的培训课程；每个人都有关注其他人的责任。听起来很了不起，不过真有这么好吗？

后来，我们换上防护服、防化靴，准备到涡轮机厂房参观。就在我们打算离开会议室时，一位中年女士推着送三明治的小推车走了进来，她长得很健壮，还戴着安全帽。她看了我们一眼，礼貌又坚定地提醒东道主：我们把鞋子放在那里容易绊到别人，请我们把鞋子移开。也许这种小事不多见，而且鞋子确实与反应堆堆芯的问题相去甚远。但是，这种共同监督发挥作用的场面让人难忘：遇到问题立刻纠正，无论问题多么微不足道、无论反应堆安全与送三明治的女士之间的等级关系有多曲折。

## 公司的策略是没有策略

欣克利角 B 核电站的重中之重，就是保证核电站一丝不苟地按照计划运转、不允许出现任何偏差，但是其他公司面临的挑战是不能固步自封、要天天进步，其中最具代表性的就是谷歌。

拉里·佩奇（Larry Page）是谷歌的缔造人之一，公司的 PageRank 搜索算法就是以他的名字命名的。但 2002 年，佩奇让董事长施密特看到了截然不同的“发明”，他制造了一台机器，能把整本书一页页扫描成电子形式。佩奇想知道谷歌能不能把全世界的书都扫描成电子版，以方便查找信息，但他没有让实习生来装配机器，也没有委托咨询公司进行分析，相反，他和时任副总裁玛丽莎·梅耶尔（Marissa Mayer）联手，想看看两个人多快能把 300 页的书制成电子图像。两名谷歌的高管亲自动手，用一个胶合板外壳、两个固定夹板、一个节拍器、一个数码相机试验这个项目，而整本书从白纸黑字变成像素图片只用了 40 分钟。

佩奇抽出时间研究这个项目时，心里想的并不是自己是谷歌的创始人、可以为所欲为，相反，他认为每一个谷歌工程师都有这样的权力，自己也不例外。谷歌有一个广为人知的 20% 自由时间的政策：任何员工上班时都可以抽出 20% 的时间研究一些似乎毫无价值可言的项目。从这些个人研究项目中诞生了 Google News、Google Suggest、Adsense、社交网站 Orkut 以及谷歌半数的成功产品，当然还有失败品，且数量惊人。

如果全食超市也让自己的员工喜欢什么商品就即兴上架什么商品，可能收获甚微，但谷歌提供 20% 的自由时间这一做法成功地运用了全食超市依赖的一个基本原则，即同事认可。经理不会妨碍单个员工的项目，决定加快发展哪个项目、放弃哪个项目的是其他工程师：如果你无法说服同事们帮助自己把想法付诸实践，它就不会成功。经理可以为创新提供空间，但投入时间和精力的却是同事们。后来，谷歌规模日益庞大，埃里克·施密特、拉里·佩奇和谢尔盖·布林（Sergey Brin）正式确立了相关程序，以支持有研究价值的创新活动。这一举动的目的不是遏制更多项目的发展，而是为那些可能淹没在两万名员工中的项目提供额外的资金和资源。

**试错法则**

**我们再也找不出比修鞋连锁公司廷普森和网络搜索巨头谷歌差距更大的两家公司了，但两个公司以下几个表述却颇为相似：谷歌要保持“没有笨蛋的乐土”，而廷普森坚持把“傻瓜”赶出公司。“笨蛋”是不够优秀的工程师，“傻瓜”是不关心公司、不全力以赴的店员。两者的根本理念毫无二致：在以团队成员而不是自上而下的规定为选择机制的公司里，不尽职尽责的员工根本就没有立足之地。**

20% 的自由时间这一策略并非谷歌的专利，不仅硅谷地区的公司竞相效仿，而且早在谷歌诞生前就有公司先行采取了这种策略。类似的策略已经在戈尔公司实施了半个世纪之久，公司所有员工每周都有半天的业余爱好时间。我们再一次看到，尽管众多硅谷公司堪称试验法的完美范例，而且它们打造的网络社区更称得上是这方面的绝佳例子，但是基本思路早在万维网出现前就已经异军突起，并在实践中卓有成效。

谷歌和戈尔公司的创新产品层出不穷，这样的公司清楚，只要为聪明人创造足够的空间就能收获惊喜。它要么是生产出喷火战斗机，要么是解决经度问题，要么是改造老鼠基因的技术，要么是创立 Gmail。要获得这样的成就，付出漫长的等待也值得。戈尔公司如今雄霸市场的 Elixir 系列吉他琴弦就是一个典型的例子。戈尔公司的工程师大卫·迈尔斯（Dave Myers）先是把戈尔斯特聚化物（Gore-Tex polymer）涂到自己山地车的车链上，后来又把它涂到吉他琴弦上，经历了漫长的试验期才研发出了这种琴弦。戈尔公司从没有涉足过音乐界，迈尔斯的行动也没得到管理层的批准，因为他不需要。

管理大师加里·哈默尔认为，谷歌尽可能多地推出新产品的做法，实际上是在积极地运用达尔文策略，不过它不是一条孔雀鱼，而是装满了各种孔雀鱼方案的温室。谷歌是个单纯的进化机构：开始时只是一个搜索引擎，然后与美国在线和雅虎联手，把网站采样转变成具体收入，后来发展成一个把搜索结果与广告绑定到一起的体系，再后来谷歌又想出了 Adsense 的点子：可以让广告与任何网页关联到一起。这一发现纯属偶然，当时谷歌正在开发 Gmail，打算通过 Gmail 的收件箱发送关联广告，结果却把它扩展成了谷歌应用程序以及其他的项目。哈默尔认为："就像机体偏爱有前途的基因一样，谷歌的成功多亏了意外的运气。"这句话道出了很多公司的真谛，全食超市的麦基就自诩为"偶然成功的杂货商"，不过谷歌把它升华成了指导原则。

哪家公司在主动尝试新事物时会抱着难免失败的念头呢？谷歌。帮助拉里·佩奇制造第一台书本扫描机的副总裁玛丽莎·梅耶尔曾说过，80% 的谷歌产品注定要失败，但这并不重要，因为人们会记住那些成功的产品。她说得很对：谷歌的形象并没有因 Knorl 和 SearchMash 的平庸表现而受损，而 Knorl 是谷歌推出的一款服务，与维基百科相似但没有推广起来；SearchMash 是代替谷歌搜索引擎的试验品，现已停止使用，一位搜索专家称之为"谷歌迄今为止最糟糕的产品"。颇有影响的 TechRepublic 网站做过一个调查，2009 年 5 个最差的技术产品中就有两个出自谷歌，而且它们是谷歌的主打产品，即 Google Wave 和安卓 1.0 手机操作系统。虽然很多人对 Gmail、谷歌阅读器、谷歌博客颇有微辞，可大多数网络用户还是知道并且依赖谷歌搜索引擎、谷歌地图和谷歌图片搜索。只要公司不在失败的产品上浪费太多资金，少数重磅产品似乎证明这些试验还是有存在价值的。

这就是谷歌运营的根本原则。谷歌和约翰·恩德勒一样，建立了自己的孔雀鱼水池，然后静待结果出现。谷歌的公司策略就是没有策略。

## 爱迪生推崇的常规试验法

几年前，经营工艺品和纺织品的连锁公司乔 - 安纺织品公司（Jo-Ann Fabrics）面向顾客开展了一次惊喜促销活动。这次促销既没有让人惊喜的创意也不是让人惊喜地慷慨，事实上促销手段很没劲儿：买第二台缝纫机时打 8 折。谁还想买两台缝纫机呢？但是这次促销却惊人的成功。消费者发现每台缝纫机能省 10% 的钱，于是就有了购买的欲望，他们开始四处寻找想买缝纫机的朋友。简而言之，这种古怪的打折法无意中变成了招募业余销售员的手段。

比这种促销方法更有趣的是其发现过程。乔 – 安纺织品公司把自己的网站 JoAnn.com 当成了资料库，通过电脑随机向不同顾客自动显示不同的网站设计和不同的优惠力度。乔 - 安公司做好了准备，即便很多种优惠方式行不通，公司也能承受得起，这种做法恰恰符合帕金斯基原则中的前两条。在这个随机过程中，公司发现了很多看似不可行的成功促销手法，“缝纫机大买家”的促销方式就是其中之一，经过网络的随机试验，公司平均在每位访客身上获得的收益是原来的 3 倍多。

伊恩 · 艾瑞斯（Ian Ayres）在著作《超级数字天才》（*Super Cruncher*）中分析，类似乔 - 安公司的例子日益普遍。提供信用卡的机构一直在利用垃圾邮件进行组合试验，即通过一层层叠加随机广告产生大量数据，这种组合试验比人们之前领教过的随机试验动力更为强劲。试验的结果用来完善邮件广告、吸引更多顾客。以前，这种试验需要数据专家和前沿的计算机技术，现在却很容易在网上进行。谁都能从 Google Adwords 上购买一两个广告位，看看哪种更有效。伊恩 · 艾瑞斯正是用它选择了“Super cruncher”作书名，而不是自己最喜欢的“The End of Intuition”。如果是更大的项目，还会有专业人士鼎力相助，将组合试验的功效发挥到极致。

这些试验不仅局限于网络。超市也可以进行，它们可以随机调整商品卖价、货架位置、提供给会员的宣传单或者在当地报纸上的广告设计。日新月异的消费品公司则在主打品牌的包装上做文章。出版社有时会提供杂志或书籍的不同封面，看看哪种销量更好。

一个多世纪以来，已经有很多公司默默地进行了大量的试验。1887 年，被誉为“门洛帕克的奇才”（Wizard of Menlo Park）的托马斯·爱迪生在距离新泽西州西奥兰治市几千米远的地方建了一些大型实验室，把试验法推进到了系统化和工业化的程度。他为自己的“发明工厂”雇用了几千名员工，确保储物间原料充足，合理规划实验室，保证在尽可能短的时间里进行最多的试验。作为工业研究之父，爱迪生有句名言广为流传：“如果发现 1 万种材料都不起作用，我也不算失败。我更不会灰心，因为每抛弃一种没用的材料都是一种进步。”他还直白地评论试错法的这种工业化操作：“成功的真正标准是在 24 小时里最多能做多少试验。”

由于引进了廉价的超级电脑和其他系统试验技术，现在可做的试验数目可以是几十、几百，甚至几万个。制药公司采用组合化学方式从异常多的可能药品中搜索新药品：几千种不同的化合物或者在一个单独的硅片上进行合成，或者粘在粒状聚合物表面进行混合和进一步合成，或者在无人干预的机器人实验室里进行批量合成。然后对产生的混合物进行平行检验，回答两个简单却重要的问题：这些化合物有毒吗？人体能吸收它们吗？硅片制造商在虚拟环境中设计定制硅片，再通过试验进行测试和改良。电脑运算速度越快，设计和检验新电脑硅片的速度就越快。汽车空气动力学研究、汽车撞击时安全状况的研究中也运用了同样的过程。这些大规模平行试验的根本出发点都是一样的：**当问题的复杂性达到一定水平时，速度惊人的系统试错过程远比正儿八经的理论更为有效。**

在第 3 章里，我们看到医学领域和援助贫困发展领域的随机试验让一些人深感不安，商业领域也是如此。几年前，一家消费品公司找到杜克大学及麻省理工学院的营销学教授丹·艾瑞里（Dan Ariely），向他咨询如何在顾客中进行试验。这是一个明显的改变：《怪诞行为学》（*Predictably Irrational*）一炮打响，艾瑞里因此成为知名度最高的行为经济学家。艾瑞里一直用试验来发展、检验心理学和行为经济学的观念，例如“免费”并非一分钱不要，尽管“买一赠一”和“买两件、打对折”同样实惠但给人不同的感觉。如果把这种独到见解运用到现实社会中，可能会让这些公司受益匪浅，也能让艾瑞里利用此次合作为自己的学术研究搜集大量资料。

起初一切顺利。试验准备就绪，即将在大量网站上推出各不相同的优惠组合方式，此时公司的一些高管们却提出质疑，他们的理由是：有些消费者将得不到好处。这种看法和其他领域对随机试验经久不衰的控诉如出一辙。“因为我们推出的优惠力度不同”，艾瑞里解释了他们为何担心，“有些顾客可能买到不那么理想的商品，或者花了更多的钱，或者交易不如其他人的合算。”从某些角度看，这些高管的担忧比我们在第 4 章驳斥的那些理由更说得过去。反对随机试验的两种主要看法是：

◎ 要在试验主体知情并且同意的情况下接近他们；

◎ 试验要让社会上更多人受益。

但是这两个反对意见不适用于商业领域。首先，你不能告诉消费者：之所以不给他们优惠，是因为公司想知道给其他的消费者一定折扣会有什么影响；其次，设计这个试验的目的是让公司获得更多的利润，消费者未必是获益人。

不过，真想打消这些顾虑也不是没有办法。如果零售商只是想检验一定的折扣能否增加销量、带来收益，有个简单的方法可以补偿试验中用全价购买商品的消费者：在他们决定购买后，同样给他们折扣，要么马上打折，要么在试验结束后给予现金返还。

最后，高管们还是决定改用他们觉得更自在的方式：让艾瑞里直接告诉他们最好的营销手段。这就是阿奇·柯奇拉所说的上帝情结，在这里，艾瑞里扮演了上帝的角色。但是艾瑞里觉得操控得当的试验得出的才是真理，自己的专业意见不如它有分量。“公司耗费巨资，从那些过分相信自己直觉的顾问那里寻找答案。”这个现实让他非常惊讶，项目就此结束。

ADAPT Why success always starts with failure

**试错法则**

**尽管遭遇过重重挫折，爱迪生推崇的常规试验法已经得到了广泛运用。这种方法比 20% 的自由时间及自下而上的管理方法更让人放心：它不像它们那样不受约束，不会对公司现有的权力结构构成威胁，也不怎么威胁现状。**

当试验变成了常规做法时，沃尔玛、美国第一资本金融公司（Capital One）这样的公司就可以在总部处理大量信息，公司的等级管理结构就会毫发无损。相反，为公司员工创造空间、让员工齐心协力创立引领市场的吉他琴弦品牌这种事情，尽管事后看来让人大呼过瘾，但事到临头时，多数公司都会觉得坐立不安。在过去半个世纪里，很少有公司真正效仿戈尔公司的做法，其中必有原因。尽管戈尔公司、谷歌已经激进到了这种程度，但有些研究公司的学者还是认为它们的方法可能依然不够彻底，无法应对真正的颠覆式创新。

## 当公司变成恐龙

孔雀鱼繁殖得很快，所以约翰·恩德勒短短几个月里就“制造”出了孔雀鱼的进化过程。哈佛商学院的克莱顿·克里斯坦森（Clayton Christensen）[①]想要搞清楚，为什么一些看似实力雄厚的公司会突然在竞争中消失得无影无踪，为此他要先找一个和养满孔雀鱼的温室对应的经济参照物。硬盘驱动器行业是他研究的第一站：这个市场上的企业新贵似乎有赶超市场领袖的趋势。就像约翰·恩德勒在孔雀鱼身上的发现一样，克里斯坦森发现了几个要点，这些要点说明了一个更为普遍的真理。

克里斯坦森对硬盘驱动器生产商寿命短暂的最初解释是技术泥石流：技术改变的步伐如此疯狂，以至于众多公司仓皇失措，试图追赶技术高峰，但它们脚下的土地却在不断地流失。难怪曾经叱咤商场的制造商 10 年后就成了残兵败将。但是，当仔细审视这个貌似可信的理论时，它就站不住脚了。一流的硬盘驱动器生产商资金流充足，可以为进一步创新提供资金，而且可以根据源源不断的顾客反馈信息不断改进工艺。这些公司比刚入行的公司更能远离泥石流的危险，并且在纯粹的技术竞赛中一遍遍地打败那些企业新贵，无论是携驱动速度更快、存储信息更多的驱动器在市场上崭露头角的驱动器制造商，还是拥有最新款、最清晰镜头的照相机商，抑或是款式最新颖、鞋底设计更巧妙的运动鞋生产公司。

克里斯坦森发现，让曾经的市场领头羊走向毁灭的不是前沿科技，而是一种颠覆性的全新方式，这种方式的技术含量往往不高，并且对领军企业的主要顾客而言基本没什么价值。20 世纪 70 年代后期，领军的驱动器制造商的主要客户群是大公司和银行，它们需要的计算机体积和房屋不相上下，为了满足客户需要，这些制造商不断完善此类产品。这些客户对体积和存储空间更小的新一代驱动器毫无兴趣，但是在王安实验室和惠普公司这些先驱的努力下，这种新型的驱动器开拓出了台式电脑的新市场。最终，小型驱动器在技术上领先一步，连之前的大

① 想更多的了解克里斯坦森的观点，推荐阅读由湛庐文化策划出版的《创新者的课堂》《创新者的处方》。——编者注

型计算机客户也开始购买小型驱动器，此时，传统的驱动器制造商已经彻彻底底地落后了。

人们更熟悉的例子，数码相机的教训也基本一样。最初的数码相机非常昂贵，图像效果很差，而且储量很小。对要求相机价格低廉的业余摄影者和要求图像更清晰的专业摄影师而言，数码相机用处不大。在数码相机问世前，胶卷相机的主要制造商是照相机市场上的霸主，它们本应该对这种新型照相机有所警惕，但是从当时的市场情况来看，没有多少让它们担心的理由。

不过，早期的数码相机也吸引了一些小众用户，即便没有数码相机，他们也不会费劲儿使用胶卷相机。例如，20 世纪 90 年代末，我就用这样一台数码相机拍摄了公司的一些会议，然后把图片存在软盘中方便以后整理。价格和图像质量差都不再是问题，重要的是有了它，就能轻松地把图片存进电脑，再用电子邮件将其发给总部的助手。这个小众市场为技术的发展提供了立足点，数码相机技术后来迅猛发展，只有一些怀旧的抵制者还坚持使用胶卷。此时，佳能已经在市场上占据重要地位，在风云变幻的格局中，很多曾经辉煌的名字如富士、柯达、奥林巴斯、徕卡才慌慌张张地试图与时俱进。

而在某些方面，桌面电子邮件软件和互联网电子邮件之间的战争更能说明问题。20 世纪 90 年代，Microsoft Outlook 无疑是最占优势的产品，而互联网电子邮件存储空间有限、不好操作而且异常缓慢，因为上网要靠拨号连接。多数公司都用 Outlook 处理邮件，再加上 Outlook Express 适用于静态的小型国内市场，因此用户觉得它比互联网电子邮件更具优势。但是互联网邮件也有一个小众市场，一些网络高手把它当作备用账户，而学生们因为能免费上网、希望能在校园中不断换电脑时也能收发邮件，所以也选择互联网邮件。后来，网络连接速度、存储成本、浏览器的完善程度都有了显著提高，互联网邮件的真正潜力全面展示出来：可以用它来备份文件、可以把它作为功能多样的主要邮件账户、还可以离线使用。

微软公司在这一转变中遭遇的困难尤为突出：尽管早在新战役打响前，公司就购买了领先的互联网电子邮件服务商 Hotmail，尽管互联网邮件技术对微软公司的软件工程师而言并不复杂，但 Hotmail 的功能在谷歌 Gmail 的面前还是相形见绌。

颠覆式创新之所以具有颠覆性，是因为新技术不能引起传统消费者的兴趣：这种技术不同以往，而且对传统消费者的目标而言，这种技术不够优越。但是，这种新颖的颠覆性产品恰恰满足了由新兴消费者组成的小众市场。他们想要更小、更便宜的硬盘驱动器、喜欢能拍出数字化文件的照相机、青睐能在任何电脑上打开的电子邮件。他们愿意接受这个现实，即按传统标准来看，新产品不如原有产品。小众市场的这个立足点给新技术创造了发展的机会，总有一天它将威胁到原有的模式。

对曾凭借旧技术引导市场的企业而言，问题不在于它们缺乏创新的能力，而在于它们缺乏创新的愿望。颠覆性技术出现时，现有的竞争者可能会惊慌失措，因为这种技术与以前的完全不同，对数码相机而言确实如此，但互联网邮件、小型硬盘驱动器不同，它们利用的是现有技术。克里斯坦森发现，问题往往与心理和机构而不是与技术有关：大型机构很难关注到微不足道的新思路，这种思路赚不了大钱，引不起重要客户的兴趣，甚至让他们反感。没错，微软是购买了 Hotmail，但它很难把更多的注意力投放到 Hotmail 上，而是依然更看重 Outlook。微软的主要客户认为互联网邮件无关紧要，但谷歌的用户不这么认为，谷歌只提供网络应用程序，Gmail 应运而生。

我们已经知道，在面对潜在的颠覆式创新时，公司可以采用下面这种解决方案：建一个臭鼬工厂，一个公司版的吕贝克城，另起炉灶，不受母公司的文化、侧重点和政策的影响。洛克希德公司的臭鼬工厂这个名字是有来历的，它原来叫斯肯克工厂（Skonk works），刚成立时建在一个马戏帐篷里，紧挨着一个臭烘烘的塑料工厂。由于研究项目压力巨大且高度保密，工程师即使在 20 世纪 50 年代也是衣着随便，而且经常互相恶搞来舒缓紧张情绪，“臭鼬工厂”（Skunk works）这个别称由此而来。洛克希德公司的文化，无论是好的还是坏的，几乎都影响不到臭鼬工厂的运营。

臭鼬工厂算是一个半独立的分部，甚至可以说是全新的机构。它可以通过新途径推动公司的核心业务，也可以拓展全新的业务。

这种思路不局限于军需工业。美国塔吉特百货公司是一家高级折扣零售店，它是传统的连锁百货公司代顿·哈德森公司（Dayton Hudson）内部的大型独立机构。塔吉特百货适应了购物空间宽敞、远离市中心的新模式，规模迅速壮大，甚至让母公司都黯然失色。与其让其他新兴公司把自己比下去，还不如被自己的子公司比下去，所以代顿·哈德森公司更愿意接受这个结果。股票经纪公司嘉信理财公司（Charles Schwab）决定进军网络股票经纪行业，于是建立了一个完全独立的机构，提供网上折扣股票交易服务。没想到网络机构的发展异常迅猛，只用 18 个月的时间就吞并了母公司。假如嘉信理财公司采取更谨慎的方式，公司的既得利益就可能会扼杀网络服务，也许几年内嘉信理财公司就会被其他网上竞争对手排挤到边缘地带。

理查德·布兰森的维珍集团也是一个例子。布兰森在创立维珍唱片公司之前从事音乐发行。他开展的业务五花八门：跨大西洋航班、低价航班、手机、铁路、婚庆、可乐、伏特加、高端旅游、太空旅游、电台及金融服务。负责这些业务的都是互相分离的独立公司，有时是分散在几个国家的几家独立公司。有些业务没能成功：比如维珍可乐，它的主要成就是挑起了可口可乐的决定性反击；还有一些业务好景不长，如维京唱片城（Virgin Megastore），短暂的辉煌过后，整个行业模式都没落了。布兰森继续往前探索。但是由于整个维珍集团内从事各种行业的各家公司一直保持着高度的独立性，这就允许不同机构集中精力打造自己的重点业务，即便哪家机构失败了也不会波及他人。

美国陆军在越南面临游击战这种“颠覆式创新”时，战争性质已经改变，美军在发达国家战争中好不容易积累的经验毫无用武之地，但是他们不愿意接受这个现实。正如一位高级将领所言：“要是为了打赢这场差劲儿的战争，眼睁睁看着美国部队、部队机构、部队原则和传统全都被摧毁，我就该死。”那些高管们看到貌似笨拙的新技术给引领市场的公司造成困扰时，肯定也有同样的想法。有些创新颠覆力强大，会让公司中的每一个人都无所适从：写满主要客户名字的通讯录变得毫无用处，原有的技术一无是处，几十年的业务经验也一文不值。简而言之，无论是有意为之还是无意而为，只要颠覆式创新在公司内部流行起来，公司中所有有头有脸的人物都将风光不再，所以他们绝对不会允许这种情况出现。结果，公司最终可能会发现自己陷入了严重的危机，甚至还会因此而破产。还记得前言中汤姆·彼得斯对“今天哪家企业还是卓越企业”的切身体会吗？很多公司很可能会面临这样的命运，甚至本章表扬过的公司也不例外。

但是公司都消失了，这还重要吗？

## 为失败而生

公司仿佛已经变成了一种永葆青春的机构，似乎在人们心目中具有了更持久的生命力。**作为一个合法机构，公司的本质应该是允许失败存在的安全空间。**公司要发展，就要鼓励员工进行试验、创新、适应，要让他们心中有数，即使冒险失败，受损的也只是抽象的法人实体而不是他们自己。

我曾在壳牌石油公司工作过几年，这家公司就特别留意跟进能源领域的潜在颠覆式创新，他们大胆探索太阳能、风力田及其他再生能源技术，但是这些举动似乎尚未带来多少成果。阴谋论者可能会认为这一切皆因壳牌用心险恶，它的根本意图就是要掌控再生能源技术，同时减轻其带来的威胁。我不敢苟同。如果真的有一种成本低廉的再生能源可以代替耗费漫长岁月才凝聚进原油中的能源，壳牌公司对这种能源进行商业化开发肯定会收益颇丰。

其实有个更简单的解释：按照克莱顿·克里斯坦森的逻辑，根本就不必指望石油公司擅长发明、制造或者推广光伏太阳能电池板。因为石油公司另有所长：与非洲和中东政府谈判，进行复杂的钻探工作，建立和运营炼油厂、化工厂，通过路边加油站销售液态燃料，这些才是它的强项。当再生能源蓬勃发展时，没有理由指望壳牌、美孚和英国石油公司能受其推动，变得更加繁荣，就像领军的网络公司是谷歌而非德州仪器（Texas Instruments）或通用自动电子计算机（Univac）一样。

在面临颠覆式创新时，即使有臭鼬工厂这样的机构也不能保证成功。臭鼬工厂本质上独立于母公司之外，这就赋予了它创新自由以及在不牵连母公司的前提下失败的自由。可仅仅这样也不够，因为母公司理解不了新产品，新产品可能只能局限在臭鼬工厂里。如果这样，公司依然难逃厄运。

没有什么能确保公司万古长青，就像前言分析的那样，市场体系的整体成功正是建立在公司纷纷倒下的事实之上。假设某家新兴公司的研究有了重大突破，例如，它研发出了一种比石油或天然气更廉价的再生能源并即将投入市场，壳牌、美孚、英国石油这样的公司很可能会迅速败下阵来，人们也不会对它们恋恋不舍。这种变化可能会给这些公司的员工带来不便，让它们的股东遭受巨大损失；但是多数情况下，员工们还能找到施展才能的其他机会，股东们得接纳风险，如果他们明智的话，也不会把所有的鸡蛋都放进同一个篮子里。而与此同时，这些公司的前员工和股东们也会和其他人一样感受到更廉价、更清洁能源的好处。

公司之所以存在，是因为我们不在乎也不应该在乎抽象的法人实体何时失败。我们更在乎每一个个体，而每一个人都要努力去适应、学习和成长，这才是我们最终的期望。

# 07

# 个体试错，总有新的可能性

自然界中的成功是从失败中涌现出来的：大自然不停地在精致有机体内产生随机变异，抛弃让有机体变得更差的多数变异，保留让有机体变得更优秀的少数变异。这一过程不断反复，最终出现了奇迹。

ADAPT

Why success always starts with failure

他不是小心翼翼的数学家。他犯了很多错误，但是这些错误犯得很好……我努力模仿他，但发现自己很难犯这么好的错误。

——数学家志村五郎对朋友谷山丰的评价

为错误再试一次吧。

——特里斯唐·查拉

## 从首战失利到大获全胜

2002 年 7 月 19 日，星期五，芭蕾舞剧《破浪而出》（*Movin' Out*）在芝加哥舒伯特剧院进行了首场演出。这台芭蕾舞剧由理智又大胆的编舞大师泰拉·萨普（Twyla Tharp）和创作过众多脍炙人口的流行歌曲的比利·乔尔（Billy Joel）联袂打造，按计划 3 个月后转战百老汇。但是，这次演出首战失利。

“陈词滥调令人瞠目结舌，粗制滥造让人难以忍受。”《芝加哥太阳报》（*Chicago Sun-Times*）对其冷嘲热讽。《芝加哥论坛报》（*Chicago Tribune*）认为它“大失水准、生搬硬套、乱七八糟”，还评论其中一幕愚蠢程度不亚于音乐剧《大麻狂热》（*Reffer Madness*），其中一幕让一半观众如坠五里雾中，赶紧问另一半观众：“刚才怎么了？谁死了？啊？”

纽约《每日新闻报》（*Newsday*）的做法更是雪上加霜，这家报纸一反常态地转载了芝加哥媒体的一篇言辞犀利的评论。通常新闻界有种共识，准备在百老汇演出的剧目都会首先在波士顿、芝加哥和费城进行预热演出，预演期间不断改进、力求完善，而纽约媒体则静观其变，直到最后看过百老汇演出的完善版本再作评论。但这次不同以往：也许是评论异常激烈，而比利·乔尔这个名字又太具魅力，《每日新闻报》没能抵挡住诱惑。

失败的责任全都推到了泰拉·萨普身上，因为正是她说服比利·乔尔把毕生的作品交付给她，由她来编剧、导演并进行舞蹈设计，而乔尔刻意退居到幕后，"要是碍了泰拉的事，就死定了"，他用一句调侃摆脱了干系。这台演出投入的资金高达 800 万美元。受芝加哥媒体措辞激烈的挑剔、批评的影响，全体演出人员的士气荡然无存，纽约媒体则等着看这出音乐剧在百老汇的惨败收场。

其实音乐剧改编史上佳作不断。《春光满古城》（*A Funny Thing Happened on the Way to the Forum*）最初上演时并不成功，也没有精彩的开场表演《欢乐今宵》（*Comedy Tonight*）。《俄克拉何马》（*Oklahama!*）就是起初演砸了的《为子搬迁》（*Away We Go*）。但是萨普面临的任务极为艰巨，修改以"攻陷百老汇"为目标的音乐剧和用文字处理软件修改文章不一样，而且为时已晚。《破浪而出》不仅已经是众所周知的失败作品，还牵连着众多人，这些人既要担心自己的职业生涯还要维护自尊心。萨普在修改唱词、削减角色的同时还要抚慰这些受伤的心灵、保持士气，而当时她在团队中的威信已经因为失败大受打击。此外，那些内心伤痕累累、惊恐不已的舞蹈演员既要每天早上去排练室练习新的舞蹈动作，还要每天晚上为日益稀少的观众表演原来的内容。一天晚上，其中一位领舞伊丽莎白·帕金森（Elizabeth Parkinson）就那么僵在了舒伯特剧院的舞台上，早上刚学的舞步和晚上需要跳的舞步让她无所适从。她说："我完全糊涂了。"

3 个月后，焕然一新的《破浪而出》在百老汇上演，大获全胜。《纽约时报》评论员称之为"一代美国人的璀璨画卷"，另一位评论员评论"比利·乔尔的忠实粉丝对芭蕾舞演员和摇滚音乐家两组参演人员都热情欢迎，探究背后的原因就相当于在细数萨普女士的成就"。还有评论认为这次演出"不可同日而语"，简直是"一鸣惊人"。这次演出确实具有轰动效应：在舞蹈《保持信仰》（*Keeping the*

*Faith*）中，男女演员的舞步充满了速度和力量，新颖又优雅，让人简直不敢相信自己的眼睛。

很快，这部芭蕾舞剧就一举拿下两项托尼奖，一项颁给了泰拉·萨普，另一项颁给了比利·乔尔本人和编曲人斯图亚特·玛丽娜（Stuart Malina）。多年以来，人们一致认为这是改编最快、最彻底的百老汇舞台剧。《每日新闻报》一反常态引用的那篇措辞激烈的评论文章出自《芝加哥论坛报》的评论人迈克尔·菲利普（Michael Phillips）之手，他也对改编后的舞剧赞不绝口，但是他还问了一个问题："为什么会这样？"可能我们也想知道问题的答案。

## 否认错误的天性

一部分答案就在于建立外在的试验机构，相当于演艺界的臭鼬工厂，创造试验的空间，让失败具有引导性和可挽回性。正如萨普在著作《创意是一种习惯》（*The Creative Habit*）中所写："如果你独自在家，在无人看见的情况下失败了，这才是最棒的失败。私下的失败最了不起。"确实这样，你可以在毫不尴尬的情况下从中吸取教训。还有一种失败也算不错：在有限的观众面前当众失败。新排演的舞剧如果要失败，最好赶在百老汇上演前，这样还有机会在登上大舞台前恢复元气。

把"适应"的理念运用到日常生活中，最重要的就是要愿意失败。泰拉·萨普说得很有道理，私下里每天经历点失败不无好处。她早上 5：30 起床，要么一个人即兴构思舞步，绞尽脑汁地寻找新点子，要么和一位年轻的舞蹈演员共同即兴创作。她把这些即兴之作拍下来，3 个小时的舞蹈中如果能找出 30 秒的可用素材她就会开心不已。"爵士音乐家为了找几个有趣的音符会即兴演奏上一小时，编舞人也一样，她会花一个小时找几个有趣的舞蹈动作……灵感要么迟迟不来，要么倏忽即逝。”下一步就是寻找允许失败随时存在的相对安全空间：新作首次在公众面前亮相时，她不是直接把它带到百老汇，因为一旦在这里遭到批评就很难东山再起，相反，她采用的方法为演出不能如愿以偿获得成功留下了通融空间。

ADAPT Why success always starts with failure

**试错法则**

**萨普的方法和彼得·帕金斯基原则不谋而合：首先，尝试新事物；其次，在允许失败存在的环境中进行尝试；最后，也是最重要的一条就是如何面对失败。人类大脑有几个怪异的特点，经常妨碍人们从失败中吸取教训，从而进一步取得更大的成功，萨普避开了这几个特点。**

大脑的一个怪异特点导致人们否认错误。因为它，詹姆斯·克罗斯比爵士没有接受保罗·穆尔对银行的恰当批评而解雇了他；因为它，唐纳德·拉姆斯菲尔德禁止高级军官使用“叛军”这个恰当的词汇。似乎世界上最难的事情，就是承认自己犯了错误并且改正错误。泰拉·萨普对原因进行了完美的解释：因为这样做要求你“挑战自己安排的现状”。

《破浪而出》在芝加哥招致恶评不断时，萨普已经 61 岁，她在业界的地位无人质疑，还与众多大腕进行过合作：菲利普·格拉斯（Philip Glass）、大卫·拜恩（David Bryne）、米洛斯·福尔曼（Milos Forman）、米凯亚·巴瑞辛尼科夫（Mikhail Baryshnikov）。像她这种水平的大师本来可以轻松地站出来反诘评论家的批评，拒绝修改自己的作品，最终迫使投资人撤回投资，让那些年轻舞蹈家的职业生涯遭受重创，而自己至死还坚信全世界的人都误解了自己的杰作。

为什么会有否认错误的这种天性呢？心理学的一个广为人知的词可以揭示这一现象的根本原因：认知失调。认知失调描述了人类大脑在同时拥有两种明显矛盾的想法时的困境。在萨普的例子中，“我是一个有才能、有经验又受人尊敬的编舞大师”与“我最新作品的陈词滥调令人瞠目结舌”共存。半个世纪前，一次设计巧妙的实验室试验第一次发现了这种古怪的现象。

利昂·费斯廷格（Leon Festinger）和詹姆斯·卡尔史密斯（James Carlsmith）要求被试完成一项乏味的任务：用一只手把线轴放进托盘再拿出来，如此反复半个小时。

两人说了一些听起来很有道理的借口，然后给 1/3 的被试每人 1 美元，即使在 1959 年这也不是笔巨款，大约只是一小时工作的报酬，让他们告诉下一个被试往托盘上堆线轴有多好玩，而“下一个被试”实际上是一个假扮的被试。两人又给另外 1/3 的被试每人 20 美元，大约是一个星期的报酬，让他们做同样的事情。剩余的 1/3 被试直接做问卷调查，回答玩得是否开心，当然所有的被试最后都要做这个问卷。

不出所料，多数人都说他们不开心。但是有个非常奇怪的例外现象：那些被告知为打消陌生人的疑虑，而告诉陌生人自己很喜欢这个游戏的被试，以及那些为此只拿了 1 美元报酬的被试，更有可能告诉试验者自己喜欢这个游戏。无意识的认知过程似乎是：“我在没有多少刺激因素的情况下，告诉一个陌生人我玩得很开心，这与我不觉得游戏好玩是矛盾的。因此，我想我肯定是玩得很开心。对吗？”那些得到 20 美元报酬的人与之形成了鲜明对比，似乎他们心里区分得更加清楚：“嘿，要是报酬不错，何不说个善意的谎话呢？”

否认错误的力量到底有多大？最好的例子就是，法庭因为认可 DNA 证据而导致很多显然有理有据的判决被推翻后一些律师的反应。你可以想象一下迈克尔·麦克杜格尔（Michael McDougal）的反应。麦克杜格尔是得克萨斯州的一名原告律师，当年罗伊·克瑞纳（Roy Criner）被判犯了奸杀罪，但后来的证据表明，受害人体内的精液不是他的。面对这个证据，麦克杜格尔会有什么反应呢？他接受了这项证据，但令人难以置信的是，他竟然拒绝接受其中的隐含之意，他说："这意味着受害人体内的精子不是他的，但这并不意味着他没有强奸并杀害受害人。"得克萨斯州上诉法庭的首席法官沙伦·凯勒（Sharon Keller）指出，克瑞纳可能在实施犯罪时戴着安全套。

这种否认并非个例。如果受害人体内精液的 DNA 与已定罪的人不一致，而受害人只有 8 岁怎么办？很简单。或许她是一个生活糜烂的 8 岁孩子；说不定她 11 岁的姐姐生活糜烂还穿过妹妹的内裤；或许女孩的父亲在她们的内裤上进行过手淫；或许已定罪的人是拥有两种不同 DNA 结构的异种生物（在医学历史上只有 30 例类似记录）。这些都是蒙大拿州的首席检察官迈克尔·麦格拉思（Michael McGrath）在一个强奸案被翻案时提出的假设。类似的事情还在发生。吉米·雷·布鲁姆格尔德（Jimmy Ray Bromgard）因强奸幼女获罪，但后来 DNA 证据表明他是无辜的，一举推翻了之前对他的判决，可他已经坐了 5 年的牢。

对一个原告律师而言，错误地给人定了罪这个想法让人坐立难安。社会心理学家理查德·奥夫什（Richard Ofshe）说，这是"人犯的最糟糕的专业错误，就像外科医生给病人截错了肢"。当然，解决这种明显矛盾的正确方式是相信"我是个好人，也是经验丰富的律师，但是我犯了一个错误"。但是，既然人类大脑对"我说自己喜欢堆线轴时，其实撒了个小谎"这样明显的含义都不能把握，要做到这点就更难了。萨普谈到自己的首场演出时说："我没有把自己渲染成一颗明星。以前我总是以为自己是一颗明星，现在我想成为银河。"对萨普而言，她肯定特别想要压制"我是明星"与"我的新作滑稽可笑"之间的紧张关系。

大脑为我们设下的另一个陷阱，是让人们为了赶走失败而追逐损失。再回想一下《一掷千金》节目中不幸的参赛选手弗兰克：抛弃了装着 50 万欧元的箱子后，他进一步拒绝了“银行家”给出的更合理的价码，最终几乎两手空空。用心理学家卡尼曼和特沃斯基的话说就是：全部原因都在于他没能“坦然接受损失”。

人们难以忍受也难以做到坦然接受损失，萨普也不例外。1969 年，她与艺术家鲍勃 · 于奥（Bob Huot）坠入爱河。于奥想要结婚生子，而她却一心扑在舞蹈上。但后来萨普还是怀孕了，接着她去一个小巷子里堕了胎，这是一次可怕的经历，给她堕胎的人连麻药都没用，还把大出血的她丢到新泽西的冰激凌店里。她在自传中写道：“这次经历一直让我难以忘怀。我甚至怀疑，为了实现自己的专业和艺术抱负，付出这样的代价到底值不值。”

接下来萨普开始追逐损失：她还是嫁给了鲍勃 · 于奥。只有在事后回想时，她才意识到当时结婚的动机：“鲍勃和我已经失去了一个孩子，结婚会证明我们的爱，并再次巩固我们的关系。”

这段婚姻仅仅维持了 4 年。

30 年后，萨普不再追逐自己的损失。可能她也禁不住想过要维持《破浪而出》的原状不变，自欺欺人地认为纽约的评论家可能更有眼光，或纽约观众会更喜欢这部作品。但是，她还是坦然地接受了损失，立即着手争取评论家和观众好评的艰苦工作。

我们可以借用一个词来描述萨普避开的最后一个危险：享乐编辑（hedonic editing）。发明这个词的是《助推》（*Nudge*）一书的作者，行为经济学家理查德 · 泰勒。否认错误就是拒绝承认错误的过程，追逐损失是试图匆忙清除错误时导致更多损失的过程，而享乐编辑就是说服自己所犯的错误无关紧要的更微妙过程。

运用享乐编辑的一种方式，就是把损失和收获捆绑到一起，就像一个孩子在试图吃下一些自己不喜欢的健康食品时，会把它与好吃的东西搅和在一起，直到搅得分不清彼此、口感不错为止那样。再想想职场中最可信的工具“表扬三明治”。“表扬三明治”就是把批评夹在两个动听的赞扬中间，“我觉得这个很出色，如果你能……就更好了。但总的来说，还是我前面所说，这个非常出色”。实际上中间那部分省略号表示的意见才是重要的反馈信息。这种方法很好，能防止与你共事的人疏远你，但是夹在表扬之间的批评可能在洋洋洒洒的铺陈中消失得无影无踪。你说“很好,但是你需要修改……”时,我若听成“总体上很好”会感觉更好，但这样我并不会变得更好。

还有一种截然不同的心理过程：简单地把我们的失败重新解释为成功，这种心理也妨碍着我们从错误中吸取教训。我们说服自己：根本没那么糟糕，其实一切都会朝着最好的方向发展。泰拉·萨普本可以这么认为：我打造的是具有重要艺术影响的作品，而不是面向大众的商业作品，所以从某种程度上看，这些评论家的不理解恰恰证明了这一点。她本可以找到一些喜欢这部作品的观众，然后说服自己这些观众独具慧眼，应该更在意他们的评论。

为了证明人类大脑的这种倾向有多强烈，一支研究团队进行了一次实验，心理学家丹尼尔·吉尔伯特（Daniel Gilbert）也是队员之一。研究人员给被试展示了莫奈的 6 幅画作印刷品，有《睡莲》《雾中的国会大厦》《谷堆》等，让他们按照喜欢程度给这 6 幅画排列顺序。然后，研究人员又让被试从“碰巧”拿到的两幅多余的画中选择一幅，这两幅多余的画就是实验中排在中间的那两幅，即第 3 幅和第 4 幅。被试自然挑选第 3 幅，因为他们刚刚把这幅画排在第 4 幅前面。

后来，研究人员再次把这 6 幅画拿来，让被试重新给它们排序。排序改变了：被试早先选的那幅画排名更靠前，成了第 1 名或第 2 名；更让人惊奇的是，之前没选的那幅画排名落到了第 5 名或者第 6 名。吉尔伯特开玩笑说，这是幸福被合成了……“我拿到的这幅画实际上比我之前想的要好！我没选的那幅差得不能再差了！”我们系统性地重新解释了自己先前的决定，认为它比实际上更好。

可能这听起来让人很惊讶，但其实在过去的半个世纪里，心理学家一直在观察、测量这种趋势。真正让人震惊的是，这次实验中的被试都是严重顺行性遗忘症患者，他们完全不能形成新记忆。吉尔伯特和同事们不是几个星期或几个月后再把那两幅画拿给他们看，而是 30 分钟后就让他们看，此时，这些不幸的被试已经什么也记不得了。他们根本就回想不起曾经看过莫奈的画，但是对刚选的画有着强烈的偏好，尽管他们不记得自己曾经选过这幅画。我们会本能地重新解释过去的决定，并认为这种决定效果极佳，而且这种本能根深蒂固。

ADAPT Why success always starts with failure

**试错法则**

**“从错误中学习”这个建议由来已久，但是有 3 个障碍让我们无视这个箴言，它们是:（1）否认错误，因为自我价值感作祟，我们发现不了自己的错误;（2）自我毁灭行为，就像游戏选手弗兰克一样，我们试图弥补损失，结果加深了损失，泰拉·萨普要嫁给鲍勃·于奥时也是如此;（3）在丹尼尔·吉尔伯特和理查德·泰勒勾绘的这种乐观方法的影响下，我们把过去的错误记成了成功，或者把失败和成功搅在一起。如何才能克服这些障碍呢?**

## 你需要一支可信队伍

为了纠正过去而做傻事，比如嫁给你为他堕胎的人，这种事情比比皆是。人就是这样。而萨普能够在自传中分析动机、吸取教训、变得更加坚强，这一举动揭示出的坚定能力却比较罕见。

有些人仿佛这方面天生比别人要强。比方说阿奇·柯克伦，似乎他做任何事情前都会先问问自己，一旦犯错结果如何以及有没有检验自己行为的方法，而其他人只能学着质疑自己的做法。比如大卫·彼得雷乌斯，这个年轻的军官因为坚决不认错而名声不佳，是他的导师杰克·卡尔文让他认识到任何人都会犯错。

如果我们和萨普或彼得雷乌斯一样，发现自我质疑是必须学会的技能，我们该怎么做呢？杰克·卡尔文命令彼得雷乌斯专门指出自己的错误，这么做既对自己有利，也让这名年轻士兵受益匪浅：后来彼得雷乌斯准备编写反叛军手册时刻意倾听反对的意见。不是所有人都觉得这种举动轻而易举：唐纳德·拉姆斯菲尔德和詹姆斯·克罗斯比都试图压制异己，但最终也都自食恶果。在日常生活中，我们也需要一些检举人来警告我们，我们犯了一些“潜在错误”，这些错误正在伺机反扑。简单地说，就是我们都需要有人对我们提出批评，因为多数人很难做到坦诚的自我批评。我们需要有人帮我们同时保有这两种相互冲突的想法：我不差劲，但是我犯了一个错误。

我们需要泰拉·萨普所说的“可信队伍”（validation squad）：支持你但也会告诉你真相的朋友和熟人。好朋友会让你振作起来，但不是每个朋友都会在你犯错时给你指出错误，我们经常需要朋友的鼓励，有些人则需要更多的鼓励。《破浪而出》在芝加哥首演后的早晨，萨普和灯光设计师珍尼弗·蒂普顿（Jennifer Tipton）共进早餐。两人是老搭档了，早在1965年，两人就合作排练了萨普的第一部芭蕾《跳槽》（*Tank Dive*），当时蒂普顿就对她提出过质疑。萨普知道在这件事上，这位朋友兼同事肯定也会直言不讳。两人坐在一起读着那些措辞激烈的评论，朋友并没有在早餐中奉上“表扬三明治”。“她也没安慰我。她说：‘你知道的，他们说得很对。’”

萨普的“可信队伍”中还有儿子杰西。杰西细致地梳理了所有的负面评论，挑出他认为正确的批评，写下了注释和评论。萨普解释说杰西“剔除了恶毒之辞，主要关注批评的实质内容”，这句话道出了真相，因为如果你读一读早期芝加哥对《破浪而出》的评论，就会发现里面根本没有恶毒之辞。评论虽然严厉但很中肯，中间没有对萨普个人别有用心的嘲笑或批评，一些评论还具体地指出了需要修改的地方。杰西不是因为这些批评很恶毒或卑鄙，才挺身而出保护母亲不受恶言恶语的伤害。根本不是这样，它们说的都是事实。但是对一个人来说，事实就够恶毒了。

萨普对“可信队伍”成员品质的描述很简单，但是要做到这些却不那么简单：“你需要的那些人应该在自己生活的其他方面有着良好的判断力，他们要关心你、愿意无条件地说出他们最诚实的看法。”

其实，市场环境也有些优点尚未得到人们的充分赏识，其中一个优点就是它提供了“可信队伍”的多数因素。企业家的顾客对自己的兴趣有着很好的判断力，通过购买或拒绝购买企业家销售的商品，这些顾客无条件地给出了自己真实的看法。有句话说得没错，市场“不会在乎你”，但是做买卖或者获得陌生人的认同，还是有着重要意义的。研究人员发现，从事个体经营往往比受雇于人更快乐，也许这就是其中一个原因：每当有人付款，个体老板就接收到了别人对其工作的默默认可，而从事一般工作的人往往很少接收到这种反馈，即便有反馈也不是那么有意义。

纵观全书，如果根本就没有市场检验方法或检验方法不合适，我们就需要寻找其他方式来检验我们的想法：安德鲁·霍尔丹制作了热点图显示金融压力；麦克马斯特在科罗拉多州的卡森堡模拟巴格达场景，煞费苦心地让士兵进行角色扮演训练；与贫穷作斗争的随机试验学派则设计出巧妙的试验。对我们的个人项目而言，根本就不会有热点图或双盲试验。有时你可能要自己扮演自己的“可信队伍”：作为一名作家，我发现可以先把一个章节搁置几个星期，这个简单的过程能让我如释重负；等我再次用全新的眼光阅读这个章节时，就更容易发现其中的瑕疵。演员们也会发现，如果录下自己的表演过后再看，就能产生必要的距离感，这个距离有两层意思：时间上的距离可以让你用第三者的视角来审视自己，录下的资料是对过去成就的客观记录；单纯靠记忆是不够的。但这种做法也有局限性，别人的诚实建议会更好。

任何一个进化生物学家都知道，**自然界中的成功是从失败中涌现出来的：大自然不停地在精致有机体内产生随机变异，抛弃让有机体更差的多数变异，保留让有机体更优秀的少许变异。这一过程不断反复，最终出现了奇迹。**如果只有3个月的时间让你把芝加哥的失败作品奇迹般变成惊动百老汇的成功之作，你需要的不是浪费大量精力的选择过程，此时最要紧的是拥有一支泰拉·萨普的“可信队伍”。重要的不是以局外人的身份让她振作起来，而是帮助她决定如何删减作品。她已经对自己的即兴创作进行了不留情面的筛选，可她还需要进一步筛选。由于很多新想法都不起作用，所以我们还需要依赖一个良好的选择机制，一支优秀的“可信队伍”会帮助我们更好地剪辑我们的经验，单靠我们自己根本做不到。

## 为自己创造试验的安全空间

约翰·凯伊的作品《市场的真相》（*The Truth about Markets*）对本书有着深远的影响，他用“有序的多元化”（disciplined pluralism）一词来描述市场的功能：探索新方法，但要毫不留情地摈弃失败的方法，不管它是全新的方法还是沿袭了几百年的老办法。尽管凯伊没有宣扬这种主张，但“有序的多元化”也应该成为成功、充实的人生的信条。

多元化很重要，因为没有新体验的生活没有存在的价值。但秩序也很重要：我们不能简单地把人生看成是在一系列随机而生的全新感受中进行的迷幻旅程。有时，我们必须把身心放在那些有用的事情上：我们要决定是否保留已经坚持很久的爱好，决定是该写小说、为夜校文凭奋斗还是该结婚。有时，我们还需要打破承诺，搞清楚值不值得为那个糟糕的工作和糟糕的男朋友耗费那么多时间，这一点同样重要。

请回想一下前言提到的适应性景观，这片不断变换的辽阔地形中有失败的沟壑，也有成功的高山。进化则迈着随机组合的大跨步和小碎步在这片地形进行探索。大跨步往往会踏进沟底，有时也会踩到新崛起的山脉的丘陵；小碎步会越走越高，但也许只是爬到了小土丘的顶上。

在生活中，我们往往只注意并崇拜那些大跨步的人：退休护士志愿加入无国界医生组织，被派驻到刚果；办公室的同事倾家荡产购置了撒丁岛（Sardinia）乡下的一个小橄榄园。在创造艺术领域，我们也爱赞扬那些空前绝后的作品诞生的时刻：乔伊斯的《尤利西斯》、毕加索的《格尔尼卡》、艾略特的《阿尔弗瑞德·普鲁弗洛克的情歌》或甲壳虫乐队的专辑《佩珀军士的孤独之心俱乐部乐队》。经济学家大卫·格兰森（David Galenson）为我们提供了全新的视角。

格兰森研究了创造性的周期，搜集了艺术家、建筑师、诗人、歌曲作者及其他人创造代表作品的时间数据。人们往往认为创造性天才就是早慧的年轻才俊，格兰森确实发现了很多这样的例子，但与此同时他也发现了很多相反的例子。有些艺术家推动着艺术理念发生了质的飞跃，如毕加索、艾略特；有些艺术家则在试探性的试验中稳步前进，如 71 岁时创作出最伟大的绘画作品的皮特·蒙德里安（Piet Mondrian）和 50 岁后写出最脍炙人口的诗作的罗伯特·弗罗斯特。格兰森详细分析了其中的原因，因为就在毕加索和奥逊·威尔斯（Orson Welles）、贾斯培·琼斯（Jasper Johns）、鲍勃·迪伦（Bob Dylan）等人在一个个制高点上大步飞跃时，还有一些人在缓慢而坚定地完善着自己的作品。

无论个人的目标是什么，多数人都应该尝试把两种方式结合在一起的做法。

我们都认识这样的人：他在一个又一个山脚不断徘徊，惊叹于山峰的新高度，但总是不等爬过一个山麓就被其他山峰吸引甚至干脆丧失了勇气；我们也认识这样的人：他花了几年的时间试图征服自己遇到的第一个高峰，过程艰苦缓慢又了无生气，而两者间的平衡很难维持。

对很多人而言，大学就是大跨步前进的时刻，这里有相对安全的空间和恰当的时间，可以放心进行试验：体验两性的奥妙、了解各种思想、尝试自我定位。还有哪个世界像纳新期间的大学社团一样机会无限、振奋人心？新生可以参加工业协会、自由论者协会、表演俱乐部、巴哈伊社团（Baha'i association）甚至漂流木棍比赛俱乐部（Poohsticks Society）。他们自始至终都明白：只要不搞什么伤风败俗的活动、政治性运动或把漂流木棍比赛搞得太过分，他们就能学到很多东西，培养有用的资质，顺利毕业。没有哪种试验比这更安全。

与之形成对比的是我们的第一份工作，我们要和一群固定的同事终日相处，学习一套专门的技术，踏上特定的职业道路。最初几个星期里，我们不是张开怀抱迎接众多的选择，而是拒绝选择、专注于眼前的工作。尽管刚走上工作岗位和刚踏进大学校门看上去有很多相似的地方，比如结识新朋友、了解新环境、掌握新技能，但是两者却有着根本的区别。最受人崇拜、最被人羡慕的谷歌公司刻意模仿斯坦福大学无拘无束的试验生活，也许此举并非巧合。

但多数公司都不是谷歌。工作中，再也体会不到刚进入大学这个充满无限可能、可以放心试验的世界时的那种兴奋。不过我们不应该灰心，总有新的可能性等待着我们。忠于职守是一码事，不必要地束缚自己是另一码事。也许随着年龄的增长我们更羞于进行试验，是因为我们明白了一个真理：**在这个复杂的世界里，我们不可能一蹴而就。**接受在日常生活中不断适应的理念，就是要接受生活中总会不断遭遇失败这个事实。所以，应该再次重申为什么那么多试验以失败告终，但还是值得继续试验。因为纠正错误的过程比让错误自己毁灭更加有益身心，尽管真的面临错误时，我们的感觉恰恰相反。一个成功的试验可以成就雷金纳德的喷火战斗机或麦克马斯特在伊拉克的反叛军政策，会让我们的生活变得更好；同样，一个失败的试验并不会让我们的生活变得更糟，只要我们不一味地否认错误或追逐损失就行。重要的是要勇于尝试新事物、不断适应、直到最后有所回报，泰拉·萨普的托尼奖就是一个明证。

试验的过程可能会让人担惊受怕。我们不断地犯错，不知道方法是否正确。人要是察觉自己的根本想法不正确，内心就会极度不安，凯瑟琳·舒尔茨（Kathryn Schulz）在佳作《我们为什么会犯错》（*Being Wrong*）中描述了这种状态，她把这种状态比作一个蹒跚学步的孩子在曼哈顿中心迷了路。其实试验不必都是如此。就在我读到舒尔茨这段文字的那一天，我 3 岁的女儿在伦敦市中心走丢了。她走丢的地方在泰晤士河南岸，幸亏那里禁止汽车通行，否则就会和时代广场一样让人眼花缭乱。可她根本没把走丢了当回事儿：她跑出咖啡厅的门，开始玩捉迷藏。有人告诉急疯了的孩子家人，他们曾看到她悠闲地沿着泰晤士河散步，她时而在街边的公共设施上玩耍，时而藏到长椅后面，时而蹦蹦跳跳，时而盯着自己感兴趣的地方仔细研究。似乎在这走丢的 10 分钟里，她有十足的把握会找到家人，家人也会找到她。

**成功适应需要的就是这种安全感，内心要深信自己能够承受失败的代价。有时这真的需要勇气，有时却只需要像迷路的 3 岁孩子一样乐观地自我欺骗。无论如何，我们需要的是拿失败去冒险的意愿。如果没有这种意愿，我们永远也没法取得真正的成功。**

# 译者后记

如果你有空去书店浏览一下经济类读物，就会发现书架上满是新、奇、特的书名，让人眼花缭乱，书中尽是“高大上”的理论，叫人诚惶诚恐，在这个出版物泛滥的时代，人人都在使尽浑身解数吸引读者的注意力。哈福德偏偏剑走偏锋，他搬出了“失败与成功”这个老话题，不是任何人都有这种刻意低调的勇气，当然，也不是每一本故作低调的新作都能像这本书一样获得这么多的赞誉。

《金融时报》美国版执行主编吉莲·邰蒂（Gillian Tett）认为：“……无论你是在政府任职、在公司上班、在奋力创业，还是只想在这个日益复杂的世界中找到正确的方向，都需要读一下这本书。”英国《自然》（*Nature*）杂志评价它“就像一门卓越的通俗科学”。《标准晚报》（*Evening Standard*）的克里斯·布莱克赫斯特（Chris Blackhurst）说它是“公司版的《物种起源》，甚至更好”。

生物学上讲究“物竞天择，适者生存”，哈福德则把这个原则推广到现代社会的方方面面。他特别强调“试错”在社会成功中的重要性，因为他认识到了“天择”的无奈现实，即人类社会纷繁复杂、难以透析，面对这样的世界，连专家意见都相互矛盾、权威尽失，故而失败无时不有、无处不在。从某种程度上讲，成功是一些神赐般的奇迹，但认识奇迹背后的原因定会帮助人们创造出更多的奇迹。在他看来，接受失败、适应改变的企业才能拥有更长远的发展契机，直面失败、适应发展的政府才能为民众谋求更多的福祉，不惧失败、适应环境的个人才能在残酷的竞争中搏出自己的成功之路。

三言两语岂能说尽一本书的精华，巧妙之处需要诸位读者去品评，我在这里再简单谈谈自己在翻译过程中的感受。说实话，翻译旁征博引的作品意味着必须查阅大量资料，在不同领域来回穿梭，拿到这样的作品，我往往备感压力；可翻译哈福德的这本书却让我颇为享受。这本书精选了许多历史事件娓娓道来，深入浅出、细加分析，而且这些故事并非简单地罗列、堆砌在一起，它们勾织在一起，形成了“明晰、迷人又恢宏的哲理系统”（《自然》杂志）。它就像一本颇有意趣的哲理故事书，我成了一个被吊足胃口的读者，“……期望哈福德一页页不停地写下去”（《星期日泰晤士报》），翻译起来自然动力十足、兴趣盎然。所以看到经济类图书就发怵的读者们也完全可以拿来读一读。难怪《泰晤士报》说：“联合国研究专员夏天度假时应该把哈福德的书打包带走。”这是一本有营养、有滋味的闲暇读物，你完全可以把这本书列入自己的旅行度假书单。

我能在译海里自得其乐，首先要感谢亲爱的父母和家人，是他们无条件的爱和支持让我抛却压力、心无旁骛地坦然选择这条“苦中作乐”的道路。还要感谢我生活和工作中的益友兼良师们：感谢林卫峰先生和李瑾老师就一些专业问题耐心地为我答疑解惑、厘清思路，感谢冯海青老师和刘海丽老师认真无私地帮我搜集资料、提供帮助，感谢姚燕青老师、贾磊老师对翻译文本提出了很多宝贵的意见。我的每一点收获都离不开这些亲朋好友真挚的付出。

假期将至，我的旅行度假计划中除了这本书，必须要有他们的名字。

# 未来，属于终身学习者

我这辈子遇到的聪明人（来自各行各业的聪明人）没有不每天阅读的——没有，一个都没有。巴菲特读书之多，我读书之多，可能会让你感到吃惊。孩子们都笑话我。他们觉得我是一本长了两条腿的书。

——查理·芒格

互联网改变了信息连接的方式；指数型技术在迅速颠覆着现有的商业世界；人工智能已经开始抢占人类的工作岗位……

未来，到底需要什么样的人才？

改变命运唯一的策略是你要变成终身学习者。未来世界将不再需要单一的技能型人才，而是需要具备完善的知识结构、极强逻辑思考力和高感知力的复合型人才。优秀的人往往通过阅读建立足够强大的抽象思维能力，获得异于众人的思考和整合能力。未来，将属于终身学习者！而阅读必定和终身学习形影不离。

很多人读书，追求的是干货，寻求的是立刻行之有效的解决方案。其实这是一种留在舒适区的阅读方法。在这个充满不确定性的年代，答案不会简单地出现在书里，因为生活根本就没有标准确切的答案，你也不能期望过去的经验能解决未来的问题。

## 湛庐阅读APP：与最聪明的人共同进化

有人常常把成本支出的焦点放在书价上，把读完一本书当做阅读的终结。其实不然。

时间是读者付出的最大阅读成本
怎么读是读者面临的最大阅读障碍
“读书破万卷”不仅仅在“万”，更重要的是在“破”！

现在，我们构建了全新的“湛庐阅读”APP。它将成为你“破万卷”的新居所。在这里：

- 不用考虑读什么，你可以便捷找到纸书、有声书和各种声音产品；
- 你可以学会怎么读，你将发现集泛读、通读、精读于一体的阅读解决方案；
- 你会与作者、译者、专家、推荐人和阅读教练相遇，他们是优质思想的发源地；
- 你会与优秀的读者和终身学习者为伍，他们对阅读和学习有着持久的热情和源源不绝的内驱力。

从单一到复合，从知道到精通，从理解到创造，湛庐希望建立一个“与最聪明的人共同进化”的社区，成为人类先进思想交汇的聚集地，共同迎接未来。

与此同时，我们希望能够重新定义你的学习场景，让你随时随地收获有内容、有价值的思想，通过阅读实现终身学习。这是我们的使命和价值。

# 湛庐阅读APP玩转指南

**湛庐阅读APP结构图：**

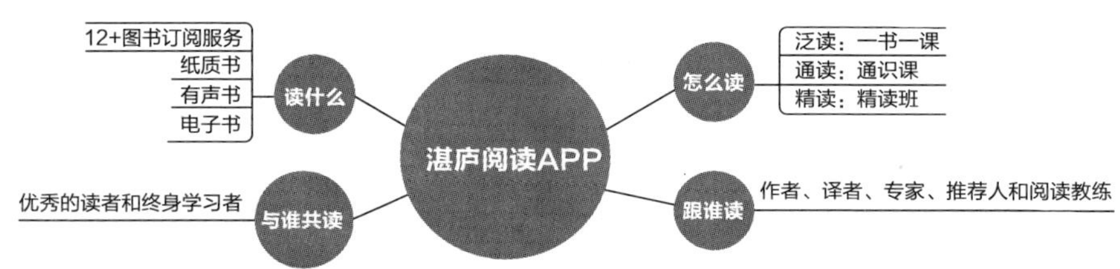


**三步玩转湛庐阅读APP：**

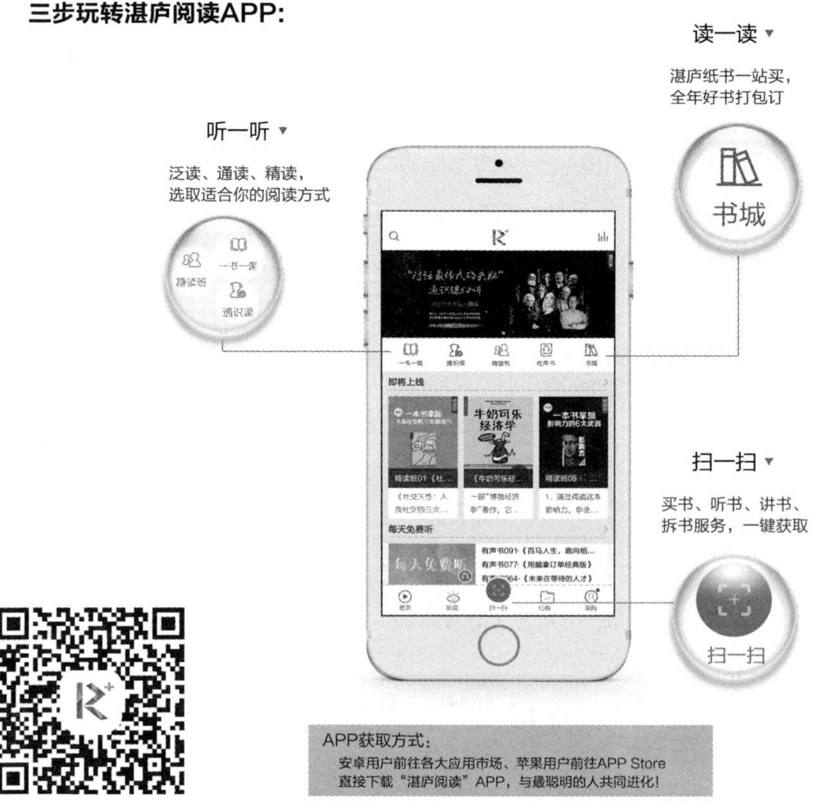


APP获取方式：

安卓用户前往各大应用市场、苹果用户前往APP Store直接下载"湛庐阅读"APP，与最聪明的人共同进化！

# 使用APP扫一扫功能，
# 遇见书里书外更大的世界！

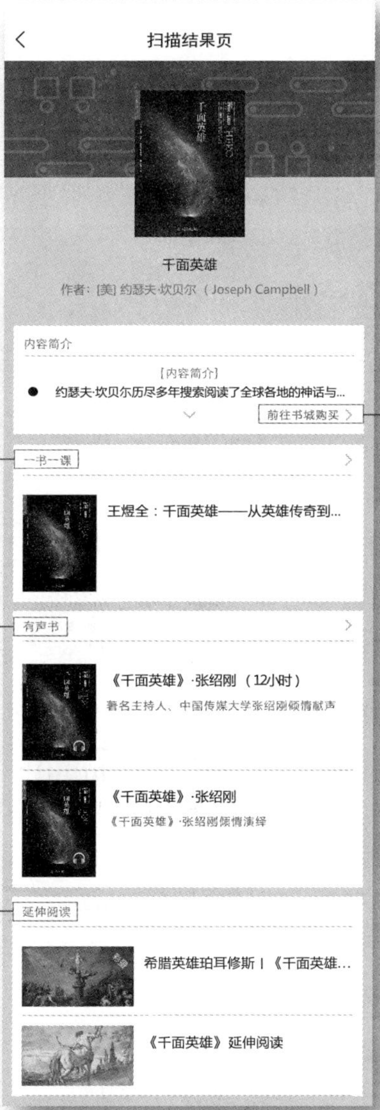

扫描结果页

千面英雄

作者：[美] 约瑟夫·坎贝尔（Joseph Campbell）

内容简介

［内容简介］

● 约瑟夫·坎贝尔历尽多年搜索阅读了全球各地的神话与...

前往书城购买 >

快速了解本书内容，
湛庐千册图书一键购买！

一书一课 >

王煜全：千面英雄——从英雄传奇到...

大咖优质课、
献声朗读全本一键了解，
为你读书、讲书、拆书！

有声书 >

《千面英雄》·张绍刚（12小时）

著名主持人、中国传媒大学张绍刚倾情献声

《千面英雄》·张绍刚

《千面英雄》·张绍刚倾情演绎

延伸阅读

希腊英雄珀耳修斯丨《千面英雄...

《千面英雄》延伸阅读

你想知道的彩蛋
和本书更多知识、资讯，
尽在延伸阅读！

# 延伸阅读

## 《富足》（经典版）

◎ X大奖创始人、奇点大学执行主席彼得·戴曼迪斯震撼之作。

◎ 李嘉诚案头最显眼的重磅著作，政府、行业和企业家通向未来的战略路线图。

◎ 戴曼迪斯以丰富而有力的证据告诉我们：指数型增长的技术、“DIY”创新者、科技慈善家和崛起中的10亿人是实现人类富足的4大力量，未来比我们想象得更美好。

## 《创业无畏》

◎ 彼得·戴曼迪斯继《富足（经典版）》之后又一部扛鼎之作！

◎ 指数时代的“行动路线图”，告诉你《从0到1》没有告诉你的那些创业奥秘！

◎ 美国前总统克林顿、张瑞敏、张亚勤、高红冰、网大为、李开复、徐小平、毛大庆、陈劲联袂推荐。

## 《指数型组织》

◎ 奇点大学创始执行理事、奇点大学全球大使萨利姆·伊斯梅尔重磅新书！

◎ 加入“独角兽俱乐部”的制胜秘笈，企业高管和CEO应对指数化时代的必读书！

◎ 海尔集团董事局主席张瑞敏，清华大学教授陈劲，北京大学新闻与传播学院教授胡泳，奇点大学执行主席、X大奖创始人彼得·戴曼迪斯，谷歌公司工程总监、奇点大学校长雷·库兹韦尔，德勤领先创新中心联合董事长约翰·哈格尔三世联袂推荐。

## 《创新的本质》

◎ 清华经管领导力研究中心主任杨斌教授主编，海尔集团董事局主席张瑞敏鼎力推荐。

◎ “管理思想界的奥斯卡”全球最佳管理思想的风向标THINKERS 50经典佳作！

◎ 汇集全球最杰出的大师思想，直击企业发展痛点，洞悉不确定时代的商业本质。

图书在版编目（CIP）数据

试错力 /（英）蒂姆·哈福德著；冷迪译 .—杭州：浙江人民出版社，2018.3

ISBN 978-7-213-08644-1

Ⅰ. ①试… Ⅱ. ①蒂… ②冷… Ⅲ. ①企业管理－研究 Ⅳ. ① F272

中国版本图书馆 CIP 数据核字（2018）第 023734 号

浙江省版权局<br>著作权合同登记章<br>图字：11-2014-128 号

上架指导：企业管理 / 创新



试错力

［英］蒂姆·哈福德　著

冷迪　译

---

出版发行：浙江人民出版社（杭州体育场路 347 号　邮编　310006）<br>市场部电话：（0571）85061682　85176516

集团网址：浙江出版联合集团　http://www.zjcb.com

责任编辑：朱丽芳

责任校对：戴文英

印　　刷：石家庄继文印刷有限公司

开　　本：720mm × 965mm 1/16　　印　　张：17

字　　数：237 千字　　插　　页：3

版　　次：2018 年 3 月第 1 版　　印　　次：2018 年 3 月第 1 次印刷

书　　号：ISBN 978-7-213-08644-1

定　　价：62.90 元

---

如发现印装质量问题，影响阅读，请与市场部联系调换。